U0670799

▌光明传媒书系

中国播音主持高等教育史论
（1963-2000）

阎 亮｜著

光明日报出版社

图书在版编目（CIP）数据

中国播音主持高等教育史论：1963-2000 / 阎亮著
. --北京：光明日报出版社，2021.6
ISBN 978-7-5194-6047-1

Ⅰ.①中… Ⅱ.①阎… Ⅲ.①播音—语言艺术—高等
教育—教育史—研究—中国—1963-2000 ②主持人—语言
艺术—高等教育—教育史—研究—中国—1963-2000 Ⅳ.
①G222.2

中国版本图书馆 CIP 数据核字（2021）第 083223 号

中国播音主持高等教育史论：1963-2000

ZHONGGUO BOYIN ZHUCHI GAODENG JIAOYU SHILUN：1963-2000

著　者：阎　亮

责任编辑：曹美娜　　　　　　　　责任校对：傅泉泽
封面设计：中联华文　　　　　　　责任印制：曹　净

出版发行：光明日报出版社
地　　址：北京市西城区永安路 106 号，100050
电　　话：010-63169890（咨询），63131930（邮购）
传　　真：010-63131930
网　　址：http：//book.gmw.cn
E-mail：caomeina@gmw.cn
法律顾问：北京德恒律师事务所龚柳方律师

印　　刷：三河市华东印刷有限公司
装　　订：三河市华东印刷有限公司
本书如有破损、缺页、装订错误，请与本社联系调换，电话：010-63131930

开　　本：170mm×240mm
字　　数：262 千字　　　　　　　印　　张：16
版　　次：2021 年 6 月第 1 版　　印　　次：2021 年 6 月第 1 次印刷
书　　号：ISBN 978-7-5194-6047-1
定　　价：95.00 元

版权所有　　翻印必究

序　言

2020 庚子年仲春。

校园里的鲜花次第开放，迎春、玉兰、桃花、海棠，姹紫嫣红，争奇斗艳。可热闹的只是这些花儿，往日穿梭于其间的男孩儿女孩儿们，不见踪影……

新冠肺炎病毒，从年初发酵，到如今全球蔓延，导致全世界（截至今天）逾 150 万人感染，8 万多人因此失去生命！

这场突如其来的疫情也阻隔了学生们返回校园的脚步。依靠多媒体和互联网技术，线上教学已一月有余。隔着电脑屏幕，我们和学生们"济济一屏"，上着大课、小课。

这种因疫情导致的"全天候"线上教学，让一直在推进却似乎没有太大成效的"慕课"、网络教学，以迅雷不及掩耳之势在各个高校全面铺开。它带来教学模式、教学方法以及教学效果上的新变化，也势必在包括播音主持专业教育在内的中国高等教育发展历程中留下重要的一章。

作为国家事业的重要组成部分，高等教育与国家的发展紧密相连。中国播音主持高等教育的发展历史既与国家高等教育发展同步，更与国家发展进程中广播电视等媒体变革，与播音主持事业不断壮大息息相关。正如恩格斯所说："当我们通过思维来考察自然界或人类历史或我们自己的精神活动的时候，首先呈现在我们眼前的，是一幅由种种联系和相互作用无穷无尽地交织起来的画面。"[①]

必须感谢阎亮老师，他用近四年的时间，为我们梳理出了中国播音主持

[①] 中共中央马克思恩格斯列宁斯大林著作编译局. 马克思恩格斯选集：第三卷 [M]. 北京：人民出版社，2012：395.

高等教育从 1963 年至 2000 年这一历史时期的壮阔画面。

在这个画面中，我们看到——

1954 年的北京郊区良乡，为了适应"为生产建设服务"的目标，广播技术人员训练班应运而生，宣告了中国传媒教育的肇始。

1955 年年末，因全国各大电台尤其是中央人民广播电台的播音员（特别是男播音员）奇缺，中央人民广播电台从北京市几个中学的高三学生中选取了 18 人，组成了中国第一个播音员短训班，开始了播音专业的培养教育。

1958 年，北京广播专科学校在训练班基础上正式成立，校址也从良乡迁至北京南礼士路 13 号。

1959 年 9 月，经国务院批准，北京广播专科学校升级为北京广播学院，中国第一个专门从事传媒高等教育的学府由此起步。在新闻系的五个教研组中，播音成为其中之一。

1963 年，在历经停招、调查裁撤风波后，国务院下达《关于恢复北京广播学院的通知》。同年，北京广播学院新闻系正式设立中文播音专业，开始招收三年制大专学生。从此正式拉开中国播音主持高等教育历史的序幕。

1974 年，经历了"文革"、停办等历史阶段，北京广播学院播音专业又开始恢复招生，连续三年招收了 1974 级、1975 级、1976 级"工农兵学员"。

1977 年，国家恢复高考制度。北京广播学院 1977 级的新生开学典礼在 1978 年 3 月 14 日举行。首批招收的 103 名学生分属于三个专业：编采、摄影、播音。

1978 年 5 月，教育部正式明确北京广播学院从 1978 年开始"参加全国重点院校第一批录取"。随后，中央广播事业局和教育部联合发布文件，明确北京广播学院的播音专业从 1978 年起参照艺术院校的招生办法招收学生。

1980 年，北京广播学院在 1979 年首次招收新闻理论和广播史两个专业硕士研究生的基础上，招收包括播音理论在内的五个专业的硕士研究生。

1984 年，浙江广播电视专科学校成立，开设了播音专业，培养学制两年的中等专业人才。1994 年该校升格为大专，更名为浙江广播电视高等专科学校，"北有北广，南有浙广"的态势逐渐形成。

1993 年，天津师范大学国际女子学院在天津成立，开设了播音主持、艺术设计、国际经济与贸易、现代家政四个专业。

1993 年，山东艺术学院开设播音主持专业（两年制专科），成为山东省最早开设该专业的高校。

1995 年，上海戏剧学院开设电视艺术系并开始招收电视编辑（主持人与采访）专业学生。

1996 年，北京广播学院播音主持艺术学院成立。

1996 年，四川师范大学电影电视学院开设了播音主持系，开始招收播音专业学生。

1998 年，徐州师范大学语言科学与艺术学院开始招收播音语言学方向研究生，这是继北京广播学院之后全国第二家招收播音方向研究生的院校。

1999 年，作为广播电视艺术学博士点的语言传播艺术方向，北京广播学院播音与主持艺术专业开始招收博士研究生。

1999 年 9 月，中华女子学院艺术系开办播音与主持艺术专业大专班。

2000 年，广播电影电视部管理干部学院开始招收播音与主持艺术专业大专生，跻身播音主持高等教育的队伍。①

…… ……

伴随着共和国前进的脚步，播音主持高等教育在中国高等教育的版图上，从无到有，从一枝独秀到群雄崛起；从播音员短训班到大专、本科、硕士、博士。数百所高校开设了播音主持相关专业，密切配合着国家的政治、经济、文化和国防建设的需要。从过去的广播到电视，再到今天的新媒体平台，成千上万播音主持专业的毕业生肩负党和人民赋予的历史使命始终奋战在传媒事业的前沿。

在这个画面中，我们看到——

1951 年，中央广播事业局的左荧撰文，提出了他对播音理论建设具有启蒙意义的三个重要观点：播音是一项独立的技术；播音是一门独特的艺术；优秀的播音员应该逐渐形成独特的特色甚至风格。

1955 年，在"全国播音业务学习会"上，梅益在讲话中强调了播音员工作的重要性和影响力。

1960 年，为满足中央人民广播电台和地方台播音队伍建设的需求，新生

---

① 阎亮 . 社会学视域下中国播音主持高等教育史论（形成期）［D］. 北京：中国传媒大学，2019；陈继东 . 中国传媒高等教育的发展与变革——回望中国传媒大学 65 年教育历程［J］. 中国新闻传播研究，2019（4）：31 – 44.

的北京广播学院开办了播音短期培训。这批短训班里走出了人民广播事业的著名播音员丁然、铁城、虹云、雅坤、徐曼、金峰、钟瑞、赵培等。

也就在这一时期，中央人民广播电台播音部的马尔方、天津人民广播电台播音组的徐恒，陆续调到北京广播学院，负责组建隶属于新闻系的播音专业，成为播音专业的创始人。

1963 年 9 月，张颂从中央人民广播电台播音部调入北京广播学院新闻系播音专业任教。

1963 年入学的播音大专班里，李钢、吴郁留校任教。

1975 年，齐越从中央人民广播电台播音部调入北京广播学院新闻系播音专业任教。

1976 年，张颂撰写了《播音创作基础》的初稿《播音基础》，由北京广播学院印刷厂印制。

1979 年，齐越成为我国第一位播音学教授。同年，齐越、徐恒被列入北京广播学院硕士生导师名单。

1980 年，北京广播学院播音专业从新闻系独立出来组建为播音系，陆茜担任系副主任并主持工作。同年，由徐恒指导、李钢编写的《播音发声讲义》，作为内部教材和训练材料开始在教学中使用。

1983 年，张颂的《朗读学》由湖南教育出版社出版。

1984 年，张颂被聘为北京广播学院播音系系主任。

1986 年，齐越的《寄语青年播音员》由北京广播学院出版社出版。书中，齐越提出播音三戒：一戒自我表现，二戒随心所欲，三戒千篇一律。

1988 年，齐越和峻岭翻译的《苏联功勋播音员》（波·利亚森科撰写），由北京广播学院出版社出版发行。

1991 年，陆锡初的《节目主持人概论》由北京广播学院出版社出版。

1992 年，祁芃的《播音心理学》由北京广播学院出版社出版。

1994 年，张颂主编的《中国播音学》由北京广播学院出版社正式出版，昭示着播音作为一个全新独立学科的诞生。

1996 年，张颂担任北京广播学院播音主持艺术学院首任院长。

1997 年，曹可凡、王群的《节目主持人语言艺术》由上海人民出版社出版。

1998 年，王璐的《播音员主持人训练手册——语音发声》由北京广播学院出版社出版。

1999 年，吴郁出版《主持人的语言艺术》。

1999 年，张颂成为中国播音学的第一位博士生导师。①

…… ……

马克思说："人们的社会历史始终只是他们的个体发展的历史，而不管他们是否意识到这一点。"② 是的，个体组成社会，社会成就个体。社会发展的历史，也就是个体发展的历史。上述这些名字早已超越了名字本身，他们与播音主持高等教育的发展进程紧密相连，他们的名字已经镌刻在了历史的丰碑上。今天，当我们穿过历史的烟云，看到这一位又一位播音主持教育的开拓者、先驱者迎面走来时，我们怎能不心生景仰，满怀感激！

阎亮老师对于中国播音主持高等教育历史的梳理，是将播音主持教育的发展轨迹铺陈在中国社会发展的大格局中，借用社会学的理论框架，在时间的坐标轴中，深入分析了"社会功能需求提供播音主持教育的诞生条件""社会群体特征带来播音主持教育的教学特点""社会文化发展对播音主持教育的人文内涵提出要求""社会运行状态影响播音教育主持的生长速度"等。同时，对社会形态（意识形态、经济形态）和社会事业（高等教育发展、广电媒体行业变革）与播音主持高等教育的关系，予以大篇幅的论述。

做历史研究，既要有吃苦耐劳、脚踏实地的精神，又要有对重要史实予以时代性解释的创新能力。同时，在历史作用或功过的价值判断上，更需要研究者扎实的内功和广阔的学术视野。对播音主持高等教育发展历史的研究，亦是如此。

四年前，就因为张颂老师曾经说过的一句话——"历史是一个学科三足鼎立的一足。中国播音学必须得有史，包括播音创作史、播音教育史、播音学术史等等。但目前我们只是在播音导论中提到了一些历史，还相当不完善。这是一个巨大的学科空白"，也因为我的选题建议，原本想做影视配音

---

① 阎亮．社会学视域下中国播音主持高等教育史论（形成期）[D]．北京：中国传媒大学，2019.

② 中共中央马克思恩格斯列宁斯大林著作编译局．马克思恩格斯选集：第四卷 [M]．北京：人民出版社，2012：409.

专题研究的阎亮老师，果断地改弦更张，挑起了中国播音主持高等教育历史研究的担子。

播音主持高等教育的历史不过半个多世纪，本书研究的范畴只是形成期的三十余年，但不拿出"甘坐冷板凳勇做挖井人"的劲头，也是不可能完成该研究的。阎亮老师是专心致志、孜孜不懈的。他遍寻史料，从当年的白皮书、黄皮书、蓝皮书，到油印的教学大纲、招生计划，"孔夫子旧书网"成了他时常光顾的地方。及至书稿杀青，他几乎将自20世纪50年代到2000年间与播音相关的出版物和印刷物悉数收入囊中；他四处访谈各地的老师们，传媒大学的张景绪、李越、王克瑞、付程、马桂芬、卢静、陈雅丽、陈晓鸥、王明军老师，上海戏剧学院的吴洪林老师，天津师范大学的贾宁老师，浙江传媒学院的廖炎老师……内容涉及播音主持高等教育的建设历史、专业理念、教学思想、教学方法等诸多方面。

有一次他与马桂芬老师访谈回来，兴奋地告诉我："我在孔夫子旧书网上找到了马老师他们班同学集体写的一本书《为革命播音——献给基层广播站播音员》，网上只有两本，我都买了，把其中一本带给了马老师。马老师特别惊讶，说她自己那本搬家丢了，这一本可得好好收藏。"

他与卢静老师的访谈足足聊了一个下午。他说："虽然与卢静老师同事多年，但今天下午的对话，让我感觉到卢静老师是一个特别纯粹的人、一个充满了人格魅力的人！"

在将访谈录音转成的十几万字的文字里，我发现了阎亮老师的用心：尽量保持被访人的语音"原貌"，以至于我在看的时候，每一位老师——有的是我的老师，有的是我的同事，有的是我真挚的朋友——的音容笑貌，跃然纸上，鲜活、真实。我能体会阎亮老师内心的感受：播音主持的高等教育，正是因为有了这些一位又一位具有奉献精神的老师，才带来事业的蓬勃发展，才有了各地的异彩纷呈！

本书的第七章，在对播音主持高等教育发展进程三十余年梳理总结基础上，阎亮老师对播音主持的培养目标、人才选拔、教学特点以及发展规律等提出了自己的认识和解读。他认为，作为人文学科的播音与主持艺术专业，其发展历程始终离不开"新闻（政治）""文化""艺术"这三个关键词。而播音主持高等教育，正是在以"新闻（政治）""文化""艺术"三个坐标共同构成的三维空间中诞生并发展的。可以说，中国播音主持高等教育的整个发展过程，都是在三个属性相互角力形成的交织合力作用下，跌宕前行的。

一如前文所述，做历史研究需要研究者的内功和学术视野，除此之外，还需要更多研究者的"百家争鸣"。因为对历史的作用判断、对历史人物的评价等，很容易受到个人喜好、生存环境的影响。因此，囿于个人局限，书中的有些归纳尚不够严密，有些认识欠缺深入，有些观点还有待多方论证。尽管如此，阎亮老师"乐于在场，勇于出席，善于发言"的勇气，显露出来的是年轻学者的责任担当，也为中国播音学的学科建设提交了一份重要的答卷。

我也相信，经由这次的专题研究，前辈们筚路蓝缕、殚精竭虑开创播音主持教育事业的精神，一定已经在阎亮老师的内心扎下了根，一定会激励他在张颂老师倡导的"教学、科研、业务"三位一体的定位上不断强壮。

正是清明时节。

窗外没有细雨纷纷，却见槐树、银杏一树新绿，风生叶间，鸟鸣于上。

接一位已经在高校从事播音主持教学多年研究生的电话："老师，这个时候，特别想念张颂老师，您若去看望赵奶奶，请代我在张老师照片前鞠个躬。"

一时语塞，继而泪眼婆婆……

想起先生在从业四十年时写的一首自嘲诗，诗云：

听说读写四十秋，书剑无成志不休。

弟子三千多盛名，儿孙两地少栖留。

粗茶淡饭陶陶乐，竹杖芒鞋漫漫游。

华发早生童趣远，痴心圆梦辩庄周。

正是因为先生几十年来"竹杖芒鞋"的苦苦求索，才有了弟子三千、学科繁荣！

先生的书房名曰"三书屋"——教书、看书、写书。如今，书房里陈设依旧，先生已远行八年了！

想起先生在2012年3月27日他此生的最后一堂课上，对讲台下所有人的谆谆教诲："教育是严肃的，不得儿戏；学术是圣洁的，玷污不得。希望有一天，播音主持能成为一个门类。当前的理论过于薄弱、浅显，不深刻、不丰厚，我们必须发展它。"

　　是啊，眼下新冠疫情带来的全球政治和经济权力的变化，人工智能、AI 主播给播音主持行业带来的冲击，这一切势必会给我们的播音主持专业教育带来新的变革、新的挑战。如何构建具有播音主持专业特质的教育理念、教学体系和教学方法，如何在交叉性、实践性和跨学科的特点上深入学科发展，应该是新形势下我们不可忘却的使命与责任。希望"教书、看书、写书"成为高校播音主持专业教师的必修功课；期待中国播音主持高等教育发展史的更加完整、更趋完善。

　　这是一个庞大的工程！

　　这是一件晴朗的大事！

　　春已至，花盛开。

　　愿山河无恙，人间皆安！

曾志华

2020 年 4 月 9 日

目 录
CONTENTS

绪　论

一、缘起依据

《大学》中说："大学之道，在明明德，在亲民，在止于至善。"① 著名教育家涂又光在《中国高等教育史论》中指出："此言乃中国高等教育总规律的最佳表述。"②《大学》之"大学"，指的是大学问，也就是如今所说的高等教育。

中国高等教育的基本矛盾是"道"与"艺"的相互抵牾。"在传说阶段，道艺同一；在人文阶段，重道轻艺；在科学阶段，重艺轻道；在人文·科学阶段，它们又回归同一。各阶段各有特征，尽管如此，各阶段都遵循上述总规律。"③

2010 年，在中国传媒大学播音主持艺术学院领导的支持和指导下，在全院老师的协助下，笔者作为班主任组织 2009 级硕士研究生全班 37 位同学具体参与执行，对学院的十二位教育专家前辈进行了访谈，他们是张颂、马尔方、徐恒、王璐、陆茜、蔡乃雅、毕征、祁芃、李钢、吴郁、吴弘毅、高蕴英。这次访谈工作，对于笔者选择以中国播音主持高等教育历史为研究课题起到了重要的铺垫作用，激发起对这段历史的研究愿望。

2010 年对张颂的专访中，他曾提道："我们的学科现在还很稚嫩，稚嫩在什么地方？要往哪个方向发展？补充什么东西它才更完善？这是一个十分重要并且非常棘手的问题，同时也是一个生存和发展的战略性问题，应该是

---

① 韩路，畅悠. 四书五经（卷一）大学 [M]. 天津：天津古籍出版社，2007：2.
② 涂又光. 中国高等教育史论 [M]. 武汉：华中科技大学出版社，2014：266.
③ 涂又光. 中国高等教育史论 [M]. 武汉：华中科技大学出版社，2014：266.

每个从业人员经常思索的问题……我们要发现它的不足，研究怎么去充实……中国播音学这个话语空间里面还有哪些空白？比如说，我们的历史。一个学科必须得有史，包括播音创作史、播音教育史、播音学术史等等。历史是一个学科三足鼎立的一足。目前我们只是在播音导论中提到了一些历史，还相当不完善、不完整。这是一个巨大的学科空白。一个人或者一代人都不可能完成，只能靠代代传承去共同完善。"①

总结和寻求中国播音主持高等教育的规律，必须首先梳理其发展历史。以铜为鉴，可以正衣冠；以人为鉴，可以明得失；以史为鉴，可以知兴替。对一个学科来讲，历史的研究既可以鉴古知今，用历史的经验教训指导当代的工作实践，又可以继往开来，让人们在历史的学习中知道继承什么、辨析什么、发展什么。

我国的播音主持高等教育，跨越五十余载春秋，历经几代人的努力，已然形成了具有一定规模和影响的专业教育体系。数百所高校开设了播音主持相关专业；成千上万的毕业生肩负党和人民赋予的历史使命奋斗在传媒事业前沿；众多专业学者、教师科研人员用汗水和努力推动学科的进一步完善与发展。在取得辉煌成绩的同时，播音主持高等教育也面临诸多发展困境，包括概念困境、理论困境和意识困境等。基于此，对中国播音主持高等教育历史中重要阶段——形成期的研究，有助于我们梳理历史、思考得失、探索出路。

综合《中国播音学》中的说法可以发现，播音主持这门学科涉及广泛，包括文学、新闻学、传播学、语言学、艺术学、社会学等诸多学科，应属边缘学科，也具有较为明显的跨学科特征。结合上述相关学科的规律，才可以更加系统、完整、全面地了解和认识播音主持学科。

从社会学视角去研究，是因为社会发展的诸多因素对于形成一门学科尤其是人文学科或者包含有艺术属性的人文学科来说，至关重要且根源深刻。

二、文献综述

截至 2020 年 4 月 9 日，以"高等教育"为主题关键词进行检索，在中国知网可以查到 402207 篇中文文献；搜索"教育史"主题关键词，共发现

---

① 中国传媒大学播音主持艺术学院对张颂的访谈，2010。

8889 篇中文文献；搜索"教育史论"主题关键词，共发现 35 篇中文文献；搜索"播音主持"主题关键词，共发现 7908 篇中文文献；搜索"播音教育"主题关键词，共发现 108 篇中文文献（其中部分属于"电化教育"中的"播音教育"概念）；以"播音主持"和"教育历史"作为关键词进行交叉搜索，未找到任何相关内容；以"播音主持"和"史论"作为关键词进行交叉检索，同样未找到任何相关文献。

截至目前，对播音历史的研究形成专著的，主要有喻梅的《新中国播音创作简史》（中国传媒大学出版社，2016 年 10 月），高国庆的《中国播音学史研究》（九州出版社，2016 年 12 月）和马玉坤、高国庆编著的《张颂学术年谱》（九州出版社，2018 年 5 月）。

喻梅的《新中国播音创作简史》，跨度从 1940 年至 2015 年，对新中国播音创作历史进行了如下划分：萌芽（1940 年至 1949 年）、奠基（1949 年至 1966 年）、曲折（1966 年至 1976 年）、恢复（1976 年至 1989 年）、发展（1990 年至 1999 年）、成形（2000 年至 2015 年）。该书主要在"创作"和"历史"上分析了广播电视不同时期的播音主持典范作品，对播音主持教育史提及较少。

高国庆的《中国播音学史研究》时间跨度更大，从 1923 年至 2013 年，按照民国时期（1923 年至 1949 年）、人民广播时期（1940 年至 1999 年）、新世纪（2000 年至 2013 年）三个阶段，论述中国播音学研究发展的历史过程。书中对人民广播时期有部分关于播音教育发展状况的内容，主要集中在代表性论著的分析和阐述上。

马玉坤、高国庆编著的《张颂学术年谱》主要按照张颂的人生轨迹展开写作，从 1936 年至 2012 年，以年为序书写与张颂有关的中国播音事业、中国播音学发展事业等内容。

张颂的《中国播音学发展简史》一文，梳理了中国播音学发展的历史，并将中国播音学的发展划分为以下四个时期：萌芽期（1923 年至 1961 年）、草创期（1962 年至 1981 年）、形成期（1982 年至 1994 年）、发展期（1995 年以后）。

吴为章在她的论文《广播语言研究述评》中，以 1940 年至 1990 年间关于广播语言运用的各类文章、论文、著作、教材等为依据，将广播语言研究的发展初步梳理为五个时期：萌芽期（1940 年至 1949 年），主要提出广播的基本要求是适合收听；摸索期（1950年至1965年），提出不能做"有声版报纸"和"自己走路"的策略；停滞期（1966年至1976年），受"文化大革命"影响相关研究停滞不前；复苏期（1977年至1979年），"文化大革命"的"八股腔"被淘汰；发展期（1980年以后）。

在《播音主持概论》中，姚喜双将播音主持事业发展分为两个阶段：解放区播音（其中细分为生成期、雏形期、形成期）和新中国成立后的播音（其中细分为新中国成立后十七年、"文革"期间、拨乱反正时期、改革发展时期、快速发展时期和新世纪）。

此外，中国传媒大学播音主持艺术学院2012届博士郑伟，在其博士论文《中国播音学学术发展研究》中，将中国播音学的学术发展分为以下四个阶段：学术萌芽阶段（1940年至1949年）、学术发展与受阻阶段（1949年至1976年）、学术重新发展阶段（1977年至1994年）、快速发展阶段（1994年至2011年）。

中国传媒大学播音主持艺术学院2017届博士王文艳，在其博士论文《播音主持人才培养模式探析》中，将播音主持专业教育发展划分为：萌芽奠基期（1963年至1977年）、形成和稳固期（1977年至2007年）、多维和立体期（2007年至2017年）。

西北师范大学的张洋，在其硕士论文《媒介融合下的高校播音与主持艺术专业教育的发展及对策研究》中，将播音专业教育分为：初创期（1957年至1963年）——昙花一现；生存期（1974年至1981年）——蹒跚学步；成长期（1983年至2000年）——方兴未艾；发展期（2000年以后）——一日千里。

华中科技大学的周健恒，在其硕士论文《融媒时代播音与主持艺术专业人才培养改革研究》中，比较简洁地把我国播音主持专业的发展历程分为三个阶段：起步阶段、确立阶段、成熟阶段。

三、概念界定

在当代，高等教育是人走向社会或者说人的社会化的衔接阶梯和过渡阶段。高等教育也是整个教育系统中至关重要的组成部分之一。一般来说，高等教育是指那些从事高级人才教育培养、高精尖科学研究发明的各类教育教学组织单位和机构。

从 20 世纪 90 年代末开始，随着我国经济建设不断取得新的突破和成就，整个社会的各行各业对高级专门人才的需求日益增长，普通个人对接受高等教育的培养也充满迫切的渴望。社会环境对高等教育的尊重和需求，让我国的高等教育事业获得了前所未有的发展动力。而"精英教育向大众教育过渡"也成了高等教育发展新的方向。

高等教育的开端——高校教育，主要包括全日制普通专科（包括高职）、全日制普通本科（包括统招大专升本科）、全日制普通第二学士学位本科、全日制普通硕士学位研究生（包括学术型硕士和专业型硕士）、全日制普通博士学位研究生。就目前来说，上述这五大类学历教育，既是国家官方确认的正规高等教育，也是整个社会共同认可的高等教育。

国内高校教育中，有公办教育和民办教育、普通教育与职业教育的区别。从"生命不息，学习不止"的思想来看，高等教育以高校教育为起点，以人的寿终正寝为终点。

涂又光曾经提道："《大学》所描述的'大学'，指的是大学问，而不是大学校。只指大学问，乃等于现在说的高等教育。若指大学校，乃等于现在说的高校及高校教育，即便办得再好也不可能等于高等教育全部。参照孔子的学习经历，中国的高等教育应该是终身教育。"① 从 15 岁开始的终身教育，致力始终，到死不渝，其内容就是明明德、亲民（新民）、止于至善。"这可不是高校教育能完全胜任和担当的。近百年来我国的高等教育研究，主要是针对高等学校的研究，而高校教育作为引玉之砖，能为'明明德、亲民（新民）、止于至善'做好铺垫和开头就已经相当不错了。"②

在这里，我们姑且把这种区别理解为广义和狭义的不同。广义上的高等教育从高校教育开始，"活到老学到老"为结束。狭义的高等教育特指高校教育阶段，包括学历、非学历，公办、民办，从大专开始算起。

---

① 涂又光. 中国高等教育史论［M］. 武汉：华中科技大学出版社，2014：268.
② 涂又光. 中国高等教育史论［M］. 武汉：华中科技大学出版社，2014：268.

第一章

中国播音主持高等教育的历史沿革

第一节　中国播音主持高等教育的研究基础

一、中国播音主持高等教育事业简述

播音主持高等教育事业的发展，与播音事业、播音学科的发展紧密相连，更与人们认识播音工作的态度、深度、广度息息相关。起初，围绕在播音工作周围的人，无论是领导、专家还是播音员，对播音实践本身都是十分重视的。限于历史中认识条件的时代性和特殊性，作为与实践相辅相成、相生相伴的播音理论，却少有被提及和肯定。"播音无学"的认识和观点，曾在相当长的一段历史时间里总是能够获得部分人的赞同和认可，以至于现在依然可以找到些许痕迹。这也是即便今天播音高等教育日趋完整但仍时常遭到质疑的原因之一。

在"全面学习苏联"期间，人们开始逐渐认识到，解决播音实践中出现的问题是需要理论支撑的。这可以说是一大进步，但是这种认识还是不够深入和清晰。

在对苏联播音经验的学习和模仿中，很多人只关注到表演与播音之间的相互关联，便盲目地套用以斯坦尼斯拉夫斯基为代表的表演理论指导播音实践工作。很显然，这种认识忽视了播音理论、实践的独立性与特殊性，依然是偏颇和短视的。于是，对播音工作的重视也都主要体现在经验总结上。后来，针对播音员开展的短期培训愈加呈现出对教学理论和方法的需求，一线播音业务实践也愈加表现出对理论指导的渴望，这时，人们才开始渐渐关注

播音理论和教学方法的研究。

已故播音艺术家夏青在为张颂撰写的《研究播音理论是一项紧迫的任务》一文所作评述中说："播音具有极强的实践性……但是，实践不能没有理论，实践性再强，也需要理论的概括和理论的正确指导。由于一开始认识播音，只限工作性质，尚缺少学科性质的认识条件，于是就产生某种偏颇，即'播音重要，但无独立理论'。从苏联播音经验中又认识到播音同表演的相同之处，以表演理论解决播音实践问题就行了。因此，长期以来，播音队伍中形成播音理论体系的独立学科意识相当淡漠。而直到播音和教学两方面实践都提出了研究理论的问题之后才开始起步，脱离经验总结阶段，向建立体系阶段进展。"① 这些话简单而准确地概括了播音学研究发展的基本历程。

下面本书按照年代顺序，简述中国播音主持高等教育事业的发展历史。

（一）启蒙期（1949 年至 1962 年）

1949 年，中华人民共和国成立时，全国已经拥有 40 多个广播电台。这些电台也已经拥有了一批具备播音实践经验和艰苦奋斗精神的播音员。

1949 年年底，北平新华广播电台更改名称为中央人民广播电台。

1952 年 12 月，第一次全国广播工作会议既讨论并肯定了播音工作的性质、使命、任务、意义、作用和重要性，也对播音员提出了较为明确的工作要求。会议指出了播音员应该学习的内容和提升进步的方向。也就是在这一年，因地方支援中央建设，很多地方台领导和播音员调去了中央台。其中就有对后来播音教育事业立下汗马功劳的马尔方。

1954 年 3 月，中央广播事业局开办了新中国成立后第一个广播技术人员训练班，并开始探索自己培养广播技术相关人才的道路。同年，中央广播事业局编印了繁体竖排、平装右翻的《广播工作参考材料》第一辑。这本小册子翻译整理了苏联、罗马尼亚、波兰、匈牙利、摩尔达维亚苏维埃社会主义共和国（现称摩尔多瓦）等国的十多篇广播经验文章。

1955 年 3 月，中央广播事业局编印了《广播工作参考材料》第二辑《播音和朗诵》。这本小册子汇集了十多篇与播音、朗诵相关的文章和讲话稿，包括苏联播音员列维坦等的《朗读政治性材料的方法》《朗诵文艺作品的主

---

① 张颂，乔实. 论播音艺术［M］. 北京：北京广播学院出版社，1992：28.

要方法》，马尔丁诺夫、契库拉也夫讲授的《朗诵与歌唱》《舞台语言》，欧阳予倩的《演员必须念好台词》，罗常培的《台词和语言学的关系》，向锦江的《谈朗读》，张寿康的《朗读的目的和方法》，徐守中的《朗读应该注意的几点》，臧克家的《诗的朗诵》，徐迟的《怎样朗诵诗》，黎锟的《我对朗诵的体会》。

1958 年 5 月 1 日，新中国第一个电视台——北京电视台开始试播。9 月 2 日正式播出节目。也是在这一天，为了适应社会发展对各类广播电视高级人才的迫切需求，在原广播技术人员训练班的基础上，中央广播事业局开办北京广播专科学校。从那时起，培养广播专业人才的脚步踏上了高等教育的大路。同年，第一次全国人民代表大会第五次会议通过并向全国推广《汉语拼音方案》。

北京广播专科学校成立不久，中央人民广播电台和各地方台纷纷向中央广播事业局反映，只培养广播技术人才是不能满足广播事业发展需求的，强烈要求北京广播专科学校着力培养播音员、编辑、记者等专业人才。伴随这一呼声，播音员的教育和培养被提上了日程。

1959 年，中央广播事业局通过了北京广播专科学校提出的"建立北京广播学院"的书面请求。很快，教育部同意并批准成立北京广播学院。创建初期，该学院设有无线电系、新闻系和外语系。其中，新闻系中设有编采、电视、播音、语音、文学五个教研组，由北京广播学院副院长左荧兼任系主任。北京广播学院的成立，为我国播音专业学历教育铺设了早期诞生的平台，也搭建了后续发展的舞台。这一年，周恩来总理为北京广播学院特批了 30 个名额，在高中生中以测试普通话为名选拔播音员。

1960 年，为满足中央人民广播电台和地方台播音队伍建设的需求，北京广播学院开办了播音短期培训。虽然只是短期培训，但这可以说是我国播音专业教育的开始。后来，这批短训班学生中的不少人都成为人民广播事业的著名播音员，包括丁然、铁城、虹云、雅坤、徐曼、金峰、钟瑞、赵培等。这时的播音专业教育只是业务培训，高等教育实际上还未开始。

随着各地广播事业的飞速发展，地方对于播音人才的需求日益迫切，纷纷要求中央广播事业局加大播音专业相关人才的培养力度。为此，北京广播学院开始研究培养播音员的长期方式，并经中央广播事业局向国务院申请开展播音专业的学历教育。这一时期，中央人民广播电台播音部的马尔方、天津人民广播电台播音组的徐恒，陆续调到北京广播学院，负责组建隶属于新闻系的播音专业。她们也因此成为播音专业的创始人。

1961 年，根据中央政府"调整、巩固、充实、提高"的方针，中央广播事业局对广播系统进行了"精简机构，压缩编制"的调整。随后，北京广播学院 1961 年和 1962 年连续两年停止招生，一度还被列为"调查裁撤"的范围。

1961 年，北京广播学院新闻系语音教研组编写了一本《播音员正音手册》。整本手册分为十二个部分：特殊读音，姓氏、人名、少数民族名称，中外地名，工业用语，农业用语，文艺节目用语，中药名，难读词，成语，多音字，形体相近易读混的字，轻声词，还附有儿化语和常用汉字拼音表。这本书不同于其他印刷汇编的理论知识手册、训练材料合集，因为书中标示，这本手册于 1962 年 1 月 15 日由京华印书局印制、北京广播学院出版。通过分析《中国出版史》（北京大学出版社，2017 年 4 月）的相关记载可知，新中国成立后国家对出版、印刷、发行工作实行专业分工，有的图书印刷出版后向全社会发行销售，有的只做内部发行。而这本书就是正式印刷出版但仅做内部发行的出版物，因为并未向全社会发行出售，所以没有书号和定价。虽然没有现代出版物的发行书号，但这本繁体字编写的 157 页的正式出版的《播音员正音手册》，可以算是新中国成立后播音主持教育的最早出版物了。

（二）形成期（1963 年至 2000 年）

1963 年，国务院下达《关于恢复北京广播学院的通知》，北京广播学院恢复办学。同年，北京广播学院新闻系正式设立中文播音专业，开始招收三年制大专学生。从此我国有了培养播音人才的正规院校。当时，齐越、葛兰、夏青、林如等著名播音员都曾来北京广播学院讲课。由于没有教材，广播电台的播音员来校授课都要自己准备内容，课堂上也主要采用"老师讲、学生记"的教学模式。

1963 年 9 月，张颂被调入北京广播学院新闻系播音专业任教。建设播音专业的教师由二人扩大到四人：马尔方、徐恒、王璐、张颂。

从 1963 级播音大专班开始，北京广播学院播音专业招收了 1963 级、1964 级、1965 级三批学生。后来对播音主持高等教育事业做出巨大贡献的李钢、吴郁，就是 1963 级大专班学生。解如光、孔剑清、常亮，也是 1963 级学生。著名体育解说员王泰兴是 1964 级学生。张颂提道："我们借鉴了姊妹艺术的经验，有了发声教学，气息、声音、吐字、归音等等，也有了基本表达，当时叫作'语言逻辑'。我们 63 级的教材非常简单，但是主体已经比较明确了，比如播音的性质和任务，播音创作的目的，感情、停顿、重音、节奏，当时斯坦尼斯拉夫斯基的'最高任务''三张王牌'这些都有了。"①

1965 年，吉林省广播事业管理局广播网处编写了一本内部业务资料《播音工作经验选辑》。这本选辑中除了当时很有代表性的几篇文章外，还收录了一些笔者在其他史料中未曾见过的文章，包括夏青的《广播员的读音问题》《谈逻辑重音、逻辑顿歇和语调》，张力的《播新闻的一些问题》《谈谈播通讯》，马焉的《试谈怎样播通讯》，林如的《关于文艺节目的播音》，史林的《关于文学作品的朗诵》，聂耶的《培养红色播音员》，罗东的《做一个有思想感情的播音员》，刘炜的《播评论性稿件应注意哪些问题》，河北台播音组的《到农村去，才能播好农民节目》，天津台播音组的《广播大会的播音工作》等。

1966 年，北京广播学院停办。

1969 年，北京广播学院被撤销，师生们迁往河北望都县张庄参加劳动，接受贫下中农"再教育"，直到 1970 年 8 月返回学院。

1970 年 11 月，413 名教职员工（留守北京除外）被调到河南淮阳中央广播事业局"五七干校"参加劳动锻炼，接受"再教育"。②

1971 年，全国教育工作会议决定：北京广播学院试行撤销。至此，北京广播学院完全停办。

1973 年，北京广播学院恢复办学。同年，北京广播学院新闻系举办了全国在职播音员学习班，由齐越和沉华（中央人民广播电台新闻部副主任，1973 年调入北京广播学院新闻系）主持。全国各省（市）、自治区广播电台都派了播音员参加这次学习班的学习。学习班邀请了很多老一辈播音员分享创作体会，包括钱家楣的《回忆在陕北做播音工作的时候》，夏青的《努力

---

① 张颂. 播音主持艺术论 ［M］. 北京：中国传媒大学出版社，2009：257.
② 校史编辑委员会. 北京广播学院五十年 ［M］. 北京：中国传媒大学出版社，2005：41.

提高新闻的播音质量》，齐越的《播通讯的体会》，广源（张颂当时的笔名）的《如何播好评论》《发音器官和呼吸方法》，方明的《练语言基本功的体会和方法》，韩进廉的《学会说普通话》，关山的《关于播讲小说塑造英雄人物的体会》，李连生的《谈谈电影解说》等。另外，各个广播电台播音组也交流了工作经验，包括上海台播音组的《努力改造世界观，增强无产阶级感情》，黑龙江台播音组的《我们深入实际的几种做法和体会》，山东台播音组的《参加采写稿件是提高播音质量的好方法》，广东台播音组的《抓住特点播好对话》等。为了便于各省内基层广播台/站的播音员学习，这次学习班的部分内容被汇编成册、内部分发，包括四川人民广播电台《播音业务学习》、贵州人民广播电台《广播通讯播音业务专辑》、陕西省广播事业管理局《播音业务专辑》、黑龙江人民广播电台总编室《播音员学习材料》、甘肃省广播事业管理局《播音业务专辑》、安徽省革命委员会广播事业局《播音业务专辑》、山东省革命委员会广播局《播音业务专辑》、吉林省广播事业局《吉林广播》增刊《播音业务专辑》等。

1974 年，北京广播学院播音专业恢复招生，第一批"工农兵学员"进入学校。接下来的两年又陆续招收了 1975 级和 1976 级"工农兵学员"。

1975 年，齐越从中央人民广播电台播音部调入北京广播学院新闻系播音专业任教。

1976 年，北京广播学院 1974 级"工农兵学员"班的同学们集体创作了一本名为《为革命播音——献给基层广播站播音员》的理论著作，但这本书只是少量印刷并未出版发行。同年，张颂撰写的《播音基础》，由北京广播学院印刷厂印制。

1977 年，高考制度恢复，这时的播音专业开始"主动出击"，到全国各地开展招生工作。据马尔方回忆："我第一次出去是 1977 年，我连新疆都去，广东、海南岛、无锡也去了。"[①] 此后，北京广播学院新闻系播音专业连续招收 1977、1978、1979 三级学生（此时仍为三年制专科），毕业时延长一年，获得本科学历。

1978 年，中央广播事业局和教育部联合发布了一份文件，明确北京广播学院的播音专业参照艺术院校的招生办法招收学生。同年，徐恒被北京广播

---

① 中国传媒大学播音主持艺术学院对马尔方的访谈，2010。

学院评聘为副教授，北京广播学院新闻系播音教研室编印的《播音基础讲义》开始内部使用。

1979年，齐越被北京广播学院评聘为教授，成为我国第一位播音学教授。同年，北京广播学院开始招收硕士研究生。在1979年的研究生招生专业简介中，齐越、徐恒已经被列入指导教师名单。播音专业播音基础理论方向、播音发声学方向的三年制硕士研究生开始招生。吉林省广播事业局编印的《播音业务专辑》被列入考试参考书目范围。考试科目：政治、外语（英语或俄语）、语文、新闻理论、播音业务（包括各种文体播音）。①

1979年，北京广播学院新闻系编印了三本《播音业务参考材料》，用以辅助播音专业教学。第一本选编了一些书刊上有关朗诵、戏剧、曲艺方面的13篇文章，包括朱光潜的《谈谈诗歌朗诵》、欧阳予倩的《演员必须念好台词》、牧虹的《台词和练声》、苏民的《朗诵杂记》、侯宝林的《相声的表演技巧》、孙敬修的《我怎样在广播中给小朋友讲故事》、连阔如的《怎样说评书》、高元钧的《略谈山东快书的表演技巧》等。第二本选编了13篇译文，这些文章译自苏联出版的《话筒前的播音员》《语言的力量》等书。第三本汇集了1956年《广播爱好者》杂志上连载的符·阿克肖诺夫的《朗诵艺术》（齐越、崔玉陵节选翻译）。特别值得一提的是，《播音业务参考材料》第二本中有一篇齐明柯撰写、陶玉敏翻译的文章《谈谈电视播音工作》。文章中提及了"电视广播员"的眼神、表情、妆容、问候语，还有如何协调看稿与看镜头、如何照顾景别与背景甚至如何选择粉底的色号等。这些内容为即将开始的电视播音教学打下了基础。

1980年，北京广播学院的播音专业脱胎换骨，从新闻系中独立出来并组建成播音系。陆茜担任系副主任并主持工作。从此，我国有了第一个高校播音系。同年，播音专业学制由三年改为四年，播音专业教育进入大学本科阶段。由徐恒指导、李钢编写的《播音发声》（也写作《播音发声讲义》），由北京广播学院印刷厂印制，作为内部教材和训练材料开始在教学中使用。这一年，北京广播学院播音系开始招收硕士研究生，娄玉舟成为齐越的第一位研究生。接下来的几年，敬一丹、姚喜双、付程陆续成为齐越的研究生。

1981年，北京广播学院播音系本科专业因故未能招生。据马尔方回忆：

---

① 赵玉明.中国广播电视通史［M］.北京：中国广播影视出版社，2014：409.

"80 年代初，我认为学校的教学硬件达不到要求，硬是顶着压力停招了一届学生。直到学校盖起了播音系教学小楼，有足够教学用的录音间，才在第二年恢复招生。所以在北京广播学院播音系历史里是没有 1981 级学生的。"①同年，陈京生成为徐恒的第一位也是唯一一位硕士研究生。由于当年的全国研究生考试推迟了半年，1981 级研究生的开学时间也向后推迟了一个学期，1982 年 2 月入学。

1982 年 1 月，延长一年学制的 1977 级播音班——播音专业第一届本科生毕业。同年 7 月，1978 级播音班毕业。这一年，推广普通话被写入《中华人民共和国宪法》。

1984 年，张颂被聘为北京广播学院播音系系主任。此后到 1996 年，张颂一直担任该职务。

1984 年，浙江广播电视专科学校成立。同年，该校开设了播音专业，培养学制两年的中等专业人才。1994 年该校升格为大专后，更名为浙江广播电视高等专科学校，播音主持高等教育呈现出了"北有北广，南有浙广"的态势。

1986 年，中国广播电视学会作为全国性的广播电视行业组织和学术团体，在北京成立了。

1987 年，作为我国播音界第一个国家学术团体，中国广播电视学会播音学研究委员会在北京广播学院成立。齐越当选名誉会长，夏青担任会长，张颂出任常务副会长。同在这一年，我国第一个播音专业学术期刊《播音界》（湖北省襄樊市播音工作者协会、襄樊市播音学会会刊）诞生，并在中国广播电视学会播音学研究委员会成立后，成为该会的会刊。张颂担任《播音界》副主编。

1990 年，中国广播电视学会吸收"主持人节目研究会"为会员，全称定为"中国广播电视学会主持人节目研究会"。赵忠祥担任会长，沈力、宋世雄、徐曼、李一萍、陈铎、雅坤、虹云任副会长。自此，"播音学研究委员会"与"主持人节目研究会"并驾齐驱。

1992 年，国家技术监督局颁布的国家标准《学科分类与代码》中，把"广播与电视"列为"新闻学与传播学"学科范围内的二级学科。在"广播

---

① 中国传媒大学播音主持艺术学院对马尔方的访谈，2010。

与电视"学科内列入了"广播电视播音"等三级学科。①

1993 年，作为培养女性专门人才的特色院校，天津师范大学国际女子学院在天津成立。该学院创办初期开设了播音主持、艺术设计、国际经济与贸易、现代家政四个专业。其中，播音主持专业 1993 年成立，1994 年开始招收大专学生，1997 年升为本科，是全国继北京广播学院之后第二个培养播音专业本科生的高等院校。②

1993 年，山东艺术学院开设播音主持专业（两年制专科），成为山东省最早开设该专业的高校（该校 2004 年开始招收播音与主持艺术专业四年制本科生，2015 年开始招收播音与主持艺术方向硕士研究生）。

1994 年，《中国播音学》由北京广播学院出版社出版发行，宣告了一个新兴学科的诞生，标志着中国播音学的理论体系初步建立。

1995 年，上海戏剧学院开设了两个电视类新专业，电视编辑（主持人与采访）、文艺编导（电视节目），并在同年 9 月设立电视艺术系。电视编辑（主持人与采访）专业在招生简章中标注为"电视节目主持人本科班"。

1996 年，作为北京广播学院的二级学院，播音主持艺术学院成立了。学院下设"两系"——播音系、应用语言学系，"两所"——播音主持艺术研究所、语言传播研究所，"两中心"——普通话水平测试中心、全国播音员主持人培训中心。张颂担任北京广播学院播音主持艺术学院首任院长、党总支书记。同年，张颂负责的"中国广播电视语言传播研究"获得国家社会科学基金一般项目立项。

1996 年，四川师范大学电影电视学院（前身是 1992 年成立的四川电影电视艺术进修学院，1995 年与四川师范大学联合办学并更名为四川师范大学电影电视学院）设立播音主持系，开始招收播音专业学生。

1997 年，北京广播学院举办第一届"齐越朗诵艺术节"。日后，"齐越朗诵艺术节"发展为"全国大学生朗诵大会"，成为全国播音与主持艺术专业学生的标志性专业活动。

1998 年，徐州师范大学（2011 年更名为江苏师范大学）语言科学与艺术学院开始招收播音语言学方向研究生，是继北京广播学院之后全国第二家

---

① 赵玉明. 中国广播电视通史［M］. 北京：中国广播影视出版社，2014：420.
② 本书作者对贾宁的访谈，2018。

招收播音方向研究生的院校（该校 2015 年开始招收播音与主持艺术专业四年制本科生）。

1998 年，国家调整了全国普通高校的学科体系。这次调整中，原属于文学门类下新闻学一级学科的播音专业，被调整到文学门类下艺术学一级学科，并将专业名称改为"播音与主持艺术"，专业代码为"050419"。

1999 年，作为广播电视艺术学博士点的语言传播艺术方向，北京广播学院播音与主持艺术专业开始招收博士研究生。张颂成为中国播音学的第一位博士生导师，也是北京广播学院第一批博士生导师之一。

1999 年 9 月，中华女子学院艺术系开办播音与主持艺术专业大专班（该校播音与主持艺术专业 2007 年升为本科，2015 年并入文化传播学院汉语国际教育系）。

2000 年，广播电影电视部管理干部学院（前身是 1983 年成立的华北广播电视学校）转入山西省管理，并开始招收播音与主持艺术专业大专生，跻身播音主持高等教育队伍。

2000 年，北京广播学院成为"211 工程"重点建设大学。

中国播音主持高等教育事业形成期的相关理论著作（正式出版发行）汇总如下表：

表 1-1　中国播音主持高等教育形成期的相关理论著作（正式出版发行）

序号	著作名称	作者	时间	出版单位
1	朗读学（第一版）	张颂	1983	湖南教育出版社
2	话筒前的工作	广播出版社 编	1983	广播出版社
3	朗诵艺术	齐越、崔玉陵 译	1984	广播出版社
4	播音发声学	徐恒	1985	北京广播学院出版社
5	播音基础	张颂	1985	北京广播学院出版社
6	编播业务杂谈	韦振斌	1985	中国广播电视出版社
7	寄语青年播音员	齐越	1986	北京广播学院出版社
8	新闻播音理论与实践	陆茜	1987	北京广播学院出版社
9	苏联功勋播音员	齐越、峻岭 译	1988	北京广播学院出版社

序号	著作名称	作者	时间	出版单位
10	语言发声原理语言发声练习	李钢、陈京生	1988	北京广播学院出版社
11	语言表达艺术	姚喜双等	1988	北京广播学院出版社
12	小说播讲艺术	汪良	1988	北京广播学院出版社
13	播音学简明教程	吴郁	1988	北京广播学院出版社
14	怎样做一个优秀广播员	中央人民广播电台播音部、《新闻战线》编辑部	1988	人民日报出版社
15	播音文体业务理论	毕征 主编	1989	北京广播学院出版社
16	实用广播语体学	林兴仁	1989	中国广播电视出版社
17	播音风格与艺术丛谈	徐朝晖 主编	1989	北京广播学院出版社
18	论播音艺术	张颂、乔实	1990	北京广播学院出版社
19	语言艺术发声概论	王璐、白龙	1990	哈尔滨工业大学出版社
20	时代的明星——漫谈电视节目主持人	徐德仁、施天权	1990	复旦大学出版社
21	献给祖国的声音	齐越	1991	中国广播电视出版社
22	节目主持人概论	陆锡初	1991	北京广播学院出版社
23	论节目主持人	壮春雨	1991	北京广播学院出版社
24	节目主持人与新闻	陆锡初	1991	北京广播学院出版社
25	怎样当好节目主持人	苏宝华、冯海燕	1991	黑龙江人民出版社
26	播音风格探	姚喜双	1992	中国文联出版公司
27	播音导论	李越	1992	北京广播学院出版社
28	播音心理学	祁芃	1992	北京广播学院出版社
29	播音知识与练习	路英、易复刚、张林芝 编	1993	湖南教育出版社
30	播音语言通论	张颂	1994	北京广播学院出版社
31	中国播音学	张颂 主编	1994	北京广播学院出版社

续表

序号	著作名称	作者	时间	出版单位
32	中国播音大全	张颂等	1994	广院音像教材出版社
33	中国播音学文集（一）	王振堂 主编	1994	贵州人民出版社
34	走进播音朗诵主持艺术殿堂	姚喜双	1995	广院音像教材出版社
35	CCTV 节目主持人的艺术和风采	应天常	1995	广东教育出版社
36	主持人节目学教程	陆锡初	1995	中国广播电视出版社
37	论节目主持人	壮春雨	1995	北京广播学院出版社
38	广播电视语言文字规范化文集	张颂	1996	北京广播学院出版社
39	文艺作品演播	罗莉	1996	北京广播学院出版社
40	节目主持人通论	俞虹	1996	杭州大学出版社
41	节目主持艺术探	吴郁	1997	北京广播学院出版社
42	节目主持人语言艺术	曹可凡、王群	1997	上海人民出版社
43	永不消逝的声音	齐越奖励基金办公室 编	1997	北京广播学院出版社
44	播音学概论	姚喜双	1998	北京广播学院出版社
45	真话实说	鲁景超 主编	1998	光明日报出版社
46	节目主持艺术通论	陆锡初	1998	中国广播电视出版社
47	声音	敬一丹	1998	华艺出版社
48	播音员主持人训练手册——语音发声	王璐	1998	北京广播学院出版社
49	播音主持心理学	祁芃	1999	北京广播学院出版社
50	主持人的语言艺术	吴郁	1999	北京广播学院出版社
51	语言传播文论	张颂	1999	北京广播学院出版社
52	广播电视语言传播发声艺术概要	李晓华	1999	北京广播学院出版社

序号	著作名称	作者	时间	出版单位
53	播音主持艺术 1	姚喜双 主持	1999	北京广播学院出版社
54	话筒前	敬一丹	1999	现代出版社
55	节目主持艺术论	应天常	1999	北京广播学院出版社
56	节目语体主持	李德付 主编	1999	中国广播电视出版社
57	普通话语音学教程	杜青	1999	中国广播电视出版社
58	广播电视播音与主持 2	陈晓鸥、邵丹峰	1999	重庆出版社
59	用生命播音的人——忆齐越	杨沙林	1999	中国广播电视出版社
60	朗读学（第二版）	张颂	1999	北京广播学院出版社
61	广播电视即兴口语表达	鲁景超	2000	北京广播学院出版社
62	电视播音与主持	陈京生	2000	北京广播学院出版社
63	广告播音艺术	曾志华	2000	北京广播学院出版社
64	播音创作观念论	付程	2000	北京广播学院出版社
65	播音主持艺术 2	姚喜双 主持	2000	北京广播学院出版社
66	尴尬与超越	李立 主编	2000	北京广播学院出版社

（三）兴盛期（2001 年至今）

2001 年之后，播音主持高等教育进入兴盛时期。学科理论全面完善、与时俱进，理论著作灿若繁星、比比皆是，专业建设百花齐放、不胜枚举。这一时期，在繁华背后也有不少问题和隐患，但播音主持高等教育蓬勃发展的脚步从未停下。

二、张颂关于中国播音学发展阶段的梳理

张颂在《中国播音学发展简史》一文中梳理了中国播音学发展的历史，并将这一历史划分为下面几个时期：

萌芽期（1923 年至 1961 年）；

草创期（1962 年至 1981 年）；

形成期（1982 年至 1994 年）；

发展期（1995 年以后）。

张颂以 1949 年中华人民共和国成立为界把萌芽期（1923 年至 1961 年）细分为两个阶段：新中国成立前与新中国成立后。

新中国成立前阶段，按照国统区和解放区两个地域分别进行播音研究。国统区关于播音的文献虽然很少，他还是细数了叶圣陶、鲁迅、茅盾等人发表的一些文章中对播音的性质、任务、方式，播音再创作和播报样态方面有宏观指导意义的看法。解放区有不少关于播音的文献，他列举了梅益、徐迈进、温济泽等人对播音工作提出的指导、建议、鼓励和批评。

张颂这篇文章也梳理了解放区由陕北新华广播电台设计确定的《播音手续》《口播清样送审办法》《编播发稿工作细则》等，还有一些总结，包括孟启予、齐越等人的《十天播音工作个人总结》，并指出这些个人总结是最早涉及播音本体的研究，具有理论研究的重要意义。

关于新中国成立后的播音研究，是从北平新华广播电台制定《北平新华广播电台训练播音方法》开始的。

1952 年 12 月，第一次全国广播工作会议由中央广播事业局主持召开。

1954 年 7 月，以温济泽为团长的中国广播代表团到苏联学习工作经验。播音员齐越是这一代表团成员之一。回国后，他在中央人民广播电台介绍、传达了苏联播音工作的先进经验和学习经验的心得体会。在学习苏联经验的同时，中央人民广播电台播音组也开始汇总自己的经验，并形成五篇代表性文章——《播音员和播音工作》（徐恒）、《克服报告新闻的八股腔》（夏青）、《播社论的体会》（李兵）、《把现实中的情景鲜明地再现在听众面前》（张洛）、《播音员和实况广播》（齐越）。

1955 年 3 月，第一次全国播音业务学习会在北京召开。梅益、温济泽、左荧等领导都发表了对播音理论具有重要建设意义的讲话。

1956 年，齐越和崔玉陵共同节选、翻译了符·阿克肖诺夫的《朗诵艺术》，并在《广播爱好者》上连载刊发，打下了早期播音理论研究的基础。

这个阶段，在学习苏联经验的前提下，以《苏联播音经验汇编》《全国播音经验汇辑》《播音业务》等论文集为标志，我国的播音理论初见端倪。

张颂以 1962 年齐越在上海播音组的讲话为起点，以 1981 年 8 月在北京召开的全国第二次播音经验交流会为结点，划分了中国播音学发展的草创期。

张颂划分的形成期是以 1982 年 1 月论文《研究播音理论是一项紧迫的任务》的发表为起点，以 1994 年《中国播音学》出版为结点。

1995 年以后，中国播音学进入了发展期。这一时期，有关播音理论的研究不仅得到了进一步的深化和发展，其研究领域的外延和边界也获得了拓展和延伸。吴郁的《主持人的语言艺术》一书对节目主持艺术理论的研究，延伸和发展了播音概念的内涵。张颂的《朗读美学》，从美学视角研究分析了有声语言表达，为朗读进阶更高美学境界铺设了理论前提。

第二节　中国播音主持高等教育形成期的界定和研究问题简述

一、播音主持高等教育形成期的界定

本书绪论中曾经论述，狭义的高等教育特指高校教育阶段，包括学历、非学历、公办、民办，从大专开始算起。结合这一依据并参考文献综述中有关播音学术、播音创作、人民广播事业等的历史划分，本书将整个中国播音主持高等教育历史分为三个阶段：启蒙期（1949 年至 1962 年）；形成期（1963 年至 2000 年）；兴盛期（2001 年至今）。

其中，在启蒙期阶段，播音理论、教学方式和教学方法的研究都有初步启蒙，播音教育也有早期探索，但都不属于高等教育的范畴。

本书涉及的中国播音主持高等教育形成期，以 1963 年播音专业开始招收大专生作为研究的起点，以 2000 年北京广播学院成为"211 工程"重点建设大学、旗下播音主持艺术学院开始进行语言传播艺术方向博士研究生教育（1999 年开始招收）作为研究的结点。

需要强调的是，本书界定的形成期指的是狭义的高等教育（高校教育阶段）系统的形成，而不是高等教育元素的出现。事实上，1963 年，北京广播学院中文播音专业开始招收大专学生，是播音高等教育元素的首次出现。直到播音专业正式开始培养博士生，可以视为狭义高等教育（高校教育阶段）系统的形成。

整个形成期，又可细分为：形成初期——曲折起步（1963 年至 1976

年），形成中期——砥砺前行（1977 年至 1993 年），形成后期——九转功成
（1994 年至 2000 年）。

形成初期以 1963 年开始的大专生培养为起点，以 1976 年 "文化大革
命" 结束为结点；形成中期和后期分别以 1977 年恢复高考、1994 年《中国
播音学》问世为起点。

另外，形成后期之所以将 1994 年作为起点，也是因为在这之前，开展播
音主持高等教育的高校还只有北京广播学院一家。1994 年，浙江广播电视高
等专科学校开始参与播音主持的高等教育，从此 "北有北广，南有浙广" 的
局面逐渐形成。同年，天津师范大学国际女子学院也开始培养播音专业大专
学历学生。

本书研究的重点是整个播音主持高等教育的形成期历史，研究的目标是
借助社会学视角和方法，挖掘、提炼、论证这一教育的发展规律。因此，本
书并不刻意针对形成期的细分阶段专门研究，而是将之视为一个整体展开论
述。这一细分方式仅供参考。

本书的 "中国播音主持高等教育" 是以中国大陆为研究范围，不包括中
国港、澳、台的相关专业教育。

本书把 1963 年至 2000 年这 38 年的光阴作为中国播音主持高等教育形成
期进行研究。这一时期，既有一批扎根于高校的教师们艰辛探索，也有来自
祖国四面八方的专家学者们百家争鸣；既有最初北京广播学院播音与主持艺
术专业的一枝独秀，也有后来多家高校的群雄并起。中国播音主持高等教育
就是在这样的艰辛历程中逐渐形成的。

二、研究问题简述

前述已经提到，播音主持这门学科涉及广泛，属于边缘学科并且具有较
为明显的跨学科特征。而播音主持高等教育，从诞生那天起就一直受到学科
归属的困扰，历经新闻学、语言学及应用语言学、戏剧与影视学等，始终没
有给出一个大家都能接受的结果。而播音主持工作也一直被定性为拥有新闻
性（根本属性）和艺术性（重要属性）的双重特征。

播音主持工作，除了鲜花与掌声，也经历过被诟病 "播音员就是播音员
儿" "念字发声的机器" "没有文化" 和被片面理解为 "主持人是艺人" 等
等。冷静地思考，我们会发现，作为人文学科的播音主持艺术专业，其发展

历程始终离不开"新闻（政治）""文化""艺术"这三个关键词。这里的"文化"重点指的是基于文学的综合文化知识、修养和能力。"新闻（政治）""文化""艺术"成为播音主持高等教育身上的三大特性。也许从它诞生开始就陷入了由这三大属性构成的三维困局中。

　　本书在这里提出，播音主持高等教育，是在以"新闻（政治）""文化""艺术"三个坐标共同构成的三维空间中诞生并发展的。其整个发展的过程，都是在三个属性相互角力形成的交织合力作用下跌宕前行的。或许这一观点的提出，可以为我们横向解剖播音主持高等教育的切面与纵向总览播音主持高等教育历史阶段的全貌，提供一种更为立体的思路。

　　接下来，本书将带着这一观点和框架，从社会多方面视角梳理、分析播音主持高等教育的形成期历史。

第二章

播音主持高等教育的社会学基础

与厚重的历史学相比，社会学显得很年轻甚至是稚嫩。但是对于社会科学研究范畴而言，社会学具有不可忽视的力量。社会学研究不仅可以极大地丰富人类的自我认知，而且为历史学研究提供了很好的规律探索的成功借鉴。同时，社会学与历史学形成了跨学科的结合研究机制，为历史学研究开辟新的路径。对社会结构和运作机制的内在分析已经成为研究人类社会历史变迁的基础。我们在进行规律性研究时，可以而且也应该以社会学理论为基础。

通常来说，社会学是现代社会科学中从某种特有的角度，或侧重对社会，或侧重对作为社会主体的人，或侧重对社会和个人的关系，进行综合性的研究，因而具有自己独特的对象和方法的学科。① 人的发展离不开社会，社会又是由人组成的。马克思在《关于费尔巴哈的提纲》中指出："人的本质不是单个人所固有的抽象物，在其现实性上，它是一切社会关系的总和。"②

有的人可能会认为，我们可以自力更生，可以独自生活。这个"独自"可以是自己一个人，也可以是以自己为核心或者成员的一个群体。后来人类语言的诞生或许可以从某种角度印证社会群体的重要性以及诞生的必然性。人类在与自然进行的生存挑战中逐渐发现，群居使得自己生存下去的概率大幅度提高，因而不断地组成群体便成了人类发展的方向。有了人群，社会也

---

① 郑杭生. 社会学概论新修：第五版［M］. 北京：中国人民大学出版社，2019：3 -4.

② 中共中央马克思恩格斯列宁斯大林著作编译局. 马克思恩格斯选集：第一卷［M］. 北京：人民出版社，2012：135.

就慢慢形成。人群之间需要沟通，不仅仅是信息，还有情感和态度，由此，恩格斯说的"不得不说些什么"的条件才能成立，语言才有可能产生。

而每个人之所以区别于其他人，是因其拥有独特的个性。这种个性是通过人群彼此的相互依存关系实现的。这些我们依赖的人，有可能是我们认识的、熟悉的，也有可能是我们不认识、不熟悉的，甚至是从未遇见的。例如，一个举国闻名的主持人的成功，不仅仅和他自己的天赋条件、后天努力、家庭环境、学校教育、领导赏识有关，还有很多在他的成长和成功中起到配角甚至看似微不足道、毫无关系的人的帮助：摄像人员、灯光人员、录音人员、保洁阿姨、洗衣工、快递哥、工程师、发明家、政治家等。大多时候我们都把这些人的贡献视作当然，而没有充分了解他们的付出在多大程度上对一个著名主持人的成功产生帮助。由此可见，来自社会方方面面的因素都有可能对一个人的成长过程产生影响。这也是人的社会化的一种表现。

所谓社会化，是指个体在与社会的互动过程中，逐渐养成独特的个性和人格，从生物人转变成社会人，并通过社会文化的内化和角色知识的学习，逐渐适应社会生活的过程。在此过程中，社会文化得以积累和延续，社会结构得以维持和发展，人的个性得以健全和完善。社会化是一个贯穿人生始终的长期过程。①

从社会结构角度讲，社会化正是让人类自我变得更具社会性和养成其社会角色的过程。

播音主持高等教育的对象是人，高校教育工作的对象是在校学生。播音与主持艺术专业的培养目标，从最初只是面向广播电视行业，培养从事新闻播报、专题解说、文艺作品演播等工作的高级专门人才，发展到面向广播、电影、电视媒体及相关机构，培养具备多学科知识和人文素养，从事新闻播音主持、综艺节目主持、文艺作品演播、体育评论解说、专题解说、影视配音、播音主持专业教学和科学研究、社会语用口语沟通等工作的复合型语言传播类人才。由此可见，播音主持高等教育面对的是社会中的人，是社会中的具有某种专业潜质且经过培养教育后有可能成为具体某个行业的人。他们的成长离不开社会，他们的工作和生活也具备独特的社会功能。同时，高等

---

① 郑杭生.社会学概论新修：第五版［M］.北京：中国人民大学出版社，2019：119.

教育是学生接受教育的重要阶段，高校也是学生社会化的重要场所。

播音主持高等教育，在"新闻（政治）""文化""艺术"三大属性形成的合力推动下，面向广播电视等大众传媒机构和单位，培养优秀的语言（主要是有声语言）传播工作者，使其在社会建设和发展的大潮中，充分利用传媒话语权，沟通党、政府和人民，在传播信息、理念、意识、观点、态度的同时，塑造有声语言表达的典范，从而达到传播民族文化、彰显民族气节、呈现民族气质的目标。

播音主持高等教育的过程，不仅促使学生研习专业理论、练就专业技能，形成正确的世界观、人生观、价值观，拥有责任感、紧迫感、使命感，还能满足其社会化的需要，为学生今后走向社会，参与社会竞争打下基础。

第一节 社会功能需求提供播音主持教育的诞生条件

社会功能是指在整个社会系统中各个组成部分所具有的一定的能力、功效和作用。法国孔德、英国斯宾塞最先提出这一概念，以此作为社会和生物有机体之间的类比，认为社会是一个各部分之间相互联系、相互依赖的有机整体，彼此间根据不同的需求执行不同的社会功能。①

英国社会人类学学派（也就是功能学派）认为，任何一种文化现象，不论是抽象的社会现象，如社会制度、法制建设、思想意识、风土习俗、消费理念等，还是具体的物质现象，如食物、工具、书籍、器皿等，都具备满足人类现实生活需求的作用和功能。

从社会功能论视角来看，人是履行社会功能的社会化了的人。不同的人通过合作和共识来维持社会秩序。从这一视角出发，我们发现，很大程度上播音主持高等教育，是社会发展到一定阶段，由社会功能需求创造诞生条件的。当然，应需而生的专业教育，从一诞生就牢牢锁住定位——新闻性。同时，这也必然种下职业培训烙印的种子，为日后主持人出现之时，对播音主持的"文化"属性展开讨论，埋下了伏笔。

---

① 邓伟志.社会学辞典［M］.上海：上海辞书出版社，2009：75.

一、社会功能需求和变化为播音主持教育提供诞生和发展条件

作为中国共产党领导的第一座广播电台，延安新华广播电台于 1940 年 12 月 30 日开始播音。人民广播事业的大幕由此拉开。播音员队伍也由最初延安新华广播电台的几个人，发展到全国共计上万人的职业人群；播音的相关理论建设，也由陕北新华广播电台的《十天播音工作个人总结》，发展到现在以《中国播音学》《朗读学》《朗读美学》为代表的数百上千本理论著作等；播音实践经验的总结、播音业务训练提升的研究、播音人才队伍的建设培养，由最开始结合"学习苏联模式"总结自己的经验，发展到当前高等院校设置专门的院系和专业方向，拥有一大批专家、教授、青年学者和讲师的师资队伍，已经能够培养专科、本科、硕士、博士等不同层次的高级专门人才。所有这一切，都与广播电视行业的飞速发展和不断前进紧密联系。而广播电视事业的发展，也就是党的宣传工作，无论是解放前还是新中国成立后，其社会功能都在社会建设和发展中发挥着巨大的作用。

《人民日报》，曾经于 1950 年和 1951 年分别发表社论《各级领导机关应当有效地利用无线电广播》《必须重视广播》专门指出，在我国目前交通不便、文盲众多、报纸不足的条件下，如果善于利用无线电广播，将发挥极大的作用；强调各级领导机关应当充分重视和善于利用广播。在新中国成立初期百废待兴的形势下，党和政府十分重视人民广播事业的发展。可以看出，在当时的社会条件下，兴办广播是开展宣传工作的最佳选择。因此，广播事业担当了发挥这一社会功能的角色。而广播宣传中，大部分宣传内容都是通过播音员的播音传递到祖国大地甚至是世界各地的。从某种意义上来说，对广播宣传的重视引起了全社会对播音事业的认可。由此可见，播音主持高等教育的成长发展，是与广播电视事业的发展历程密不可分的，是以当时的社会功能需求为诞生条件的。

当然，这一事业的发展同它的诞生一样，深受社会功能需求的制约。之后，无论是"大跃进"运动、"文化大革命"，还是改革开放，经济体制的转型，社会发展的每一个阶段都带来社会功能需求的变化。而这种变化直接影响着我国广播电视事业和高等教育事业的发展。

二、社会功能需求和变化为播音主持教育提供岗位和人才市场

（一）岗位需求持续增加

广播电视作为科技进步的产物和社会工具，逐渐成为最受人们喜爱和普及度颇广的现代传媒。20 世纪 90 年代以后，中国的广播电视发展之迅捷超过了社会中许多其他行业。

20 世纪 80 年代以前，播音员是广播电视宣传报道中出声、出镜的主要传播者。播音这一职业的"新闻（政治）"属性极为突出。因此，选拔播音员的过程中政治审查有时比业务要求还重要。就像飞行员一样，对播音员的选拔和培养，堪称"严格""挑剔"。

但 80 年代开始，随着主持人节目的蓬勃发展和节目主持人的大放异彩，越来越多的人关注到播音主持行业，特别是年轻人，向往、追求、渴望这一职业的程度越来越高，数量也是成倍增长。

在此期间，很多电台、电视台都设立了固定主持人的节目。在主持人个人标签与栏目品牌形成"鱼水关系"的同时，大量电台、电视台取消了播音部或播音组。无论是出于节目需要，还是个人意愿，很多播音员都走上了主持人的岗位。除了被固定在特定节目中以外，主持人还需要大量参与节目的前期采访、拍摄，甚至撰稿等工作。突然间，播音员、主持人的数量远远无法满足实际岗位的需要，而且主持人岗位还在急遽增多。

据相关部门的统计，20 世纪 80 年代中期，我国专门从事播音主持工作的播音员、主持人仅以千计。到了 2000 年，这一数字已经增加到接近两万。此外，许多广播电台和电视台还聘请了大量编外人员来弥补这一空缺。

数量如此巨大的播音主持工作岗位，对高校相关专业提出了输送大量优秀专门人才的需求。与此同时，各广播电台和电视台的业余播音员、节目主持人，也迫切需要播音主持高等教育开设各类短期培训和进修教育。这种社会功能需求和变化为播音主持教育创造的岗位空间，由此可见一斑。

1984 年，张颂在中央电视台召开的一次会议上提出了播音员和主持人的两大基本功——"有稿播音锦上添花，无稿播音出口成章"。这句简短却又精辟的观点，作为对播音员和节目主持人的职业要求，一直沿用到今天。

从 20 世纪 80 年代后期开始，历经十几年，张颂带领北京广播学院播音

系的众多教师和广播电视一线的著名播音员、主持人，分工合作，日以继夜，展开了一部鸿篇巨制——《中国播音学》的撰写工作。这本书于1994年由北京广播学院出版社正式出版，揭橥了播音作为一个全新独立学科的诞生，也意味着中国播音学的学科建设迈入一个崭新的阶段。

作为这一时期播音专业的龙头院校，北京广播学院播音系已经摸索出了一套具有始创性、独特性的播音主持高等教育教学方法和规律。可以说，北京广播学院播音系为中国播音主持高等教育培养了专门人才，丰富了教学经验，完善了教材系统，创造了教学方法，建设了教师队伍，并最终奠定了学科体系。

（二）人才市场不断扩大

20世纪90年代开始，随着我国经济建设不断取得新的突破和成就，国家对教育事业的投入逐年加大，高等教育入学率持续提高，迈出了由精英教育向大众教育过渡的步伐。

在这样的时代背景下，播音主持高等教育获得了扩大规模、发展壮大的机会与动力。在市场的有力推动下，播音主持高等教育"艺术"属性的潜力被不断激发并快速呈现出来。事实上，早在1978年，播音专业就已明确参照艺术院校的招生办法招收学生。但是艺术考试的火爆局面，是在90年代中期之后，随着生源市场的突然增大与办学单位敏锐的市场嗅觉"一见钟情"而开始形成的。

相比一个企业的市场准入机制来说，作为事业单位的高等院校，其准入机制的变化相对滞后。即便如此，在本书研究的结点——2000年之前，高校开设播音主持相关专业，已经形成"群雄并起"的局面。2000年之后，更是势如破竹、雨后春笋般地发展起来，数百家院校无论自己有没有办学条件和能力，都在市场的推动下争先恐后地瓜分这一巨大的"蛋糕"，可谓壮观和震撼。

由于录取比例相对较高，高考文化成绩要求又相对较低，各大院校的播音主持专业报名人数都远超其计划录取人数。

冷静思考不难发现，报考者趋之若鹜的主要原因有以下几点：一是试图借助播音主持专业实现"明星梦"。由于20世纪80年代后期主持人脱颖而出，带上"明星"的光环出现在百姓生活中，其光鲜靓丽的外表、优雅得体的谈吐、智慧灵动的语言、思辨理性的观点，再加上大众传媒平台赋予的巨大话语权和影响力，都吸引着抱有"明星梦"的学生们。二是艺术类专业高考录取分数较低。艺术类专业阵地的形成和发展，打破了"文化成绩是进入大学深造唯一考量"的局面。不仅可以"低分上大学"，还能"不高的分数上名牌大学"。以北京广播学院为例，考入播音与主持艺术专业的高考录取分数线，与该校其他普通类专业的高考录取分数线相差几十分到上百分不等。这一点在艺考市场看来，可谓"性价比"极高。而且，导致播音主持专业艺考市场持续"高烧"还有一个重要原因：播音主持的专业要求与表演、音乐、美术、舞蹈等专业不同。在很多人看来，这种不同表现在播音主持专业不需要多年的基本功和特别具体、难以达到的专业条件。

社会功能需求和变化带来了岗位的增多和市场的扩大，同时也给播音主持高等教育带来了利益的驱动力。这种驱动让很多普通综合类大学也加入了播音主持高等教育的行列，而且招生人数甚至比专门从事这一专业教育的院校还多。这里必然包括利益的原因：相对普通类专业，艺术类专业高额的学费和提前招生的报考费用，一定是动力之一。

从上述分析来看，社会功能需求的确为播音主持高等教育的诞生，甚至是不顾条件的诞生，创造了可能性，也提供了驱动力。

第二节　社会群体特征带来播音主持教育的教学特点

人的本质属性是社会性。生活在社会中的人，通过社会互动必然会结成一定的社会群体。用社会学的术语来讲，群体指具有共享规范、价值观和目标并经常彼此互动的一定数量的人。组成群体是人们参与社会生活的重要方式。一方面在群体中通过与群体成员的互动，学习群体规范，实现个人社会化；另一方面，个人在群体中形成归属感，借助群体力量抵御社会风险，获得安全感。①

社会群体指通过稳定而持续的社会互动结合起来或处于一定社会关系具有共同利益，进行共同活动的人类集合体。社会群体既是个人生活的基本单

---

① 乔恩·威特. 社会学入门［M］. 北京：人民邮电出版社，2016：89.

位，也是社会存在的基本形式，是构成社会的基本实体。

社会群体这一概念，可以按照不同的分类标准分成若干类型。按群体的规模来分，有"大"和"小"两种群体。大群体指群体内成员人数较多并形成一定规模的社会组织，如学校、企业、机关等。小群体指群体内成员人数相对较少，规模有限甚至谈不上形成规模、组织不稳定或者随时可能解散的社会群体，如播音专业学生的小课组、专业教师的教学组等。

根据群体的正规化程度及成员间的互动方式，可以将群体划分为正式群体和非正式群体。① 社会的稳定和谐往往是以正式群体为基础，而非正式群体能为社会运行提供动力和活力。

按照群体社会关系的性质分，有血缘、地缘、业缘和趣缘群体等。血缘群体是基于成员间血统或生理联系而形成的群体，地缘群体是基于成员间空间或地理位置关系而形成的群体，业缘群体是基于成员间劳动与职业间的联系而形成的群体，趣缘群体是基于成员间相同或相近的兴趣、爱好、志向等而形成的群体。②

从这个意义上讲，高等教育中重要的两个要素——教师、学生，既是地缘群体，也是业缘群体，也有可能是趣缘群体。他们各自互动也彼此互动。

一、教学特点主要表现为师生群体的互动特性

播音主持高等教育中，大多数专业基础课和专业课都采取大课与小课结合的教学方式。其中，小课教学是该专业比重较大的教学形式。有观点认为这是"早年间梨园行师傅带徒弟"思想的传承。实际上，小课方式根源于广播电视行业发展初期，教学形式主要依靠老播音员与新播音员之间"手把手""一对一"的传授方式。在高校播音与主持艺术专业中，尽管由于师生比的不断变化，一个教师对应 10 ~ 15 个学生，但教学的主要方法依然是"一对一"的指导。这种教学非常强调教师与学生之间拥有良性的信任关系。只有这样，才能使教学目的落到实处。如果学生不信任老师，不接受老师的指导，即使当时服从，课后学生也会重新恢复自己旧有的习惯。倘若师生群

---

① 郑杭生. 社会学概论新修：第五版［M］. 北京：中国人民大学出版社，2019：178.

② 《社会学概论》编写组. 社会学概论［M］. 北京：人民出版社，2011：115.

体关系不融洽，学生对教师不信服，教学效果是难以保证的。

在播音主持专业的师生群体中，因为师生互动的形式相对特殊，教师与学生之间不仅仅是师生更是相互尊敬的朋友，这一点尤为突出。小课与大课相比，师生的距离更近，师生之间的相互尊敬、爱护和保护也显得更加重要，特别是教师对学生的鼓励，其作用远远超出想象。本书第七章谈及的播音主持高等教育中教师个人烙印深刻、对学生个体依赖性强等，皆因师生群体的互动特性而来。无论是人格榜样，还是业务导师，教师的身正为范、言传身教，都会为这一群体的互动特性增光添彩，反之则会导致关系受损甚至破裂，教学存续难以维持。同时，学生对教师教学的直接反馈和反应也让教学相长变得更加直观。当然，不能因为学生的质疑和思辨，就简单地、不假思索地否定教师教学的效果。毕竟，在良性的师生群体互动中，双方就应该定位于"传道、授业、解惑"与"质疑、思辨、追问"的辩证统一。

二、学生之间的参照群体对播音主持高等教育影响较大

一般来说，社会学家把个人用其作为标准来评量自己及自己行为的群体叫参照群体。① 这一群体的基本目的，是通过设定、加强行为和信念标准来发挥其作为规范功能的作用。

播音专业的学生，"艺术生"特点明显，思维活跃，更易信奉"专业至上"而忽视学校理论学习。因此在专业学习与实践上有时候受师哥师姐影响比教师还要大。学生们更容易效仿已经毕业走上播音主持工作岗位的学长。特别是已经成名且具有很大社会影响力的部分人群，他们的"观点和理论"对在校生群体影响很大。

这对于青年教师的成长显然是不利的。一旦在起初的教学工作中表现不够突出，或者专业上不能让学生信服，一代一代的师哥师姐"言传身教"会让后续的学生形成惯性思维，因而对特定教师产生"先见之明"。"门派观念"和"门派自豪""门派自卑"也由此而生。这也会动摇师生群体的稳定性和可信度。同样，专业业务能力突出的教师也会成为学生们的参照群体。这类教师与学生形成的师生群体相对和谐稳定，但对于这些教师与其他教师之间形成的群体又增加了矛盾冲突的不利因素。

---

① 乔恩·威特. 社会学入门［M］. 北京：人民邮电出版社，2016：92.

从教师角度来说，科研能力、教学能力、业务能力同样重要，择其一或者拥有其一已属难得，苛求全能便会陷入更深的人生困局。如果能让教师各有所长并且能够互相看到对方所长，教师队伍也便基本可以和谐共生、良性发展。但是学生片面选择参照群体的现状是不会轻易改变的，这也就容易带来教师间的群体矛盾和隐性危机。

另外，在校学生特别重视自己的仪容仪表、吐字发声、举止行为等，都和参照群体及未来职业属性有关。这也是为什么播音专业学生总是看起来比其他同龄人成熟世故的原因。

第三节　社会文化发展对播音主持教育的人文内涵提出要求

一、有声语言是非物质文化

作为人类，我们需要文化。和其他物种相比，我们似乎缺乏与生俱来的复杂生存本能，但是我们拥有智慧思维，拥有解决复杂问题和创造文化的能力。

文化的概念有很多解释，较有代表性的包括：文化泛指一般知识，特别是基础的语文和计算知识。中国古代，文化是文治、教化的总称①；文化是人类群体或社会的共享成果，这些共有产物不仅仅包括价值观、语言、知识，而且包括物质对象②；文化是人类为了建立人与自然及人与人之间的关系而创造的一切事物，包括语言、知识、物质性成果和行为准则，它包含了我们为了生存和发展所说、所知、所做的一切。③

文化是人类社会独有的现象，既有物质文化，也有思想文化。作为播音主持专业的工具——有声语言，属于非物质文化。语言是一套符号系统，包

---

①　王伯恭. 中国百科大辞典：第八卷［M］. 北京：中国大百科全书出版社，2000：5619.

②　戴维·波普诺. 社会学［M］. 北京：中国人民大学出版社，2007：72.

③　乔恩·威特. 社会学入门［M］. 北京：人民邮电出版社，2016：38.

括语音、书面文字、数字和符号，以及手势动作和面部表情。很长一段时间，我们对于语言的认识，停留在"重文轻语"的层面。

播音与主持艺术专业的设立，代表着我们对有声语言意义的明确和肯定：肯定了有声语言的传播功能和价值，明确了有声语言与文字语言同样重要，并且区别于文字语言，它也是一套符号系统。

有声语言通过语气的把握、重音的选择、停连的处理、节奏的控制进行内容、态度、情感的传播，比起文字语言来说，更加直观和明晰。

张颂等老一辈播音教育家论证了播音工作的创造性——以人的参与，创造性地把文字语言符号系统转化为有声语言符号系统。这并不是一种简单的"翻译"工作，而是带有能动性、创造性、文化性、认识性、形态性的转化劳动。

二、播音主持的人文内涵

语言是共同文化的基础，因为它可以方便人们的日常交流，使共同行动成为可能，再使人们认识到文化中的好坏与否、可取与否、合适与否，最终形成社会文化中的主流价值观。

在大众传播中，播音主持工作肩负着舆论导向的重任。他们要把人类文明的精华、社会文化的主流、国际风云的变幻、社会进步的方向，准确明晰地传递给受众，而不仅仅是某些观点认为的"简单、机械地念字出声"那么轻松。特别是在主持人和主持人节目开始广受大众欢迎和喜欢之后，这种责任显得格外突出。

于是，除了良好的普通话语音面貌、动听悦耳的声音、端庄大方的形象以外，文化素养和人文内涵成了人们对这一职业提出的新要求。

因此，代表人文内涵的"文化"属性从这一特定时期开始，在"新闻（政治）""文化""艺术"三者的交织局面中脱颖而出，大放异彩。无论在学界还是业界，人们动辄就对播音员、主持人、播音与主持艺术专业招生提出"要重视文化"的要求。

提升播音主持行业、播音主持教育的人文内涵，必须以社会文化为基础，必须落到实处。拿播音主持高等教育来说，要从培养目标和定位上着手，从学生的选拔方式、教学方法和课程设置上具体操作。但不能顾此失彼，不能为了突出"文化""人文内涵"而丢掉了语言功力的强化。

最佳目标当然是建立在广博文化知识和能力基础上的强大语言功力（包括观察能力、理解能力、感受能力、表现能力、思辨能力、反馈能力、检查能力等）。但具备或者培养"广博的文化知识和能力"谈何容易？如果我们为了如此的"人文内涵"而呕心沥血，恐怕将会出现"专业不够'专业'"的情况。

对播音主持高等教育产生影响的，除了社会主流文化，也有亚文化和反主流文化。

所谓亚文化，是社会中的一部分人所共享的一套独特模式，其民情、民风和价值观与主流社会的模式不同。在某种意义上，可以把亚文化理解为范围较大的主流文化中的一个分支。① 比如语言中的"俚语"，互联网时代的"网络词语"，都属于亚文化的范畴。当一种亚文化刻意反对主流文化的某些方面时，就有可能变为反主流文化。反主流文化较多出现在对既有文化关注较少的年轻人中。这也正是播音主持专业学生群体的年龄段和文化特征。而播音主持教育的毕业生更多会从事传播、引领社会舆论方向的宣传工作，对他们的教育更要强调社会主流文化价值观的确立，否则后患无穷。

第四节　社会运行状态影响播音主持教育的生长速度

一、社会恶性运行让播音主持教育曲折起步

社会运行是指社会有机体自身的运动、变化和发展，表现为社会多种要素和多层次子系统之间的交互作用以及它们多方面功能的发挥。②

社会运行有三种类型：良性运行、中性运行和恶性运行。

社会良性运行，是指特定社会的经济、政治、思想文化和社会生活四大系统之间以及各系统内不同部分、不同层次之间的相互促进，而社会障碍、失调等因素被控制在最小的限度和最小的范围之内；社会中性运行，是指社会运行有障碍，发展不甚平衡，包含较多、较明显的不协调因素，但它们还

---

① 乔恩·威特. 社会学入门［M］. 北京：人民邮电出版社，2016：53.
② 郑杭生. 社会学概论新修：第五版［M］. 北京：中国人民大学出版社，2019：59.

未危害、破坏社会的常态运行；社会恶性运行，是指社会运行发生严重障碍、离轨、失控。①

如前所述，社会运行具体处于哪一种类型，是由社会中的所有要素和各个系统之间的相互作用和功能发挥共同决定的。而社会一旦处于某一种运行状态，又会对社会中的各个要素和各个层次子系统产生影响，尤其是影响其生存和发展的环境，从而形成推动、刺激、阻碍或者扼杀它们的力量。

中华人民共和国成立后，我国处在新旧社会制度交替时期，对于如何建设社会主义中国，既没有前人也没有他国的经验可以效仿。可以说，我国是在几乎"一无所有"的基础上探索建设社会主义新中国道路的。虽然诸多要素条件都不具备，又有国内国外重重阻碍，但是社会尚处于中性运行状态。党和国家对于广播宣传事业的重视，给播音行业、播音教育事业带来了生机。随后的"大跃进"运动，虽然带有"左"倾冒进主义色彩，却也为广播事业的发展注入了一剂强心针。

然而，形成初期的播音主持高等教育事业刚刚开始崭露头角，就被迫陷入曲折困境之中。

"文化大革命"的十年浩劫，让社会主义新中国遭受重创，使整个社会进入恶性运行状态。社会生产停滞，社会矛盾激化，社会秩序混乱，播音主持教育事业受到严重影响，发展极为缓慢、倒退、停滞甚至濒临崩溃，作为培养和传播人的思想意识的教育事业，深受其害，首当其冲。

二、社会良性运行让播音主持教育高歌猛进

十一届三中全会之后，"以经济建设为中心""改革开放"让整个中国迎来了勃勃生机。建设有中国特色的社会主义为我国的发展指明了出路。社会运行逐步走向良性方向。也正是在这样的社会运行状态下，改革开放的最初十几年，播音教育事业进入砥砺前行的形成中期。

20 世纪 90 年代中期开始，播音主持高等教育迎来了前所未有的发展良机，用"如火如荼""高歌猛进"来形容也不为过。本书将这段时间概括为九转功成的形成后期。

---

① 郑杭生. 社会学概论新修：第五版［M］. 北京：中国人民大学出版社，2019：7 - 8.

需要注意的是，在历史哲学的视野里，历史研究的目标是历史解释：历史是可以被解释的，同时，历史认识又是有局限的。

刘华初在其《历史规律探究》一书中提出用大尺度、中尺度、微小尺度等为基准来标定历史。按照他的说法："'文化大革命'属于20世纪的事件，用世纪尺度的模式来解释更有说服力。改革开放在某种程度上是一种'自然校正'的历史需要。因为小尺度上的个人强势敌不过大尺度上的社会经济需求和历史法则。"① 而这种需求和法则就是"社会是进步的、发展的、变化的"。

从这一观点来看，社会运行的总体目标是良性运行。也就是说，即便社会运行中出现某些波动，很有可能这些波动也是出于让社会向好的动因。而社会是必然处在发展和变化之中的，也就必然在这种发展和变化中拥有离轨和失控的可能，但这是在小尺度范围的。从大尺度来看，一定会出现"自然校正"的事件来修正这种脱轨和失控，以期社会在发展的前提下继续良性运行。

借用这一观点来看播音主持高等教育诞生和发展过程中的三维空间，"新闻（政治）""文化""艺术"三者角力的过程中，无论哪一个过于突出导致发展过程出现偏离或者失控，都可能或应该出现"自然校正"的事件来修正这种偏离和失控，使其重新回到"三方形成交织合力螺旋上升"的良性发展轨道上来。

当然，除了社会功能、社会文化、社会群体、社会运行等为中国播音主持高等教育的发展奠定了社会基础，还有很多其他社会要素也发挥了特定的作用。

例如，作为高等教育对象的学生，在通过人的社会化逐步实现人的全面发展的过程中，社区理论发挥了重要作用。对于社区的定义，社会学家们说法不一，但大同小异，主要指生活在某一地区之内，彼此有联系的人群构成的共同区域。

社区包括区域和人两大要素，也就是社区要占有一定的区域界限，有一定数量且以一定的社会关系聚集起来的人口。这些社区居民有相似的社会生活和社区文化。

① 刘华初. 历史规律探究［M］. 北京：人民出版社，2013：161.

可以说，社区是宏观社会的缩影。在以学院制和住宿制为特征的大学里，大学校园是一个集学生学习生活、管理教育、住宿餐饮、交往活动和休闲娱乐为一体的综合功能社区。

在大学校园这样一个社区中，高等教育需要充分调动校园中的一切资源，针对高校学生特点，选择运用科学有效且被学生乐于接受的形式，满足其社会化的需求，实现教育目标。

由此可见，播音主持高等教育的生存与发展，有着广泛且深刻的社会基础，从社会学视角研究播音主持高等教育历史，意义重大。

第三章

社会形态与播音主持高等教育

第一节　意识形态建设创造播音主持高等教育的生存机会

意识形态是哲学范畴的词语，指的是一个社会广为流传的"常识性"观念，通常间接服务于某些主导群体，为其既得利益做合法性论证。① 意识形态并不是人与生俱来、天生就有的，其存在源自人类社会，受到社会中的政治、经济、文化、市场、事业、人际等方方面面因素的影响。

意识形态是社会意识的一个组成要素，是自觉地、系统地反映人们在社会经济政治结构中的地位和利益的思想体系，属于观念上层建筑的范畴。②

意识形态建设对于任何一个国家都是意义重大的。对于1949年后的新中国来说，社会主义意识形态的建设，不仅可以巩固国家政权、促进民族团结、维护社会稳定，也能够抵御他国意识形态的思想入侵。因此，对于我国建设社会主义现代化强国的目标来说，意识形态建设至关重要。

中华人民共和国成立以来，我国意识形态的建设经历了多个不同的阶段。每个阶段都对当时社会的高等教育、播音主持高等教育有着极大的影

---

① 安东尼·吉登斯，菲利普·萨顿. 社会学基本概念［M］. 北京：北京大学出版社，2019：199.

② 王伯恭. 中国百科大辞典：第九卷［M］. 北京：中国大百科全书出版社，2000：6401.

响。特别是对于播音主持高等教育来说，意识形态建设还创造了其生存的机会、提供了其扎根的土壤、赋予了其发展的动力。

我国意识形态建设的整体过程，经历了几个较为明显的阶段。

第一阶段：1949年新中国成立后至1956年社会主义改造基本完成——党和政府确立社会主义意识形态；

第二阶段：社会主义改造基本完成至1976年"文化大革命"结束——强调意识形态的价值性，导致意识形态建设异化；

第三阶段：1978年党的第十一届三中全会至2000年"三个代表"重要思想提出之前——强调意识形态的真理性，弱化其价值性；

第四阶段：2000年"三个代表"重要思想提出之后至今——意识形态建设走向真理性与价值性的有机统一。

本书研究的中国播音主持高等教育形成期，时间划分范围是1963年至2000年。与上述意识形态建设的历史阶段比较来看，这里选择前三个意识形态建设阶段，论述其与播音主持高等教育之间的关系。虽然意识形态建设的第一个阶段截至1956年年底，但这个阶段的历史对于播音主持高等教育的诞生起到了非常直接的铺垫作用，因而这里也将它纳入研究范围。

一、中华人民共和国成立后至社会主义改造基本完成

1949年10月1日，中国历史进入了现代史时期。新中国刚刚成立时，党和政府面对的是工业生产萎缩、通货膨胀、物资极度缺乏、人民生活极度贫穷的经济形势。国民经济处于全面崩溃的状态。国际上，美国拒绝承认新中国，并采取"政治上孤立、经济上封锁、军事上包围"的各种手段，企图扼杀刚刚成立的新中国。可以说，那时的新中国，内忧外患，腹背受敌。

年轻的人民政府，通过各种方式恢复国民经济，发展生产力。同时，政府还要面对"封建的、买办的、法西斯主义的、资本主义的"各种旧社会思想的蔓延，努力革故鼎新，建立社会主义意识形态的主流和指导地位。

1953年，我国建设社会主义的第一个五年计划开始执行。同年，国家开始对农业、手工业和资本主义工商业进行社会主义改造。1956年年底，社会主义改造基本完成，这也标志着我国基本建立起了社会主义制度。

为了树立马克思主义在意识形态领域的主导地位，党和政府做了大量工作，广泛传播马列主义、毛泽东思想。

（一）意识形态领域的批判

这一时期，在思想意识形态领域有三次规模较大的斗争：对电影《武训传》的批判，对胡适资产阶级唯心主义思想的批判，对胡风文艺思想的批判及胡风事件。①

（二）宣传部门的宣传教育和教育系统的课程改革

由陈独秀、李大钊、鲁迅等人发起的新文化运动，为马克思主义在我国的传播打下了基础。而且，中国共产党从诞生时起就确立了马克思主义的指导思想地位。但是直到新中国成立初期，马克思主义还未上升到国家主流意识形态的高度。

1951年，党中央下发《中共中央关于健全各级宣传机构和加强党的宣传教育工作的指示》，要求各级宣传部门要大力传播马克思列宁主义、毛泽东思想，同时，针对反马克思主义的思想，还要开展严肃的批判活动。

为了加强党对宣传教育工作的领导，党健全了各级舆论宣传机构。1949年8月，《人民日报》被确立为中国共产党中央机关报；同年年底，新华通讯社确立为国家通讯社，北平新华广播电台正式改名为中央人民广播电台。在这同时，政府严格禁止私人创办新闻媒体，由党统一领导一些专业性报刊、电台和电视台，用以保证党和政府的方针、思想、政策、路线等，可以准确、及时、顺利、有效地传播到广大人民群众中去。

与此同时，教育系统进行课程改革并建立课程审查制度，以确保党对教育工作的思想领导。1950年，《关于实施高等学校课程改革的决定》指出："高等学校必须废除政治上的反动课程，消除奴化的、买办的、封建的思想残余，树立全心全意为人民服务的思想。"②

1952年，党和政府颁布了《关于全国高等学校开设马克思列宁主义、毛

---

① 徐继素，陈君慧. 中国通史：第六卷［M］. 北京：中国戏剧出版社，2008：3278.
② 伍志燕. 建国以来我国意识形态建设的历史经验及其启示［J］. 理论学刊，2017（3）：55.

泽东思想课程的指示》。其中要求各个学校必须加开马列主义、毛泽东思想和中国共产党党史等相关课程，同时对政治课教材和教学，必须审查其思想内容。①

这一时期，党和政府不仅对旧教育进行了改造，还对教育进行了富有开拓性和创造性的建设，使全国教育事业走上了为社会主义服务的道路。马列主义、毛泽东思想在教育领域中的主导地位也得到了确立。新民主主义教育开始向社会主义教育转变。

（三）播音主持高等教育的发源地——北京广播学院雏形初见

本书第一章曾经提到，新中国成立初期，物资奇缺、交通不便、报纸不足，党和政府的意识形态宣传教育工作又亟须开展和扩大影响。《人民日报》曾于1950年和1951年分别发表社论，要求全国各级领导单位应当充分重视和善于使用广播。由此，人民广播事业迎来了史无前例的发展动力。

人民广播事业的全面发展凸显出人才不足的问题。为解决这一问题，1954年，中央广播事业局组织开设了中华人民共和国成立后第一个广播技术人员训练班。这个训练班就是北京广播学院的前身。

1956年，中共中央政治局委员刘少奇建议要创办培养广播干部的高等学校，预示着新中国首个培养广播专门人才的高等院校即将诞生。而中国的播音主持高等教育也诞生于这所学校。之后的历史证明，播音员逐渐承担起意识形态宣传教育的重任，是意识形态建设的必然选择。

二、社会主义改造基本完成至"文化大革命"结束

1956年，中国共产党第八次全国代表大会在北京召开。大会正确地指出了社会主要矛盾的变化，认为国内的主要矛盾是先进的社会制度和落后的社会生产力之间的矛盾。

1957年，毛泽东发表了题为《关于正确处理人民内部矛盾的问题》的讲话。讲话中指出，处理人民内部矛盾的正确方法是"团结—批评—团结"的

---

① 王蓓蓓. 建国以来我国社会主义意识形态建设的历史嬗变［J］. 南昌教育学院学报，2010（6）：1.

公式。此时，党和政府不仅关注了意识形态的价值性，也考虑到了它的真理性。

1957 年 8 月，党中央作出指示，在全国各地的农村，面向所有农民开展一次社会主义教育活动。在中国的广大农村中，一场关于社会主义和资本主义两条道路的大讨论展开了。从那时起，经过多次宣传教育，广大农民对于党和政府宣传的社会主义、共产主义的价值取向有了较为充分的认识。同时，城市里也开展了各种形式的社会主义教育，城市各社会阶层的思想水平也得到了有效的提高。意识形态建设取得了一定的成绩。

1958 年，北京广播专科学校成立。1959 年，又在该校基础上成立了北京广播学院。为了适应党和政府意识形态建设与传播的需要，选拔和培养播音员成了北京广播学院的任务。20 世纪 60 年代初，北京广播学院开始进行播音短期培训。1963 年，其新闻系正式设立播音专业，开始招收和培养大专学历学生。播音主持高等教育诞生了，培养了三届学生。

"文化大革命"开始后，播音风格遭扭曲，播音教育科学的选拔和培养方法也被否定，北京广播学院也一度被停办。直到 1974 年，播音专业开始招收"工农兵学员"，这才得以恢复招生和教学。但这一时期的教学工作和教学环境同样是不正常的。

三、十一届三中全会至"三个代表"重要思想提出之前

粉碎"四人帮"之后，为了修正"左"的错误，全社会开展了一场关于真理标准问题的大讨论。经过讨论，最终肯定了"实践是检验真理的唯一标准"，否定了"两个凡是"的错误思想。

1978 年，党的第十一届三中全会作出决策，社会主义建设要以经济建设为中心，并且推行改革开放政策。这次大会是新中国成立后党的历史上意义重大的关键转折，预示着社会主义现代化建设新时期的到来。

从十一届三中全会时起，到 2000 年"三个代表"重要思想提出之前，这一时期意识形态的建设，较为突出真理性，相对淡化了其价值性。

（一）真理性回归

党的第十一届三中全会大力赞扬"真理标准大讨论"，再次明确了马克

思主义实事求是的思想路线。而且全会得出结论：要想实现四个现代化，就必须大幅度地提高社会生产力水平，必须从多个方面、角度改变无法与生产力发展适应的思想意识、管理方法、上层建筑、生产关系等。这必将是一场广泛而深刻的革命。

十一届三中全会之后，党中央对我国所处的社会主义历史阶段进行了深刻分析和全新探索，最终得出"我国处于并将很长一段时期一直处于社会主义初级阶段"的科学论断。

另外，在这一时期之前，我们对待西方意识形态一直抱着"一棍子打死""全部否定"的批判态度，并未真正出现过两方的正面接触和交战。由此，改革开放初期，面对姓"资"还是姓"社"的问题，很多人摇摆不定，犹豫不决。1992 年，邓小平在视察南方时提出的三个"有利于"，为人们提供了判断的标准。

从"实践是检验真理的唯一标准""贫穷不是社会主义，更不是共产主义"，社会主义初级阶段的认识，到三个"有利于"，都昭示着意识形态建设真理性的回归。

（二）价值性被弱化

意识形态建设真理性的回归，让人们重新回到了认清实际、脚踏实地、实事求是的理性思考和实践中。"以经济建设为中心""改革开放"等也给中国建设社会主义现代化强国指明了方向，提供了方法。但是，这一时期的意识形态建设也有不足。那就是注重意识形态建设的真理性，淡化其价值性和两者应协作发展的辩证统一性。

人们在享受改革开放带来的社会主义建设成就同时，"拜金""追求物质""追求享受""个人主义""精致的利己主义"等意识观念萌生，甚至得到了有力推动，让人深陷其中不能自拔。有些人开始把获得物质财富当作参与劳动生活的直接动机。社会主义意识形态的核心地位、主流地位和指导地位遇到了挑战。

为了抵制思想文化领域出现的这些错误、极端的思想和观点，1986 年，党中央作出了社会主义精神文明建设的相关决议。1996 年，党中央提出强化社会主义精神文明建设的要求。从此，物质文明和精神文明建设，进入了

"两手抓、两手都要硬"的阶段。既要抓经济建设，又要抓政治建设；既要抓思想建设，又要抓法制建设；既要抓建设，又要抓反腐；既要抓生产发展，又要抓教育人民。

（三）加强意识形态的宣传教育和领导管理

十一届三中全会之后，党中央十分关注意识形态的建设工作，多次强调意识形态的话语权、管理权和领导权要紧紧掌握在党的手里。由此，党的宣传工作的重大意义和价值给了播音事业生存和发展的巨大空间和充沛动力。

意识形态建设也让播音工作更加明确了其工作性质和任务，并逐渐清楚了其正确的创作道路，归纳总结出播音工作的创作源泉、新闻属性、自身特点、衡量标准、工作要求等。

除了加强党对宣传工作的管理和统领，党对教育事业中的意识形态建设同样重视。1987年，党中央决定强化高等院校思想政治工作，强调把"培养什么人""如何培养人"放在首要地位，要求高校学生在学习专业理论知识和技能的同时，也要重视政治学习并把这种学习作为重要任务来完成。其中，政治学习主要包括马克思主义原理和经典论著、国家历史和当前政策与形势等。

坚持党对意识形态的领导权，也体现在党对高等教育事业和普通高校的管理上，也就是高等院校与政府的关系。新中国成立初期高等院校的内部领导体制是校长负责制。大学校长多是文化教育界的地下党员和进步人士，也有来自解放区的党的高级知识分子。

1958年开始的"教育革命"时期，高校的内部领导体制是"受党委的领导"。①

"文化大革命"结束后，这一体制调整为"党委领导下的校长分工负责制"。②

---

① 何东昌. 中华人民共和国重要教育文献（1949—1975）［M］. 海口：海南出版社，1998：859.
② 何东昌. 中华人民共和国重要教育文献（1976—1990）［M］. 海口：海南出版社，1998：1646.

1985 年 5 月，党中央提出"学校逐步实行校长负责制"①，要求党委组织把注意力从大包大揽的工作状态中抽离出来，转到加强思想政治和党的建设工作上去。

1996 年 3 月，高校的领导体制调整为"党委领导下的校长负责制"。②

1999 年的《高等教育法》，以法律的形式确立了"党委领导下的校长负责制"这一规定作为国办普通高等院校的领导体制。

（四）意识形态建设使播音主持高等教育快速发展

由于这一时期意识形态建设真理性的回归，播音主持事业、播音主持高等教育都得到了快速发展的动力。

中央三台的确立，20 世纪 80 年代中期开始的"经济台热"，80 年代初主持人节目的出现，"庄重大方、清晰流畅、平易亲和、真诚质朴"的播音风格的形成，主持人的"明星化"等，无不反映着这一时期意识形态建设的特征。

北京广播学院成立播音系，播音系开始招收硕士、博士研究生，越来越多的高校开办播音系或者播音主持相关专业方向，我国播音界首个全国性学术团体——中国广播电视学会播音学研究委员会成立，北京广播学院成为"211 工程"重点建设大学等，无不体现着这一时期意识形态建设对播音主持高等教育发展的推动作用。

意识形态的建设一直影响着播音主持事业、播音主持高等教育的发展目标和方向。这一时期，作为意识形态建设的反映，播音主持工作，也由"文革"时期的"自上而下""大喊大叫"的播音方式，逐渐转变为亲切自然、平实质朴的交流传播。但上述意识形态建设中真理性的突出和价值性的弱化，也导致播音主持工作中不乏矫枉过正者，把亲切变成"亲昵""讨好"，把平实变成"卑躬屈膝"，包括广播电视中一度出现的"港台腔"现象，等等。随着播音主持事业和播音主持高等教育的发展，我们逐渐意识到，运用

---

① 何东昌. 中华人民共和国重要教育文献（1976—1990）［M］. 海口：海南出版社，1998：2289.
② 何东昌. 中华人民共和国重要教育文献（1991—1997）［M］. 海口：海南出版社，1998：3957.

马克思主义新闻观指导播音主持这一大众传播工作的必要性和有声语言传播"既要平等质朴，又要庄重大方；既要传播中国文化，又要体现中国做派，弘扬中国精神"的重要性。

播音主持高等教育，在意识形态建设的过程中也发挥了极大的作用。这些作用不仅仅体现在高校思想政治教育中，还因其教育的特殊性而体现在培养的播音员、主持人所从事的播音主持事业担负的全社会思想政治教育工作的重任中。播音主持，正是传播和建设意识形态的宣传教育工作。从这个角度上说，它就像师范专业（培养的是身正为范的人民教师，毕业生更多也是未来的教育工作者）一样，或者在意识形态建设的意义上比师范专业还要重要。因为播音主持高等教育培养的是党和政府形象的代言人、意识形态的大众传播者和建设者。

播音主持高等教育，既有钻研于党的新闻事业、新闻传播、大众传播的理论工作者，又有广大的教师队伍，还有他们培养出的数以万计的作为播音员和节目主持人的新闻工作者，对于社会主义意识形态的全方位建设，拥有强大的整体合力。

通过以上三个阶段的分析可以发现，准确认识、分析当前社会中的主要矛盾，对广大人民在现实生活中碰到的各种问题作出及时、合理、科学、有说服力的解释，对社会上的歪风邪气进行有力打击和批判，是社会主义意识形态在推广、教育、宣传上的主要任务。唯有做好这些，社会主义意识形态才能巩固核心和主流地位，超越并扬弃其他思想意识形态。

第二节　经济形态发展带来播音主持高等教育的成长动力

《中国百科大辞典》中并没有"经济形态"这一词条。原因是经济形态很少单独解释，而是与社会结合在一起，被称为"社会经济形态"。与之易产生混淆的，也正是本章标题中提到的"社会形态"。

社会形态，是指同一定生产力发展阶段相适应的经济基础和上层建筑的统一体，其中，一定的生产关系是构成社会形态的"骨骼"，是该社会形态的性质的直接标志。同时，社会形态还包含使这一"骨骼"有血有肉的社会心理、社会思潮、社会意识形态和政治法律制度等上层建筑以及其他一切社会组织。①

社会经济形态是历史唯物主义标示社会发展达到一定阶段的基本范畴之一。它是人类社会发展特定阶段中占据统治地位的生产关系的总和，也被称为社会经济结构。马克思从社会生活的各个领域划分出经济领域，从一切社会关系中划分出生产关系，并把它当作决定其余一切关系的基本原始关系。同时，马克思提出了人类历史的五种社会经济形态：原始公社制度、奴隶社会、封建社会、资本主义社会和共产主义社会。②

需要注意的是，社会经济形态不包括生产力和上层建筑，并不是说它和二者没有任何关系。事实上，生产力的发展必然导致社会经济形态的变化。而社会经济形态的变化也决定着上层建筑的各个要素发展变化的方向。

中华人民共和国成立以后，我国的社会经济形态也经历了多个不同的发展阶段。每个阶段都对当时社会的高等教育、播音主持高等教育有着极大的影响。这种影响既有经济上（物质上）的，也有思想意识上的。

对于播音主持高等教育形成期来说，社会经济形态的发展让其主要经历了"依赖政府按需培养""市场经济体制推动成长"两个阶段。

就此来看，与播音主持高等教育相关的社会经济形态发展阶段，主要是以下两个：新中国成立后至1978年党的第十一届三中全会之前——以公有制、计划经济体制、产品实行供给制为特征的计划经济时期；1978年党的第十一届三中全会至2002年——从经济体制改革的探索到社会主义市场经济体制建立的时期。

---

① 王伯恭．中国百科大辞典：第六卷［M］．北京：中国大百科全书出版社，2000：4708.

② 王伯恭．中国百科大辞典：第六卷［M］．北京：中国大百科全书出版社，2000：4699.

一、计划经济时期的依赖政府和按需培养

（一）计划经济体制

计划经济时期里，所有的社会资源、全社会的所有经济活动（包括规模、方式和范围）都要按照政府行政指令，根据政府规定的指标进行分解与调拨。由于一切资源和经济活动都要按需分配、统一调拨，人们购买粮食、布料、手纸、火柴、猪肉、肥皂、手表、背心、食用油、自行车等涉及"吃、穿、用"的各种商品，都需要首先拥有相关"票证"。大多数商品都是"凭票供应"的。"没有'票'只有钱"是无法参与各种社会商业活动的。

对于高等教育而言，高校的设置、规模的调整、形式的采用等，但凡与经济活动沾边，也都是要依照政府行政指令，根据政府规定的指标展开工作。因此，高等教育的发展主要依靠政府。

（二）播音教育的"按需发展"

1954 年，广播技术人员训练班的开办；1958 年，该训练班升格为北京广播专科学校；1959 年，该专科学校升级为北京广播学院；1959 年，周恩来总理为北京广播学院特批的 30 个播音员招生名额；1960 年至 1963 年，北京广播学院开始进行的播音短期培训；1963 年，北京广播学院中文播音专业成立，开始培养大专生；1963 级、1964 级、1965 级的招生名额；1974 年恢复办学后招收的 1974 级、1975 级、1976 级"工农兵学员"；1978 年，北京广播学院播音专业参照艺术院校招生办法招收学生；等等。这些都带有明显的计划经济时期按需设置、按需培养的特点。

二、社会主义市场经济对播音主持教育的有力推动

改革开放之后，我国的经济体制改革逐步开展起来。这一改革，是在坚持社会主义制度的前提下解放生产力，改革生产关系中无法适应生产力发展的一系列环节。全国各地无论城市还是农村，都先后展开经济体制改革。农村改革向专业化、商品化和社会化发展；城市改革，重点是把单一的公有制经济改变为以公有制为主体的多种所有制经济结构，把集中的管理改变成间

接的、宏观的调控。

1992 年，党的十四大明确了经济体制改革的目标是建立社会主义市场经济体制。从经济学上说，社会主义市场经济是以公有制为主体，各种经济成分同时并存、共同发展。

可以说，社会主义市场经济体制对我国的高等教育影响深远，对我国播音主持高等教育的成长与发展更是给予了有力推动。

（一）市场经济对播音主持教育的数量、层次、效益等提出新要求

纵观这段历史，计划经济体制过渡、转轨、转向为社会主义市场经济体制的过程，以及社会主义市场经济体制的确立，对播音主持高等教育的影响很大。

这一体制的建立，对播音主持高等教育的数量、结构、层次、质量、效益等提出了新的要求。

市场经济主导下，为了满足快速发展的社会需求，播音主持高等教育的招生数量、培养规模、培养层次、培养目标都发生了改变。

例如，招生数量，计划经济时期，都是按照政府的行政规划，统一安排；社会主义市场经济时期，并不是单纯扩大招生规模那么简单，而是按照社会需求的变化，每年招生数量都可以调整。

再比如，在计划经济时期，播音主持专业的培养目标非常明确——各级广播电台、电视台的播音员和节目主持人。北京广播学院播音专业的培养目标，在播音主持高等教育形成期长达 30 多年的专业建设中，一直是为广播电视系统输送高级专门人才。但在社会主义市场经济时期，其培养目标无论在横向还是纵向上都有所扩展和变化。从"广播电视系统""广播电视系统及其他影视部门"到"广播影视系统及相关部门""广播影视媒体及相关部门"，从"高级专门人才"到"复合型语言传播精英人才"，这些都和市场经济发展对人的素质提出更高、更综合、更社会化的要求有关。

另外，计划经济时期不太在乎的培养质量，这时变成了社会反馈天平的砝码。这也成为衡量高等教育社会效益的指标之一。同时，办学层次也开始丰富和细化，专科、本科、双学士学位、硕士、博士等，为不同的社会需求培养不同层次的高级专门人才。

为了满足日渐增多的社会需求，播音主持高等教育还开设了面对社会的各类短期培训、研究生课程进修班等，取得了经济效益和社会效益的双丰收。可以说，社会主义市场经济体制给了播音主持高等教育快速成长的动力。

（二）市场经济有力推动了播音主持教育体制改革

社会主义市场经济体制的建立，有力推动了播音主持高等教育的体制改革。市场经济的发展，促使播音主持高等教育体制进行根本改革。这一改革包括提高高等教育的效率，解决除专业教学和科研以外的更多与社会相关的问题。

社会主义市场经济引入的市场竞争机制解决了播音主持高等教育过分依赖政府的问题，打破了政府对高等学校办学的限制，也改变了北京广播学院播音专业一枝独秀的局面。这也有利于高等学校增强办学自主权，根据自身条件和社会需求办出特色，形成多样化的播音主持高等教育办学格局，推动这一教育事业朝着多种类型、多样形式发展。

如果说浙江广播电视高等专科学校、华北广播电视学校的建立依然带有计划色彩，那么后来的上海戏剧学院、天津师范大学国际女子学院、四川师范大学电影电视学院等高校纷纷开办播音主持相关专业，就明显是市场经济主导的结果了。

另外，市场经济还使得高校的管理权限向地方政府转移。2000 年，北京广播学院划归教育部直接管理；浙江广播电视高等专科学校交由浙江省负责领导和管理；广播电影电视部管理干部学院（前身是上面提到的华北广播电视学校）划归山西省管理等。这种调整能发挥省市一级政府对高等教育发展的管理和推动作用，有利于播音主持高等教育为地方经济和地方广播电视行业等的协调发展服务。

社会主义市场经济体制下，高等教育的运行机制框架逐渐走向政府的宏观调控、学校的自主办学、市场的调节、社会的参与四者结合。

（三）市场经济与高等教育的关系辨析

市场经济有力推动了高等教育的快速发展。在认识到高等教育与市场经济之间互相依存、互相联系、互相促进的关系同时，也要注意到两者间的矛盾。

高等教育离不开经济，也依赖经济。市场经济可以为高等院校提供招生的生源市场、毕业生的就业市场、科研成果转化市场、社会服务市场、教育投入资金市场等，从而扩充高等教育的建设资金，帮助高等教育转化科研成果，为高校学生创造更多就业机会等。同时，高等教育通过培养和输出高级专门人才、创造科技文化科研成果等，满足市场经济发展的人才需求、文化需求、科技需求等。

同时，市场经济的自发性、盲目性等会给高等教育的宏观发展计划制造困难。还有，高等教育有其自身规律，和市场经济的自身规律是有区别的。二者之间有时是有矛盾的。比如，高等院校培养人才相对比较滞后，而市场行情瞬息万变。20世纪90年代不乏这样的现象：前几年某些专业的市场需求旺盛导致高等教育扩大招生规模、加大培养力度，待学生毕业时市场需求已经减弱或者没有这种需求了。

另外，市场经济与高等教育的目标并不一致。市场经济中的企业追逐利润，而高等教育追求人的人格养成和全面发展。当然，各类职业教育和成人教育的目标主要是满足市场需求，理应引入市场机制。

高等学校不是经济实体，而是非营利机构，因此高等教育不能也不应该直接带来经济效益。高等教育不同于职业教育，它的建设还是要有国家必要的投资保证，而不该完全面向市场，自负盈亏。

总之，市场经济与高等教育之间的关系是十分密切的。市场经济对高等教育发展的作用和影响很大但又是有限的，而且是有条件的。市场经济可以有力推动高等教育，但实现高等教育的科学发展不能完全依靠市场经济。高等教育除了需要面向经济之外，更需要面向整个社会，实现其为社会、为人民服务的目标。

第三节　播音主持高等教育的社会功能

高等教育是社会的教育。深处在社会中的高校，其诞生和发展都离不开社会诸多要素的影响。无论是意识形态，还是社会经济形态，都影响甚至决定着高等教育的科学发展。同时，高等教育也具有诸多社会功能，以它的功能发挥影响社会的变迁与发展。

和高等教育发展受社会制约与影响相比，其功能对社会的反作用一直众说纷纭、说法不一。既有低估高等教育社会意义和功能的，也有过度夸大其能力和作用的。事实上，高等教育发挥其社会功能同样受到特定历史时期中整个社会环境的制约。而无数历史事实也已经证实，高等教育很有可能是推动社会进步的思想萌生和发展的阵地，或者说是人类实现社会进步的途径和主要动因之一。当然，过分夸大高等教育引领、改造整个社会的能力和贡献，或者强调"改造和批判社会"是高等教育的历史使命，都是不够理性的。

高等教育的主要阵地——高等院校，既是知识文化的中心，也是社会生活的缩影；既有新思想、新理念、新观点的诞生、倡导、推动，又提供交换意见和传播思想的交流平台。比如"五四运动"中的北京大学，集中了李大钊、陈独秀、胡适、辜鸿铭等社会先进思想的倡导者，"思想自由、兼容并包"的学风，兼具爱国热情与民族荣辱于一身的进步学生，在社会潮流的推动下，掀起了举世震惊的"五四运动"。由此，马克思主义在中国传播开来，中国也进入了新民主主义革命时期。

由此可见，高校有可能或者也应该成为社会的智囊中心、思想中心，在社会制约的前提下，又依赖社会诸多因素的推动，对整个社会发展产生"动因类"或"修正类"或"变革类"的影响。

一、高等教育适应与引导社会的辩证统一

（一）高等教育是重复与创新的统一

教育的对象是人，目标是人的全面发展。教育过程中，表面的是知识的重复和传递，背后却是学生的不断更新、知识的不断翻新、方法的不断创新。

人类发展历史中的知识、文化、文明，无论自然学科还是人文学科，续存和传承的最佳途径就是教育。而高等教育同基础教育相比，其教育过程中的创新与突破，甚至可以与"重复、传承"比肩。高等教育在赋予受教育者

"适应当代社会"的能力同时，也给予其运用、创新、突破、发展人类已有知识文化的思想和力量。

从这一点来看，受教育者接受的教育越多，就越容易接受和理解社会本身和社会变化；接受的教育越精良、程度越高，也就越具备修正、延伸、发展社会现状的愿望和能力。社会全员的受教育水平，影响着社会更新与进步的速度。

由此可见，教育，特别是高等教育，拥有极强的重复与创新的辩证统一性特点。

（二）高等教育是制约与能动的统一

教育既是社会发展过程中的产物，也是推动社会革新和进步的因素之一。相对基础教育来说，高等教育的社会角色更加社会化，更富代表性，其能动性更容易体现出来。因此，高等教育表现在社会能动作用层面的责任意识更加强烈，参与社会变革的愿望也更加迫切。

但是，生产力和生产关系、经济基础和上层建筑、意识形态和经济形态建设等各种繁杂的社会因素与矛盾，皆与高等教育相互联系。高等教育也是在这种复杂关系形成的推力下，对社会发展产生能动影响的。

历史已经告诉我们，虽然高等教育天生拥有着"在运动进程中越出本身"的实力，但如果没有合适的社会条件和环境，其功能要么无法发挥，要么无处发挥，要么被抑制发挥甚至被打压和消灭。

由此可见，脱离社会制约性来谈能动作用，纯属是"把平台的力量看成自己的本事"，蚍蜉撼树，不自量力。

当然，因为高等教育拥有着"在运动进程中越出本身"的实力，如果社会对高等教育的制约程度过大，也会带来高等教育的能动反弹，甚至可能是"报复性"的极端反弹。所以，充分认识并明确社会制约与能动作用的辩证统一，将有助于其社会功能的发挥。

（三）高等教育是适应与引导的统一

高等教育对社会的"适应"，不仅仅是其培养的学生要适合社会发展和建设的需要，还包括学校作为智囊中心、思想中心、科研中心，其学术思想、专业理论、科学研究不能脱离社会需求，不能孤芳自赏、顾影自怜、傲世轻物。

从这一点上看，播音主持高等教育，可以说是因社会主义制度建立而诞生的。建设伊始，它就把自己的未来与澎湃的社会主义现代化建设紧密结合在一起。无论是教学目标、课程设置、选拔标准，还是就业方向，都是与我国当时的国情相联系的。专业教育者的科学研究工作也是与广播电视一线发展和需求密切相关的。

在认可高等教育应该"适应"社会发展的同时，必须强调指出，社会发展中所呈现出来的需求，方方面面，五花八门，既有合理、正面、前瞻的，也有荒谬、负面、短视的。高等教育不可能也不应该逐一地、不加分析和辨别地"适应"。也就是说，高等教育在"适应"的问题上，应该具有主体自觉意识和判断分析能力。

播音主持高等教育也是在这样的选择和判断中艰难前行的。为了满足行业和市场的需要而强调"专业"时，"文化"成了被社会广为诟病的痛处；为了人的全面发展而强调"文化"时，又遭到传媒行业的质疑甚至是唱衰。这时，高等教育必须有自主的选择和判断，不宜"墙头草随风倒"；作为用人单位的传媒一线也应该明确，步入社会后的工作生活同样是教育的组成部分，不该把培养人的全部责任都推给高校教育。

另外，高等教育对社会的"适应"也并不都是主动的。我们时常在社会生活中听到或看到政府、企业、机关单位通过各种渠道对高等教育"施压"。以"立足国家的整体战略""更有效地为经济发展服务""更容易上手而且拥有足够后劲儿"等名义，不仅试图影响高等教育的培养目标、选拔标准，还对其教学方式、手段"指手画脚"。当然，这种"干预"也体现出整个社会对高等教育的重视和期待。但如果这种"干预"有悖于人才培养和高等教育发展规律，而且高等教育又无可奈何地加以"适应"甚至是"主动适应"，那么它将逐渐丧失主体意义，最终导致无法与社会发展协调一致，甚至阻碍社会前进。

除了这些，来自受教育者及其家长的压力也经常左右高等教育"适应"社会的主体意识和独立意识。"上大学就能找个好工作""选专业比选学校重要""要学有一技之长""要让自己无法被取代"等等，这些看似合理实则仅仅偏重技能培养而忽视人格养成的"道理"，只通过个人就业好坏来判断高等教育成败的"观点",往往来自学生和家长。再加上媒体的推波助澜,越发左右高等教育的社会定位。播音主持高等教育在这方面可以说是饱尝辛酸。

对类似上述这样的社会和受教育者的需求,如果高等教育一味适应而不加以引导,恐有违高等教育规律,践踏高等教育理想,亵渎高等教育精神。

反观播音主持高等教育,由于专业定位,该专业的学生未来将更多走向各级广播电视单位,作为播音员、主持人承担传播社会正能量的责任。如果仅仅为了"适应"而强化专业训练,忽视人的全面发展,忽视价值观、职业观和责任感的建立与培养,必将为日后他们"引领""引导"社会的工作埋下隐患。即便"适应"的理念一时成为主流,恐怕也将会陷入"理论赶不上实践"的困局中,遑论"理论指导实践"了。

高等教育在社会中的发声,往往可以代表理论界和学术界的理性思考,抵消一部分社会与经济发展伴生的不良影响。高等教育也可以提醒人们,冷静、客观、辩证地看待贫与富、贵与贱、生与死、善与恶、成与败、得与失、美与丑、是与非。高等教育对社会的"引导",以及它对社会的"适应",彼此互为前提、互相依赖、相互补充、相得益彰、不可偏废。

我们必须认识到,高等教育并不是社会发展、改造、变革的充分条件,但却是其必要因素。即便是看似由高等教育倡导甚至推动的社会变革,也是其与诸多社会要素相互配合共同完成的。我们不能强行赋予高等教育神话般的能力,"仅仅通过高等教育'引导'就能完成社会变革"的想法是不现实的。

总之,有选择、有判断地主动适应社会发展,又能积极引导、规范、修正社会变革的轨迹与方向,才应该是"高等教育适应与引导社会的辩证统一"的题中应有之义。

(四)高等教育引导社会的基本途径

1. 培养社会中坚和模范国民

与1978年恢复高考时的"天之骄子"相比,今天的中国,接受高等教育者已是人数众多,但仍然与"普及"相距甚远。高等教育培养出来的学生，在社会各行各业中往往成为中坚力量、骨干分子，甚至是中流砥柱。他们的钻研精神、严谨态度、丰满理想、崇高志趣，将会对更多的人产生影响，直接或间接地发挥出模范表率作用。这种作用除了带动周围人的进步，也会让更多的人对接受高等教育充满期待和向往。这是高等教育借助"亲民（新民）"对社会产生引导作用的直接体现。

高等教育，在其培养出来的学生实现个人社会价值的同时，也起到了对整个社会影响和引导的作用。特别是针对社会现象中最难解决的社会风气问题，高等教育的引导，可以说是值得长期依赖的有效途径。蔡元培先生曾经说过："要看明天的社会，先看今日的校园。"校园本就是社会的缩影，高等教育对社会风气的引导，最直接、最有效、最长久的方式，莫过于树立和塑造自由、公平、博识、敬德、包容的校园风气。无论是模范国民，还是社会中坚，其对社会引导的示范意义有时远超我们的想象。

如果高等教育没能培养出引导社会进步方向的中坚力量和模范国民，或者校园风气恶化、戾气横行、腐败滋生、学术不端，其负面的引导作用和恶劣的社会影响同样是巨大而深刻的。

2. 与社会和市场结合，为社会问题的解决提供方案

高校作为社会的智囊中心、思想中心、科研中心，通过与企业、政府和其他社会机构的合作，促成多学科、多工种、多单位的合作研究，实现"与市场同步""与社会主义现代化建设同行"的目标。

清华大学的"清华同方""清华紫光"，北京大学的"北大方正""北大青鸟"，北京理工大学的"中北高科"，复旦大学的"复旦光华""复旦天臣"，同济大学的"同济环保""科投同济"等等，都是高校与市场结合的典范，既实现了科技成果的市场和社会转化，又发挥了高等教育在科学和技术领域的引领作用。

同时，政府、企业和各类社会机构也将自己面对的现实问题做成课题指南，通过纵向和横向的科研立项与高校寻求合作。这也是高等教育通过科学研究成果引导社会的一种主要途径。

3. 针砭时弊与澄明价值

如果说促进科技进步是自然科学类专业的社会贡献，那么针砭时弊与澄明价值则是人文社科类专业的社会功用。

身处社会发展大潮中的高等教育，不可能遗世独立、离群索居，它要明确社会角色定位，作为整个社会的智囊代表、意见领袖发挥对社会的引导功能。在我国经济快速发展的背景下，寻求生产力发展与先进生产关系匹配的进程中，诸如"价值观歪曲""道德观抛弃""是非观放逐"等社会不良现象接踵而至。此时，高等教育必须敢于发声、善于发声、及时发声，既要冷静思考、深入分析，又要大胆批判、坚定褒扬，从而针砭时弊、明辨是非、澄明价值、激浊扬清，而不是和光同尘、与世无争、明哲保身。

以高校为代表的高等教育，作为人们心中的精神净土和思想圣地，引领整个社会环境和风气保持积极向好，共筑全民族的伟大理想，责无旁贷且意义重大。

4. 校园文化的示范作用

高等教育中的代表——高校，在建设其校园文化的同时，也在以校园文化影响、辐射整个社会的环境和风气。

高校的精神追求、文化品位、大师风范、学生学风、人际氛围等，与学校的空间环境共同构成了校园文化。校园文化，以其物理实地为中心，向周边区域发挥社区化榜样的带动作用，又以其社会化的影响力，在整个社会发挥示范作用。

如果校园文化从俗浮沉，随波逐流，其示范作用依然存在，对整个社会的影响会变得异常负面。因此，校园文化的打造与建设，之于高等教育和整个社会都是事关重大的。

二、播音主持高等教育社会功能的体现

播音主持高等教育的社会功能，一方面通过毕业学生从事的播音主持工作加以体现（也可以说培养播音员和节目主持人本身就是播音高等教育的社会功能之一），另一方面也通过高校的科学研究和专业实践作用于社会。

（一）传播信息、价值引领、树立形象、审美引导

播音主持高等教育的特殊性在于毕业生大多数从事广播电视一线的传播工作。于是，相比其他专业教育来说，播音主持高等教育拥有更为丰富、更

为强大的社会功能，并通过其毕业生从事的社会工作加以体现。

1963年至2000年，正是广播电视在我国飞速发展并且在传媒领域中独占鳌头的时代。在这种相对单一的传播语境中，作为广播电视事业的独有资源，以播音员和节目主持人为代表的大众传播主体，话语权十分巨大。这一工作的主要社会功能汇总如下：

1. 传播信息

这是播音主持工作的核心功能。在广播电视中，时政、财经、体育、军事、农业等各类新闻、知识、资讯，主要都是依靠播音员、主持人进行传播的。传播的不仅仅是信息本身，更多的是有声语言呈现出来的立场、态度和情感。也就是播音主持专业理论中常说的让受众"听清字、听懂事、听出味"。传播信息者对所播内容的认同、传播态度的准确、语言的明晰等，直接影响着大众传播的宣传效果。

2. 价值引领

播音员、主持人是党、政府和人民的"喉舌"，要坚定维护社会主义祖国的利益，捍卫先进文化的前进目标，保障祖国的文化安全，传播当下时代的正能量，弘扬社会主义的核心价值观，推行当代社会的主流意识形态。

3. 树立形象

播音员和主持人标准清晰的普通话、悦耳动听的声音、智慧思辨的语言、亲切端庄的形象、得体舒服的举止、积极从容的状态，树立的既是他们的个体形象，更是体现中国气派和中国风范的国家形象。反之，如果某些播音员或主持人吐字含混不清、方音痕迹明显、形象气质欠佳、举止矫揉造作、状态低迷消沉，形象受损的当然也不仅仅是他们个人。

4. 审美引导

张颂在谈到有声语言的美感塑造时，提出了有声语言的"四美"观点。这虽是主要形容语言传播本身的，但通过"美"的语言传播，除了带给受众愉悦共鸣以外，还能直接或间接地带给社会各种关于审美的引导，包括语言、形象、主流价值、主流文化等的审美。优秀的播音员、主持人，其个人在社会上的传播力、公信力、引导力、影响力也是巨大的，甚至可以成为社会意见领袖。

播音员和节目主持人的个人形象、价值取向、审美方向等都有可能引领相关的社会潮流。他们是社会公众人物，一言一行都有可能对社会的思想意识、价值观点、审美品位等产生影响。正因如此，播音主持高等教育也显得至关重要。专业教育中与社会相关的内容——学生了解社会、体察社会的意识和实践，也应该引起足够的重视。

（二）智慧支撑、理论思考、建言献策

高等院校的专业教师也拥有着重要的社会功能。教师担负着培养人才的社会重任。除了通过培养学生而间接对社会产生影响以外，播音主持专业的教师还会通过科学研究和专业实践回馈社会。

同其他人文社科类专业相比，播音与主持艺术专业的实践性极强。这就要求其教师具备较强的、过硬的业务能力，还有丰富的专业理论和实践结合的经历。如果教师缺少或者没有实践能力和经历，教学中就难以对学生在学习过程中产生的问题进行具体分析和专业示范。因此，过硬的业务实践能力，成了播音与主持艺术专业教师的必备条件。同时，因为传媒一线发展迅速，专业教师仅仅拥有专业实践能力还不够，还需要紧紧跟随行业的变化步伐，不停歇地进行专业实践工作。如此，专业教师很多时候同他们培养的学生一样，成了传媒一线的工作者，甚至也成为大众传播的社会公众人物。

高校中的教师，除了要完成繁重的教学工作，大多数还肩负着科学研究的任务。有针对性地开展科学研究工作，不仅可以回答教学和一线工作的诸多问题，加强专业理论和教材建设，解释专业实践中的若干现象，还可以结合社会需求，为有声语言传播相关的社会问题提供智慧支撑、理论思考、建设性意见和可行性方法。

第四章

社会事业与播音主持高等教育

从社会事业的角度来说，播音主持高等教育的诞生和发展，涉及两大社会事业——教育事业中的高等教育和文化事业中的广播电视。

中华人民共和国成立后，无论是高等教育事业还是广播电视事业，它们的发展历史都对播音主持高等教育有着重大且深刻的影响。

第一节　高等教育发展对播音主持高等教育的推动

一、人民教育事业的初步建立

（一）教育为工农服务，为生产建设服务

中华人民共和国成立后，中央人民政府委员会第一次会议确定了以《中国人民政治协商会议共同纲领》作为共和国的施政纲领。其中对我国教育的性质、任务、方法、发展步骤和重点作出了明确的规定。

1949 年 12 月，刚刚成立两个月的教育部召开了第一次全国教育工作会议。会议强调了"教育为工农服务，为生产建设服务"的方向和方针。

随后，在教育部的领导下，"改造旧教育，创建新教育"的工作开始了。党和政府在陆续接管国民党统治区旧学校的同时，也夺回了被帝国主义者侵占的部分教育主权。从 1952 年起，人民政府接收了所有私立高等学校，并将其改为公办高校。1956 年年底，我国教育史上的私学制度退出历史舞台，政府办学的单一教育体制走上台前。

为了落实第一次全国教育工作会议提出的"教育为工农服务，为生产建设服务"的目标，1950 年，首次工农教育会议由教育部主持召开。这次会议之后，大批的工农业余学校、补习学校、速成中学等各层次、各类型学校，向广大工农及其子弟敞开了大门。其中还包括在华北大学等学校基础上创建的中国人民大学。这一时期，教育部还实行了高等教育按计划统一招生和毕业统一分配的管理制度。

1953 年，全国普通中学生中，工农子女及其他劳动人民的子女已占学生总数的 71%，工农家庭出身和本人是工农成分的高等学校新生已占新生总数的 27.39%。[①]

(二) 全面学习苏联经验

中华人民共和国成立后，面对落后的政治、经济、文化条件，加上历史的主、客观原因，"苏联经验"成为当时各行各业的效仿和学习对象。"学习苏联经验"也成为那一时期各种工作、活动的指导方针。苏联模式影响了早期新中国的方方面面，涵盖国家体制、经济建设、社会主义改造、高等教育等。

从 1952 年起，新中国的教育领域展开了一场"全面学习苏联教育经验"的活动。在这个历史阶段，我国翻译了大量苏联教育方面的理论著作。其中最有代表性的是苏联教育家凯洛夫的教育理论。他主编的《教育学》被翻译成中文在我国出版，总印数达到五十万册，可以说是推行甚广，影响深远。同时，苏联关于教育学、教育史、心理学、教育管理学等方面的著作，经翻译后也都在我国陆续出版。苏联教育界的各种最新理论观点和观念，还通过我国创办的各类期刊及时地传播到国内。

这一时期，教育部通过树立中国人民大学和哈尔滨工业大学两个典型(作为吸收、仿效苏联经验的示范学校)，向全国高等院校推广经验，包括学校机构设置、规章制度、课程设置、教学方法、教学计划、教学大纲、培养方案等。这两所高校还聘任了大量苏联专家直接参与教学和管理工作。之后，北京师范大学也开始仿效这种模式。

1950 年，中国人民大学和哈尔滨工业大学在苏联专家的帮助下招收了一、二年制的研究生 874 人，加上新中国成立前在校的研究生，全国研究生

---

① 王炳照，郭齐家，刘德华，等. 简明中国教育史 [M]. 北京：北京师范大学出版社，2008：461.

在校人数共计1261人。①

至1954年年底，我国大多数综合大学和理、工、农、医、师范、财经、艺术、体育等学院及一些中等工科专业学校都聘请了苏联专家。这些专家涉及教育科学、自然科学、马克思主义及人文科学等方面，其中以自然科学方面专家居多。②

此时，政府还批量安排留学人员前往苏联学习。为了克服语言障碍，我国还建立了苏联留学预备（预科）制度；多数高校和中等学校都开设了俄语课程。

除了教育领域，全国各行各业都以各种形式开展"学习苏联经验"的工作。

1960年，苏联单方面决定撤回所有在华专家，撕毁协议和合同，停止供应重要设备，中苏关系全面恶化。我国派往苏联的工人、学生、进修教师等纷纷回国。

（三）高等学校院系调整

在"全面学习苏联经验"的影响下，借鉴和仿效苏联高等教育模式改造我国的高等院校，成了当时教育领域的一项大事。

从1952年开始，一场声势浩大、阵仗惊人的高等院校院系调整工作在我国展开。根据当时的调整方针与指导思想（国家重点培养社会主义建设急需的工业人才和学校师资），政府大力发展专门院校，整顿和加强综合类大学。

经过这次调整，全国多数省份都有了一所或者一所以上综合大学和工、农、医、师范等专门院校。③ 这次调整中，高等院校普遍取消了"院"的组织机构，在每个系下面开设了教学研究室，简称"教研室"。这一组织成为之后很长一段时间，我国高校除了"系"以外的另一重要教学和科研组织单位。

但是，这次院系调整以华北、华东、中南为重点，我国高等学校分布不

① 王炳照，郭齐家，刘德华，等．简明中国教育史［M］．北京：北京师范大学出版社，2008：494.

② 王炳照，郭齐家，刘德华，等．简明中国教育史［M］．北京：北京师范大学出版社，2008：463.

③ 徐继素，陈君慧．中国通史：第六卷［M］．北京：中国戏剧出版社，2008：3266.

合理的问题依然存在。为此，1955 年，我国又开展了第二次高等学校院系调整工作。

这次调整的指导思想是：贯彻精简节约的方针，既要逐步加强内地学校，又要充分发挥现有沿海城市学校各方面的潜力，在调整步骤上既要克服安于现状的保守思想，又要防止急躁冒进的偏向。①

在高等院校院系调整结束后，全国共有高等学校 229 所，其中综合大学 17 所、工业院校 44 所、师范院校 55 所、医药院校 37 所、农林院校 31 所、语言院校 8 所、财经院校 5 所、政法院校 5 所、体育院校 6 所、艺术院校 17 所、其他院校 1 所。②

第二次调整工作于 1957 年结束，高等院校数量增加，办学规模扩大，办学实力也有所增强。后来的历史说明，第二次调整工作的指导思想，一直影响到 20 世纪 60 年代初期。

二、社会主义教育方针的提出

1957 年，毛泽东在《关于正确处理人民内部矛盾的问题》的讲话中指出："我们的教育方针，应该使受教育者在德育、智育、体育几方面都得到发展，成为有社会主义觉悟的有文化的劳动者。"③

1958 年，中共八大二次会议之后，我国各行各业迅速展开了一场名为"大跃进"的活动。在这种背景和环境下，教育领域也开始了"大跃进"。

在"教育大跃进"中，1958 年，中共中央、国务院提出教育要为"无产阶级政治服务"，要与"生产劳动相结合"的方针。随后，"大办工厂，大办学校""学校办工厂、农场""数、理、化以三机一泵（拖拉机、收割机、抽水机和水泵）为中心进行大综合"等等各种形式的教育"大跃进""大革命"，在全国如火如荼地开展起来。

1961 年，被称为《高教六十条》的高校工作条例颁布。《高教六十条》

---

① 王炳照，郭齐家，刘德华，等. 简明中国教育史 [M]. 北京：北京师范大学出版社，2008：466.

② 中国教育年鉴编辑部. 中国教育年鉴（1949—1981）[M]. 北京：中国大百科全书出版社，1984：965.

③ 王炳照. 传承与创新——从新民主主义教育方针到社会主义教育方针 [J]. 北京大学教育评论，2009（1）：75.

制定了高校的方针、任务和有关政策，也指出了为社会主义现代化建设培养各类专门人才的主要任务。

三、教育事业遭到破坏

"文化大革命"时期，为了给学生参与运动创造条件，政府出台了一系列文件，导致大中小学全部停课参与革命。全国所有学校的教育教学工作彻底停滞。

"干部、教师下放劳动""知识青年上山下乡"，成了对知识分子实行"再教育"的两项重要措施。全国各地办起了众多"五七干校"和"劳动基地"，大批教育领域的干部和教师被下放到农村、工厂从事繁重的体力劳动，接受"贫下中农和工人阶级的再教育"。

"文化大革命"期间，小到 14 岁大到 20 岁的大批知识青年背井离乡，远赴黑龙江、内蒙古、新疆、云南等边远贫困地区"上山下乡"。同时，整个社会也掀起了"读书无用论"，贬低教育和教师，轻视知识和文化，对社会主义教育事业造成了深层的破坏和恶劣的影响。

"文化大革命"对高等教育的破坏还体现在改革其招生制度。1970 年，北京大学和清华大学取消招生考试制度，并作为高校招生改革试点，采取"群众推荐、领导批准和学校复审"的招生办法。一批批贴上时代烙印的"工农兵学员"走进了校园。

四、恢复高考和研究生教育，建立学位制度

（一）恢复高考

社会主义教育事业的重获新生，是以 1977 年高考制度恢复为标志的。

1977 年，历经反复数次的争论和邓小平亲自修正，教育部制定出《关于一九七七年高等学校招生工作的意见》。这一年的 10 月，中共中央还专门研究了高校的招生问题。随后，国务院正式批转。

这份意见明确了废除"群众推荐"，进行文化考试；高中毕业生可以直接报考；实行德、智、体全面衡量，择优录取。① 自此，停止长达十年的高

---

① 王炳照，郭齐家，刘德华，等. 简明中国教育史［M］. 北京：北京师范大学出版社，2008：494.

考制度绝处逢生。

1978 年的春季和秋季，积攒了十年之久的全国数百万有志青年奔赴考场。由于当时的高校数量、办学能力和办学规模有限，高考竞争之激烈是今时无法想象的。而这两届大学生在之后的社会主义现代化建设中涌现出了大批优秀人才和社会中坚，因此也被称为"黄金一代"。

（二）恢复研究生教育，建立学位制度

教育部曾于 1963 年召开高校研究生工作会议，汇总并分析了新中国成立后在研究生教育上的成绩与不足。但当时的研究生教育带有明显的"模仿苏联"色彩，绝大多数研究生也只是与苏联专家学习少数课程，理论不扎实，科研能力也不强。

"文化大革命"结束后，为了给社会主义现代化建设培养高级人才，教育部在恢复高考制度的同时也着手恢复研究生教育并建立了相应的学位制度。

教育部在《关于一九七七年高等学校招生工作的意见》中除了提出恢复高考以外，也提出了有关高校恢复研究生教育的意见。随后，教育部和中科院一起向全国发布了《1977 年招收研究生的通知》。

这份通知对研究生教育的培养目标、学习年限、毕业考核、授予学位等作出了具体规定。自此，中断长达十几年的研究生教育得以恢复。随后，高等学校研究生招生考试也于 1978 年开始。

在恢复研究生招生和培养的同时，中国的学位制度在邓小平的积极推动下也建立起来了。相关条例、办法在 20 世纪 80 年代相继出台并陆续执行。这是我国学位制度正式建立的标志。

（三）尊重知识和人才

除了上述内容以外，"对知识、人才的尊重，重建知识分子的信心并调动他们的积极性"，也是当时全社会急需解决的重大问题。邓小平提出的"尊重知识，尊重人才""脑力劳动也是劳动"，振聋发聩，堪称时代强音。此后，知识、人才，知识分子对社会主义现代化建设事业的价值，均逐步获得了理应的承认和尊重，广大教育工作者的社会地位也被肯定。尊重人才、重视知识、尊重教师、重视教育的社会风气慢慢形成。

五、"三个面向"和"科教兴国"

（一）"三个面向"

1983 年，邓小平为北京景山学校题词时强调的"三个面向"（教育要面向现代化，面向世界，面向未来），是对我国教育发展提出的带有全局性战略意义的指导方针。

1987 年，中国共产党第十三次全国代表大会在北京举行。大会指出："从根本上说，科技的发展，经济的振兴，乃至整个社会的进步，都取决于劳动者素质的提高和大量合格人才的培养。百年大计，教育为本。必须坚持把发展教育事业放在突出的战略位置。"①

国家经济的振兴与腾飞，科技的前进与突破，社会的进步和发展，都要依赖优秀人才的培养与全体劳动者素质的提升。而这种培养和提升，必须把教育事业摆在突出发展的战略位置。

"三个面向"和"教育优先发展的战略地位"，都是建设中国特色社会主义理论体系的核心精神和重要内容。

（二）"科教兴国"战略

1995 年，中共中央国务院第一次提出"科教兴国"这一指导方针，并要求在全国落实。

1999 年，朱镕基在全国人大九届二次会议上用"根本大计"来形容和强调"科教兴国"的重要性，并明确指出"科教兴国"也是政府的重要任务。

"科教兴国"战略的提出与实施使教育的社会地位进一步提高。国家对教育的经费投入也进一步加大，并且陆续推行了"211 工程""985 工程"，在全国范围内加强了高水平大学的建设力度。

六、高等教育发展史中的播音主持教育

作为高等教育中的一部分，播音主持教育的发展离不开高等教育大环境的影响。上述各个历史阶段中的高等教育无不左右着播音教育的发展。

---

① 王炳照，郭齐家，刘德华，等．简明中国教育史［M］．北京：北京师范大学出版社，2008：499.

在人民教育初步建立时期，为了适应"为生产建设服务"的要求，广播电视事业领域中的广播技术人员训练班在这一时期应运而生。随后，这个训练班提升为北京广播专科学校。由于当时的广播电视事业主要缺乏的是工程技术人才，也是为了适应"为生产建设服务"的要求，该校此时仅设有发送、传音、电视三个专业。随后，为了满足"为生产建设服务"中对外广播的需要，该校又设立了波斯语专业。和前述三个两年制大专专业不同，波斯语是四年制本科专业。

在全面学习苏联时期，播音主持高等教育还没有出现，但与其密切相关的播音事业，展开了对苏联播音经验的学习工作。这一工作主要集中在业务模仿和经验学习上。曾任北京广播学院播音系副主任的陆茜回忆："那时有一个中苏友好协定。中国派播音员到莫斯科电台的华语广播部。我是 1959 年去的苏联，1961 年回来的。那时候毕征、王仲宜我们三个在那，是最后一批赴苏联工作的播音员。之前林如也在那工作了好几年。后来中苏关系恶化，他们撤专家，我们也撤了。"①

1954 年，温济泽带领的中国广播代表团到苏联学习工作经验。之后，结合学习苏联的体会，中央人民广播电台播音组也开始汇总自己的经验，并形成多篇理论文章和相关书籍。播音理论也在这个时候开始萌生。

在提出社会主义教育方针时期，1961 年，中央广播事业局根据中央"调整、巩固、充实、提高"的方针，对广播系统进行了"精简机构，压缩编制"的改革。随后，北京广播学院 1961 年和 1962 年连续两年停止招生，一度还被列为"调查裁撤"的范围。直到 1963 年，国务院下达《关于恢复北京广播学院的通知》，北京广播学院才恢复办学。

1970 年 5 月，北京广播学院被江青等人指为"黑基地"。中央广播事业局军管小组再次向中央报送《关于北京广播学院停办的请示报告》。同年 7 月，教育部决定试行撤销北京广播学院，学院完全停办。

1973 年，在周恩来总理的关怀下，北京广播学院得以恢复，其中文播音专业也招收了 1974 级、1975 级、1976 级"工农兵学员"。但是，"文化大革命"期间，中华人民共和国成立后刚刚建立起来的播音理论雏形和教学方式方法都被抛弃，教育教学始终处于非正常状态。

---

① 中国传媒大学播音主持艺术学院对陆茜的访谈，2010。

在恢复高考和研究生教育时期，在整个高等教育事业复苏的环境下，1977年，北京广播学院播音专业恢复高考招生；1978年，根据上级指示播音专业参照艺术院校的招生办法招收学生。

在这样的时代背景下，播音主持高等教育的专业建设也加快了步伐。1980年，北京广播学院的播音专业从新闻系中脱胎，单独成立了播音系。同年，播音专业学制由三年变为四年，升级为本科学历。也是这一年，北京广播学院播音系开始招收并培养硕士生。播音主持高等教育培养更高层次人才的序幕由此拉开。

在提出"科教兴国"时期，在"科教兴国"战略的引领下，播音主持高等教育也得到了党和政府、社会的有力推动。2000年之前，开设播音主持相关专业的高校越来越多，建设水平也越来越高，整体呈现稳步增长、理性扩张、持续进步的态势。

由上述分析可见，高等教育事业的发展，特别是其每个代表性阶段的发展特征，都对播音主持高等教育的学校建设、层次完善、培养目标等产生重要影响，为其"培养什么样的人""怎样培养人""为何培养这样的人"指明了方向，也给予了发展的依据。

第二节　广电媒体变革对播音主持高等教育的影响

1949年至2000年，中国的广播电视事业经过几十年的迅速发展，取得了辉煌的成绩，同时也推动和影响了中国播音主持高等教育的诞生与发展。作为这一特定时期中，专门为广播电视领域培养和输出人才的播音主持高等教育，其选拔标准、培养方式、培养目标、教学方法、评价标准等，无一不受到广播电视一线的巨大影响。

一、中华人民共和国成立初期的广电事业发展与播音主持教育的"呼之欲出"

（一）广电事业急需播音主持教育

中华人民共和国成立后，北平新华广播电台第一台更改名称为中央人民广播电台，归属中央广播事业局管理和领导。中央人民广播电台明确了自身的主要任务，并根据"自己走路"的方针，开办了《新闻和报纸摘要》《社会科学讲座》等节目，也开设了对台湾广播和对少数民族广播的节目。

由于中华人民共和国成立初期的经济落后、物资奇缺，党和政府号召"必须重视广播"并"有效地利用无线电广播"。为此，全国的宣传部门以中央人民广播电台为中心，逐渐形成了四级广播宣传网。当时全国共有六大行政区，其中五个都设有广播电台。

1952年、1954年、1955年、1956年，中央广播事业局相继主持召开的四次全国广播工作会议，为新中国成立初期的广播事业建设，凝心聚力，出谋划策，既制定了各种方针政策，又学习了苏联经验，也找到了一些适合国情的发展方式。

这一时期，在恢复国民经济、第一个五年计划的时代背景下，我国社会主义广播事业初步奠定了基础，迈出了"学会自己走路"的第一步。人民广播在广大群众中也开始拥有了巨大影响力。

伴随这一时期广播的发展，相关专业人才的培养问题摆到了眼前。无论是选拔培养新生力量，还是培训提高原有人员，开展相关专业教育的呼声越来越大。

由于当时最缺少的是相关技术人员，前述提到的广播技术人员训练班，就是在适应"为生产建设服务"的呼声中开办的。成为高等院校之后设置的三个工科专业，也是在当时布建全国广播网络的历史背景下应需而设的。后来又因为对外广播的需要，该校建立了相关外语专业。

就在此时，1958年，北京电视台作为我国首座电视台成立了。由此，我国的电视事业开始起步，广义上的"广播"事业进入广播和电视"比翼齐飞"的重要阶段。

之后成立的北京广播学院，作为全国第一个培养广播电视高级专门人才的高校，又根据广电行业急需的人才类型设立了新闻、无线电和外语三个系，共有学生近千人。此时北京广播学院的任务是"培养具有较高的阶级觉悟、政策水平和专门业务知识的广播、电视的编辑、记者和无线电技术干部"。①

---

① 赵玉明. 中国广播电视通史［M］. 北京：中国广播影视出版社，2014：221.

同时，全国各地的广电单位也根据实际情况开办起了广播电视类中等专业学校，培养技术、值机、录音、音响、录像、灯光、美术、化妆、服装、制片等方面的中级人才。

1960 年，北京广播学院成立后不久，为满足中央人民广播电台和全国各地方台播音队伍建设的需求，该校开办了播音短期培训。虽然只是短期培训，但这可以说是我国播音专业教育的开始。

（二）广电事业给播音教育带来波折

分别于 1958 年、1959 年、1960 年召开的第五、六、七次全国广播工作会议，是在三年"大跃进"的历史背景下进行的。这一时期，广电事业历经磨难，在艰难中前行进步。

1961 年，面对"三年经济困难"的环境，中央广播事业局根据中央精神，对广播系统进行了"精简机构，压缩编制"的调整。各类广播电视机构管理的广播文工团和中专、技校均被撤销；合并省会所在地的市台与省台；除部分电视台被保留，其余停办；广播系统的职工编制也被削减。同时，北京广播学院 1961 年和 1962 年连续两年停止招生，一度还被列为"调查裁撤"的范围。直到 1963 年，国务院下达《关于恢复北京广播学院的通知》，北京广播学院才恢复办学，进行少量招生。而播音专业教育刚刚开始崭露头角就被迫停止。

1963 年以后，国民经济有所好转。为了配合各地宣传工作的需求，一批广播电台和电视台陆续恢复。

1963 年年底，全国共有广播电台 89 座。至"文革"前夕，我国的电视台共有 12 座。①

1963 年，北京广播学院恢复办学后，为了满足社会需要，学院在新闻系中设立了中文播音专业。这被看作中国播音主持高等教育的开始。

1964 年，北京广播学院扩大了办学规模，主要还是为了适应对外广播的发展需要，在外语系设立了 20 个非通用语专业。到 1966 年"文化大革命"之前，该校共有 30 个专业，先后培养大专和本科毕业生 2000 多人。

从 1963 级播音大专班开始，北京广播学院中文播音专业招收了 1963 级、

---

① 赵玉明.中国广播电视通史［M］.北京：中国广播影视出版社，2014：243.

1964 级、1965 级三批学生。

在这一特定历史时期中，人民广播逐渐形成了"爱憎分明、刚柔并济、严谨生动、亲切朴实"的播音风格。中国传媒大学播音专业教师吴弘毅在访谈中提道："我国的人民广播从最初诞生到解放战争结束，接管国民党的电台，形成了自己的一套宣传机构和独特的播音方式。这种方式区别于国民党电台软软的声音。我们是慷慨激昂的，用来体现战斗性的。直到60年代，梅益到广州出差时给中央台播音部写了一封信。信里说从许多台的声音中，一耳朵就能听出中央台的声音，感觉很自豪、很振奋。这就是大国风度，不是靡靡之音，不是哆哆嗦嗦。"①

这种"大国气度"的播音风格也直接影响了早期的播音专业教学，为其指明了培养方向和目标——党和人民的播音员。

新中国成立初期的广电事业历经曲折，有很多突出成绩和丰厚经验，也有不少深刻教训。初具规模的人民广播电视事业已经建成，为广电专业教育和播音专业教育的诞生，提供了历史性条件和本源性动力。

而广播电视，作为团结教育和鼓舞广大人民投身伟大社会主义建设事业的舆论工具，作为党和国家进行国际宣传和斗争的有力武器，拥有着巨大的社会影响力。这也使得播音主持高等教育从诞生开始，就确立了其根本属性——新闻性。播音主持高等教育与广电事业发展是紧密联系的，可以说是应运而生，应需而设的。

二、"文革"时期广电事业异化发展与播音主持教育一波三折

第八次全国广播工作会议提出："广播电台作为社会主义建设的重要部分必须加强政治工作。"②

1966 年，第九次全国广播工作会议明确指出："所有广播电台都是阶级斗争的重要工具，要保证党对电台的绝对领导，再次强调广播电台要实行党委领导制，建立政治工作机构。"③

从这两次会议来看，受"以阶级斗争为纲"的思想影响，人民广播事业

---

① 中国传媒大学播音主持艺术学院对吴弘毅的访谈，2010。
② 赵玉明．中国广播电视通史［M］．北京：中国广播影视出版社，2014：238.
③ 赵玉明．中国广播电视通史［M］．北京：中国广播影视出版社，2014：247.

的政治属性进一步加强，新闻、政治、意识形态融为一体的传播趋势势不可当。

"文化大革命"中，许多广播电视节目被换掉，增加大量政治性宣传内容；地方电台全部转播中央台内容，"全国只有一个声音"，各地电视台也一度停播。1971年，全国教育工作会议决定：北京广播学院试行撤销。至此，北京广播学院完全停办。直到1973年，北京广播学院才恢复办学。1974年、1975年、1976年，该校播音专业招收了三批"工农兵学员"。

三、十一届三中全会后广电事业推动播音主持教育迅猛发展

（一）广电事业飞速发展

以1978年十一届三中全会为标志，我国的社会主义建设全面进入了崭新的历史阶段。随后的20多年，广播电视事业迅猛发展。

1978年，北京电视台举办了首次春节晚会。同年，伴随着中央电视台和中国国际广播电台的成立，"中央三台"的格局形成。

十多年之后，全国广播工作的第十次会议于1980年召开。会议专门强调，为了提高全国各族人民的科学文化水平、实现四个现代化，必须充分有效地利用作为现代化宣传工具的广播电视，让广播电视发挥宣传、教育、示范和引导作用，为社会主义现代化建设做出更大贡献。

此时，"文化"属性被放大和加强，并在播音主持事业、播音主持高等教育中埋下了种子。

1982年，全国人民代表大会撤销了中央广播事业局，成立中华人民共和国广播电视部。

1983年之后的五年是有史以来我国广电事业发展最快，也是广电教育蓬勃兴起的一个阶段。

电台、电视台的数量以年均递增30%的速度大幅度增加，至1988年年底，全国共有广播电台461座，电视台442座。同1982年相比，广播覆盖率从64.1%提高到70.6%，电视人口覆盖率从57.3%提高到75.14%。①

高速发展的广电事业环境，为广播电视高等教育和播音主持高等教育的

---

①　赵玉明.中国广播电视通史［M］.北京：中国广播影视出版社，2014：337.

快速发展提供了广阔空间和充沛动力。

1986 年，广播电视部改为中华人民共和国广播电影电视部。同年，中国广播电视学会作为全国性的广播电视行业组织和学术团体，在北京成立。

1986 年年底，广东人民广播电台开办了我国改革开放后首个经济台——珠江经济广播电台。1987 年，上海经济广播电台和辽宁经济广播电台也相继开播。随后，一大批省级或市级经济广播电台诞生。这股"经济台热"，也是播音员和节目主持人"文化"属性被放大的原因之一。

截至 2000 年年底，广播人口覆盖率已经增长到 92.74%，电视人口覆盖率达到 93.65%，覆盖人口达 10 亿左右。①

（二）广电事业对教育投入加大

第十次、十一次全国广播工作会议都曾提到，要努力办好、重点建设北京广播学院，并且筹备兴办第二所广播电视专业高校，还要大力兴办中等学校，鼓励更多高等院校设置与广播电视业务相关的专业或专业方向。

在广电部门的高度重视和大力推动下，广电高等教育迅速发展起来。

1979 年，北京广播学院开始了研究生教育，招收并培养硕士生。

1981 年，北京广播学院成为首批硕士学位授予单位。该校的高等教育体系逐渐丰满、完善起来。

1982 年，中华人民共和国广播电视部成立后，该校成为广播电视部直属的高等院校。由此可见，播音主持高等教育与广播电视事业的发展关联，甚至大过于与我国整体高等教育发展的关系。

20 世纪 80 年代中期开始，不少综合性大学的相关院系开始设置与广播电视有关的专业（主要是新闻类）。

1984 年，浙江广播电视专科学校成立（1994 年该校更名为浙江广播电视高等专科学校）。该校成为我国第二所广播电视专业学校。

1990 年，经教育部批准，1983 年成立的华北广播电视学校升级为广播电影电视部管理干部学院。广播电影电视部管理干部学院是全国唯一的单独设置的广播影视类成人高校。

20 世纪 90 年代初开始，南京大学、四川大学等高校的新闻学专业也先

---

① 赵玉明. 中国广播电视通史［M］. 北京：中国广播影视出版社，2014：392.

后开设广播电视专业方向。上海戏剧学院、天津师范大学国际女子学院、四川师范大学电影电视学院、中华女子学院等，依靠自身和区位优势，也陆续开设了播音主持艺术、广播电视文学、电影电视文学、编导等相关专业或专业方向。还有一些工科高校，也开始转向广电行业，开设广电技术相关专业。

十一届三中全会之后，我国的广播电视教育逐渐形成了多学科、多层次、多规格的广播电视教育网络，为我国广播电视事业的发展培养了大批专业人才。

另外，90年代以来，国家和广电部以各种方式对广播电视高等教育持续增加投入，使其进入了蓬勃发展的阶段。这些方式包括建立教育专项补助金解决办学经费不足的难题；组建董事会以争取广电系统内外有关单位支持办学；设立部级高校科研立项并开展相关科研成果评奖，用以提高科研水平和质量；加强学科建设，提高办学层次，获得博士学位授予权；向"211工程"挺进，最终把北京广播学院办成"211工程"重点建设大学。①

在广电事业的大力支持和推动下，北京广播学院办学规模持续加大，办学实力显著增强，社会影响和声誉也都极大提升。1999年，北京广播学院成为新增博士学位授予单位，其新闻学和广播电视艺术学两个专业获得了博士学位授予权，并于当年开始招收博士研究生。这是我国广电系统的历史性突破。

此外，国家语言文字工作委员会和原广播电影电视部共建的国家普通话水平测试中心，也在北京广播学院建成。

之后，北京广播学院又获得了一个一级学科博士授权点——新闻传播学，增加了四个博士点——通信与信息系统、电影学、语言学及应用语言学和传播学。截至此时，北京广播学院已经成为涵盖广播电视领域绝大多数主要学科，拥有一级学科博士学位授权点、博士点、硕士点的全体系、多层次、多学科的传媒特色类综合院校。

在国家广播电影电视总局（1998年国家广播电影电视部改名为国家广播电影电视总局）的全力支持下，2000年，北京广播学院成为"211工程"重点建设大学。这是全国范围内唯一一所广播电视领域的"211工程"重点

---

① 赵玉明.中国广播电视通史［M］.北京：中国广播影视出版社，2014：410－412.

大学。

同时，其他相关专业院校也都发展迅猛。截至 2000 年，浙江广播电视高等专科学校的办学规模进一步加大，下设 7 个系、20 个专业或专业方向，在校生达到 3000 人左右，已输送毕业生近 5000 人。广播电影电视部管理干部学院也发展为拥有 4 个系、近 30 个专业，学生规模近千人的广播影视类高等院校。

（三）"主持人"与播音主持教育新阵地

20 世纪 80 年代初，广播电视中出现了"主持人节目"的栏目形式和"主持人"这一被认为不同于"播音员"的职业。

中央人民广播电台对台湾广播频率由徐曼主持的《空中之友》、广东人民广播电台由李一萍主持的《大众信箱》，以及全国各省级和一些市级电台的主持人节目相继开办。

1983 年，作为第一个固定名称、时间、主持人的电视节目，中央电视台由沈力主持的《为您服务》诞生（该节目创办于 1979 年，但一直到 1983 年才成为固定时间播出的栏目）。

主持人节目的出现和快速兴起，打破了广播电视节目的常规形式。"主持人节目"和"主持人"一时间成为整个社会关注的热点话题。徐曼、李一萍、沈力等也成为很具知名度的社会焦点人物。

这一新"形式"和新"职业"的出现，一方面强调了主持人既能采访、编稿又能播音的"采编播合一"，认为其在节目生产和传播过程中处于核心位置；另一方面强调了主持人对文本稿件的书面语进行口语化加工的功能。也就是在这一时期，主持人开始被"明星化""万能化"。主持人的个人影响力逐渐增强和凸显，也带来了对主持人"文化"素养高低的探讨。"文化"属性开始慢慢放大。

由于全国各地广播电台、电视台相继开办类似栏目，"主持人节目"和"主持人"的名称也被轻率地使用。无论是广播电视行业中的播音员，还是各类文艺活动中的司仪、报幕员，都以自称"主持人"为荣。于是概念的混乱和现象的火爆，共同推动了 20 世纪 80 年代末 90 年代初那场学界、业界广泛参与的关于"播音员涵盖主持人"的理论争鸣。由此可见，播音主持高等教育的理论研究也是应时而生、应势而兴的。另外，从广播电视事业来看，这次理论争鸣，不仅代表当时广播电视业界人士对理论探讨的重视和行业现象的思考，也表明他们十分关心相关专业教育的发展方向和培养方法。之后，主持人相关理论铺天盖地，层出不穷。其中既有专业教师、科研人员的理论汇集，也有不少业界人士的经验之谈。

这一时期，伴随主持人相关理论研究和讨论的展开，北京广播学院播音系从1994年起，在本科、双学位、硕士研究生几个层次的教学中，开设了"主持人节目概论"和"节目主持艺术"课程。主持人相关课程的教学和主持人的培养工作由此开始。也是在1994年，张颂主编的总计66万字的《中国播音学》出版。从此，一个具有中国特色的新兴学科出现了。

截至2000年，伴随着我国广电事业的飞速前行，播音主持高等教育在完善调整中慢慢崛起，在跌宕起伏中曲折成长，逐渐发展为国内独辟蹊径、国际独树一帜的具有中国特色的专业教育。

第五章

代表人物与播音主持高等教育

第一节　播音主持高等教育的专业启蒙和基础建设

播音主持高等教育的开端，以 1963 年北京广播学院开始招收中文播音专业大专生为标志。初期的理论思想，更多是来自 1963 年之前一线实践的经验总结和相关领导的指导思想，以及一部分教师的启蒙性思考。

一、左荧——"播音的第四个要素"

左荧，1917 年 7 月出生于河南省获嘉县。中华人民共和国成立前，曾任延安鲁迅艺术文学院院务处指导员，新华社口播部编辑、军事组组长等职。中华人民共和国成立后，历任中央广播事业局办公室副主任、主任，总编室副主任、主任，局党组成员，编委会成员，副秘书长，地方广播部主任兼国际联络部主任等职。1959 年到 1974 年，历任北京广播学院党委副书记、副院长兼新闻系主任，党委书记兼副院长等职，是该学院的主要创建者之一。1975 年起任中国唱片社社长、中央人民广播电台代理台长等职。1982 年离休，1984 年去世。

左荧一直十分关心播音工作和播音教育。

著名播音艺术家葛兰在《左荧同志指引我走上了播音道路》一文中提道："左荧同志在 50 年代初期很关心播音工作，经常到播音组和我们交谈，看望大家，还为播音组同志讲过话。他回忆过去广播工作发展的艰难历程，鼓励大家树立事业心，刻苦钻研业务，重视练习基本功，为广播事业做出贡献。"①

1951 年 3 月 1 日左荧撰写的文章《从"编播合一"谈到播音应该专业化》刊发于《广播通报》第 2 卷第 1 期。这可以说是新中国成立后最早研究播音理论的文章。文章中他提出了对播音理论建设具有启蒙意义的三个重要观点：第一，播音是一项独立的技术，是采编人员无法代替的；第二，播音是一门独特的艺术，播音员应该专门培养；第三，优秀的播音员应该逐渐形成独特的特色甚至风格。这三个观点的提出，为后来播音学成长为一个具有中国特色的单独学科埋下了伏笔。

1955 年 3 月，时任中央广播事业局地播处处长的左荧，在首次全国播音业务学习会上作了题为《播音是一种语言艺术活动》的发言。发言中，他重点论述了播音在广播工作中的重要性、对播音工作的要求、播音艺术的创作规律、播音区别于其他艺术的特征等。

在他的发言中，开创性地提到了四个问题："第一，播给谁听？——就是播音对象问题；第二，播些什么？——就是广播内容的问题；第三，为什么播讲？——就是播音的最高目的性问题；第四，怎样播讲？——就是播音技术的问题。"②"他把俄国戏剧理论家斯坦尼斯拉夫斯基理论体系中关于演员修养的论述应用到播音艺术创作上，并在播音三要素（播什么、为什么播、对谁播）的基础上，创造性地提出'怎么播'的观点，完善了播音理论，至今仍指导着播音业务的发展。"③

张颂在《左荧同志，我们铭记着您的教诲——关于播音第四要素的提出与感念》一文中，评价左荧的这次讲话是"对播音理论的重要贡献，尤其是他对于播音的第四个要素的阐释，凸显了他的真知灼见，具有深远的理论价值和实践意义"。④

---

① 赵玉明. 风范长存——左荧纪念文集 ［M］. 北京：中国传媒大学出版社，2005：252.
② 张颂. 中国播音学 ［M］. 北京：北京广播学院出版社，2003：22.
③ 赵琳琳，寇洪亮. 用爱和生命拓荒——左荧同志与广播电视教育 ［J］. 现代传播，2001（1）：122.
④ 赵玉明. 风范长存——左荧纪念文集 ［M］. 北京：中国传媒大学出版社，2005：323.

左荧的这次讲话、中国科学院语言研究所吴晓铃讲的语音学、中国实验歌剧院导演牧虹讲的台词课和练声、北京电影演员剧团导演吴天讲的斯坦尼体系和演员的修养问题，还有齐越回国后撰写的几篇文章和夏青的《克服报告新闻的八股腔》等文章，一起汇编成册，成为张颂所说20世纪50年代播音理论三本著作之一的白皮书《播音业务》。

北京广播学院早期播音专业教师徐恒在《难忘的往事——悼念老领导左荧同志》一文中提道："在广播局开办的几期播音员培训班上，左荧同志不仅讲播音工作的性质及重要意义，而且对播音业务从理论方面作了精辟的开拓性的发言……他的很多观点对播音理论研究起了奠基作用，多少年来一直指导着播音业务的进展……广播学院成立后，他对播音教育工作的关心更经常、更直接了。正因为如此，播音专业才能从无到有、从小到大地建立起来。"①

作为北京广播学院创建初期的领导，左荧对播音专业的建设和发展作出巨大贡献。

二、梅益——"播音风格应该多样化"

梅益，原名陈少卿，1914年1月9日出生于广东潮安，中国新闻家、翻译家。中华人民共和国成立后历任中央广播事业局局长、党委书记，中国大百科全书出版社社长、总编辑，中华全国新闻工作者协会副主席，中国社会科学院副秘书长、副院长、党组第一书记，国务院学位委员会委员等职。最先将英文版《钢铁是怎样炼成的》翻译成中文，主持《中国大百科全书》的出版工作。2003年在北京去世。

在1955年召开的"全国播音业务学习会"上，梅益作了一次重要讲话。讲话中，梅益强调了播音员的工作态度问题和这项工作的重要性、影响力。他还提出了播音员应该拥有广博知识和较高文化水平的观点。这一观点的提出，为播音主持高等教育始终缠身的三维困局中的"文化"属性，找到了启蒙支撑。此外，在这次讲话中，梅益还提到播音员需要提高业务能力的问题，包括声音、语言标准化、播音技巧和艺术感染力等方面，并且强调播音

---

① 赵玉明.风范长存——左荧纪念文集［M］.北京：中国传媒大学出版社，2005：164.

不能程式化、公式化、僵化、一味模仿，应该要有特点。

梅益在这次大会上的讲话，触及"播音工作的性质、方向、态度、方式、感情、技巧和素养等多方面的问题，为以后的播音队伍建设，播音创作等重大问题指出了方向"。①

1961 年，梅益在同中央台播音组的谈话中重点谈到了个性和风格问题。谈话中他提出，播音可以拥有多种表现形式，对播音中呈现出的个性、特色、风格应予支持，而且这种个性和特色，可以更多样，要改变单一、刻板的方式。他认为播音员不该成为念字的机器，不是一切稿子都"一个字也不能改"。他的这些看法，为以后的播音主持高等教育制定培养目标和方向，埋下了思想的种子。

"梅益同志反对播音中的公式化和模仿，强调播音要有个性……他认为，模仿是看不起自己，过低估计自己的表现力。它限制我们的创造性活动，把一个播音员变成一个留声机……梅益同志认为播音员应有自己的播音风格，播音风格应多样化……必须根据不同的题材采取不同的播法。播音应该有更多的表现形式，而且应该鼓励播音风格的多样化。"②

梅益还提出了成为一名合格的播音员应该具备的三个条件。"他说，做好播音工作，首先要有一定的政治觉悟和较好的思想修养，还要有一定的文化水平，再加上必要的技巧。"③

可以说，这些观点让人醍醐灌顶，不仅概括了成为合格播音员的必备条件，也提出了播音个性和播音风格的发展要求。

1963 年 7 月 31 日，梅益再次与中央台播音部同志谈话，在说到如何播送大文章和文件时提出："播中央文件对一个播音员来说，首先要强调的，也就是第一位的要求，不是播音员本人的感情和态度，而是对文件的理解和体会。这是最根本的。如果理解不透，体会不深，感情和态度都成为悬空的，甚至起了反作用。播音员要对文件的内容有真正的掌握……对播音员第一位的要求，是政治思想水平，而且不是一般的，而是相当高的水平。要播得好，主要还不是靠技巧和业务的熟练程度，起决定作用的是他的政治水平

---

① 张颂．中国播音学［M］．北京：北京广播学院出版社，2003：22.
② 姚喜双．梅益谈播音工作［J］．现代传播，2002（5）：57.
③ 姚喜双．梅益谈播音工作［J］．现代传播，2002（5）：56.

和思想水平……播音员在播音过程中不可能不带着本人的感情，同样，播音不可能不受本人态度的影响……怎么样才能准确地表达出中央文件的精神呢？这和播音员本人的感情、态度有很大的关系。准确的表达，要求播音员本人的感情和态度必须和文件的精神充分一致，这是党的文件和播音员个人的理解、感情的对立的统一。"①

梅益在 1965 年《给齐越同志的信》中说："我们的工作和人们的期望并不是没有差距……比方说，在播送新闻时有时有一种'客观'的腔调，好像播音员对他或她正在报告的那件事采取中立态度。我非常不喜欢这种腔调，这是不能容许的，但在中央台的播音中倒不是罕有的。我时常为我们播音的风格而自豪，而构成我们风格的主要因素之一就是爱憎分明。"②

这些谈话高屋建瓴，不仅强调了播音员的政治意识和政治思想，批评了所谓"客观""中立"实则"没有感情和态度"的腔调，也提出了播音员个人情感与稿件精神实质高度统一的政治要求。

后来的播音工作中，有部分播音员和节目主持人确有这种困扰：我究竟是不是念字发声的机器？我的个人态度和情感应该放在哪里？不理解稿件怎么办？梅益的这段讲话虽是以"播送大文章和文件"为前提的，但是作为党和人民的宣传员，所有的播音工作都应该保持个人理解、情感与稿件精神实质的对立统一。

同时，这也为当时刚刚起步的播音主持高等教育指明了培养的方向和路径。另外，三维困局中的新闻属性，实际上就是政治属性。在播音主持高等教育的形成初期，政治属性的特征是远远大过于"艺术"和"文化"两大要素的。

三、齐越——"播音要动真格的"

齐越，1922 年出生于内蒙古满洲里。中华人民共和国成立后，历任中央人民广播电台播音员、播音组组长、播音部副主任等职。1975 年调入北京广

---

① 广播电视部政策研究室，《当代中国的广播电视》编辑部. 梅益谈广播电视 [M].
   北京：中国广播电视出版社，1987：270－271.
② 郝时远，杨兆麟. 梅益百年纪念文集 [M]. 北京：社会科学文献出版社，2014：
   226－227.

播学院任教。他是人民广播事业的首位男播音员，也是中国播音主持高等教育事业的首位专业教授。他的一生都献给了人民广播和播音教育事业，为我国的人民广播事业留下了宝贵财富，为播音主持高等教育事业作出了巨大贡献。1993 年在北京去世。

1954 年，时任中央人民广播电台播音员的齐越，作为中国广播代表团成员赴苏联考察。之后他翻译了一些苏联播音员的文章，也在中央台传达了在苏联学习的体会。这个时候，中央台内部在学习苏联经验的同时也展开了对自己播音实践的经验汇总和理论探讨。当时，齐越执笔撰写了《播音员和实况广播》一文。这是以国庆实况广播为主要讨论对象的中央台播音组集体经验汇总，主要谈及什么是实况广播、播音员在实况广播中的责任、实况广播前播音员的准备工作、实况广播时播音员应注意的事项等。其中也表达了"播音员应在实况广播前参加记者的一部分采访工作""锻炼自己在任何需要的时候立刻激起内在情感的能力""要根据内容和实际情况转换语气""实况广播时要避免声调过高和慌张急促""学会支配和分配自己的力量"等观点。

1955 年的"全国播音业务学习会"上，齐越在他的主题报告《向苏联播音员学习》中谈到苏联播音员对党和人民事业的忠诚，对播音业务的刻苦钻研精神，号召大家学习苏联播音员经验，正确掌握播音的基本原则和方法等。

1956 年，齐越和崔玉陵共同节选并翻译了符·阿克肖诺夫撰写的《朗诵艺术》。符·阿克肖诺夫是苏联著名的艺术语言大师、共和国功勋演员、斯大林奖金获得者。这些内容最初刊发于《广播爱好者》，后集结成册于 1984 年由广播出版社出版发行。其内容包括俄罗斯朗诵艺术史、朗诵者的准备工作（呼吸、嗓子、吐字、发音、逻辑阅读、逻辑重音、逻辑句读、逻辑顿歇）、文学作品朗诵（主题思想、创作想象、创作任务、创作态度、内心视像、内在语）、技巧（语调、心理顿歇、节奏、手势、创作交流），语言动作，等等。这本书明确提出朗诵艺术是个独立的艺术门类，分析并阐明了朗诵者和演员在创作方法上的异同以及演员在舞台上表演和朗诵者当众朗诵的区别。

这一时期，齐越汇总了在苏联学习期间收集的一些专业文章，出版了《苏联播音经验汇编》。这本书成为前述提到的 20 世纪 50 年代播音理论三本著作之一的黄皮书。而第三本——蓝皮书，是一本汇总省台播音经验的《播音工作经验汇辑》。

1963 年，齐越撰写了《播音是创造性的艺术活动》一文。文中论述了播音工作的根本矛盾，播音和表演的区别，播音是一项拥有独立性的语言艺术创作等。这篇文章对当时播音工作中出现的一些问题进行了纠偏。

1985 年，为了庆祝反法西斯战争胜利 40 周年，齐越和峻岭翻译了波·利亚森科撰写的《苏联功勋播音员》。这本书于 1988 年由北京广播学院出版社出版发行。该书记述了作者与被称为苏联功勋播音员的六位播音艺术大师（尤里·列维坦、李特维诺夫、奥特雅索娃、维索茨卡娅、斯皮朗托娃、盖尔奇克）的访谈实录和访问记。

另外，体现为对党忠诚、扎根群众、艰苦奋斗、团结协作、严于律己、一丝不苟、精益求精的“齐越精神”，对后来的播音主持高等教育也有着深刻且深远的影响。为了纪念齐越，传播“齐越精神”，北京广播学院从 1997 年开始，连续举办齐越朗诵艺术节活动。

“播音要动真格的”，无论是播音还是教学，齐越留给人们的印象都是“动真格的”。据马尔方回忆：“我听他播《谁是最可爱的人》，那是非常感人的。他播了好几个，后来的《铁人王进喜》也非常棒。那时候他播斯大林逝世，我们对斯大林是非常崇拜的，他播得就和任何一个台都不一样。那些台播得都带哭腔，特别悲痛似的。他不是，他是把悲痛化为力量……齐越的声音‘中央人民广播电台’一出来，你就能知道接下来的新闻重不重要……齐越要求自己的播音是非常严格的，他播音前就用一个腰带把自己肚子这儿勒紧，好像是为了气息吧。人家请他作报告，他也是先写好稿子，再勒上腰带，也可能就是个习惯。播音时他一点儿都不让人干扰。我们和他一起播新闻，连翻稿子都特别谨慎，一点儿不敢干扰他。他是全身心地投入。”[1]

北京广播学院早期播音专业教师李越在访谈中提道：“我和齐越一起播过，他很有感染力，能把我也带起强烈的情绪来。他的真情实感不是一般人可以模仿的。有的人模仿他的声音，甚至有的人模仿他的表达处理，可就是模仿不来他的气势。从延安到北京，他一直保持这种自己的风格。我们也想这样，但没有经历过革命，确实达不到他的水平。”[2]

---

[1]　中国传媒大学播音主持艺术学院对马尔方的访谈，2010。

[2]　本书作者对李越的访谈，2019。

据中国传媒大学播音专业教师陈雅丽回忆："齐越老师一直要求我们用真情去播音……2011年我写了一篇文章《发往天堂的贺卡》，先是发表在北京广播学院校报，后来又在《光明日报》刊发，就是专门纪念齐越老师的。这篇文章里面就提到我刚工作时不安心留校，就想去电台，播什么都播不下去，对稿件总是没什么感受。其实那些理解和感受都是老师的言传身教。后来开窍了是因为一篇叫《活在人们心里的马老师》的文章。播了不知多少次之后终于通过了，齐越老师激动高兴得都要蹦起来了……"①

生活中的齐越是个严谨认真、内心火热的人。李越在她的文章《他的声音使我爱上了广播工作》中提道："齐越同志外表冷峻，内心滚烫，关心他人比关心自己还多。我敬重这样的老同志、老党员。这使我也进一步懂得了所谓'文如其人'，他的播音正像他的为人。他正直、坦诚，对祖国、对人民有满腔的热情，有无限的爱；他的播音爱憎分明，热情洋溢，充满感染力。"②

"我首先是共产党员，然后才是播音员；首先是党的宣传员，然后才是语言艺术工作者""在话筒前播音，我感到无比自豪""播音三戒：一戒自我表现，二戒随心所欲，三戒千篇一律""不能说的是'一朵花'，做的是'豆腐渣'""生活是我创作的源泉，脱离了人民群众的生活实践，我的播音就会成为无本之木，无源之水""我是中国人民的播音员，中国共产党的播音员。我传达的是中国人民战胜艰难险阻走向胜利的声音，我传达的是中国共产党堂堂正正的真理之声。我以此引为自豪"……齐越质朴纯粹又发人深省的声音始终陪伴着播音主持高等教育事业的发展。

播音主持高等教育在前人的思想启蒙基础上，逐步展开了基础建设工作。

四、周殿福——"艺术语言发声基础"

周殿福，1910年出生于北京，著名语言学家，中国科学院语言研究所研究员，主要从事汉语语音学研究工作。著有《声母和韵母》（上海教育出版

---

① 本书作者对陈雅丽的访谈，2019。
② 杨沙林.用生命播音的人——忆齐越［M］.北京：中国广播电视出版社，1999：235.

社，1960 年）、《普通话发音图谱》（商务印书馆，1963 年）、《艺术语言发声基础》（中国社会科学出版社，1980 年）、《国际音标自学手册》（商务印书馆，1985 年）。1990 年在北京去世。

中国播音学理论体系中，不少关于语音发声的概念、方法，都是在播音专业教师跟随周殿福学习时所作笔记的基础上改造出来的。

1963 年北京广播学院中文播音专业成立后不久，张颂、徐恒、王璐等青年教师坚持跟随周殿福、良小楼（联珠快书、京韵大鼓表演艺术家）学习。周殿福是权威语音学家，发音清晰准确，教学中他不仅帮助青年教师调整语音和口齿，还鼓励播音专业形成自己的独立理论体系。

1980 年 5 月，他的理论著作《艺术语言发声基础》一书由中国社会科学出版社出版。这部著作包括以下几个部分：演员必须学好普通话、用好拼音字母；发音器官的构造、功能和运用；要练好每个元音和辅音；字音结构和如何念好字母；普通话里的轻音和艺术语言里的"吃字"；普通话里的"儿化"韵和曲艺里的"小辙儿"；重音和重音的处理；语言的停顿和艺术语言的"气口儿"；语调和朗诵；话剧语言和电影语言。周殿福的这本书不仅涉及语音、气息、吐字，还包括部分情感运动和表达的相关内容。

据北京广播学院早期播音专业教师王璐回忆："我 1958 年留校任教后深感自己在基础理论方面的不足，校方派我去参加由教育部和中国科学院语言研究所主办的'全国语音研习班'，系统学习了语言学和语音学课程，并拜当时中国科学院语言研究所的周殿福先生为师，学习'艺术语言'。我跟随周先生参加他们对那时演艺界出现的艺术嗓音问题展开的讨论，也不时约见一些嗓音出现毛病的歌唱演员、话剧演员、戏剧演员共同诊断，提供医学诊治和嗓音训练方面的指导。这些活动打开了我的眼界，积累了知识。"[1]

据徐恒回忆："周殿福老师给中国传统的音韵学作了比较科学的解释，尤其是在吐字发声方面功不可没。就是他把字头、字腹、字尾，还有传统发声里头的'通口'概念科学化了。此外他还编了一些练习材料，让大家跟他练习。"[2]

---

[1] 中国传媒大学播音主持艺术学院对王璐的访谈，2010。
[2] 中国传媒大学播音主持艺术学院对徐恒的访谈，2010。

五、马尔方——"培养学生'一专多能'"

马尔方，中国播音主持高等教育创始人之一。1926 年出生于哈尔滨。1947 年在东北参军，参加过平津战役。1950 年，从中南局四野调入中南广播电台播音组从事播音工作，并担任播音组组长。1952 年底调入中央人民广播电台，历任播音员、播音部副主任等职。1963 年正式调入北京广播学院。1984 年离休。

1959 年，周恩来总理为北京广播学院特批了 30 个招生名额，由马尔方负责在高中生中以测试普通话的名义选拔播音员。因为正值暑假，学生并不容易找到，马尔方、徐恒等一行人跑遍了全北京的学校才选到了 100 多人。由于当时的政审十分严格，从 100 多人中选拔合格的 30 人并不容易。而这最终的 30 个人是从 1960 年 1 月开始培养，直到 6 月份总共半年时间，便去中央台工作了。可以说，1963 年之前的播音员培养主要还是一种短期培训。这种短期培训的教学形式也是灌输式的、速成型的。

那一时期的招生，进展并不顺利。用马尔方的话说："去高中招生人家说你是捣乱；大学生毕业分到了中央台，都不愿意当播音员……当时的学生对播音持有偏见，觉得播音就是会说话即可，把播音员叫'播音员儿'……我们以检查普通话的名义开展招生工作，有的学生坚持不来。在分配到中央台的大学生中选拔，同样有人闹情绪……当时的人都不愿意来，这些人都是'哄'来的，他们都说我是骗子。"① 就在这样困难的条件下，马尔方还是招来了后来成为播音艺术家的雅坤、夏青、虹云、铁城、徐曼、丁然、赵培、金峰、吕大渝等。后来，马尔方想出了"在大学广播站的学生中选拔"的办法。在中央台和北京师范大学的联欢会上，马尔方做出了一个影响整个中国播音主持教育事业的重大选择——选中了 1959 年大学毕业的张颂。

早期承担播音教学任务的，除了马尔方、徐恒、王璐，就是中央台播音部的一线播音员。齐越、夏青、葛兰、林如等，都曾到北京广播学院授课。当时的教学已经形成了大课与小课结合的形式。

虽然这种培训只有半年的教学时间，学校也还没有成型的教学系统，但是这些教师就是用"老的带年轻的""一对一""老师讲，学生记"的方法，

---

① 中国传媒大学播音主持艺术学院对马尔方的访谈，2010。

给播音专业教学打下了一些课程基础。

当时的专业课程中以小课居多。通常一个小课组6—7人，一共四组。马尔方主张"以小课为主"。而大课主要依靠中央台播音员授课，教学内容多是实践经验总结。

1963年，以北京广播学院开始招收播音专业大专生为标志，播音主持高等教育开始了。由于"文化大革命"的临近，1963级学生学制虽是三年，但只上了两年就提前毕业分配了，1964级也同样受到了影响。

虽然高等教育一开始并不顺利，但这一时期还是培养了吴郁、李钢、解如光、孔剑清、常亮、王泰兴等人。马尔方还从中央台调来了张颂、徐恒这两位后来对中国播音学学科理论和播音主持高等教育作出巨大贡献的功臣。

1977年之后，播音主持高等教育获得了前所未见的发展机会。在招生工作上，马尔方采取了"主动出击"的策略，亲自奔赴全国各地开展工作。而当时，社会上对播音工作的理解有了很大改变，更多的人愿意加入到这个行业中来。声音、语音、表达、文化水平，成为了当时播音专业招生的主要要求。"文化水平对于播音员来说十分重要，理解不了稿件是没办法表达的，而对声音的选择要'百花齐放'，只要有特点，能理解、能播音、能表达就可以。"①

专业教学中，马尔方非常强调"一专多能""采编播合一"，也十分重视教学设施的完善与先进。"教学单位各种设施都应该是先进的，我们才能赶得上形势。我早就主张要有一个播音馆，应该是比电台、电视台还要好的播音馆，能录音，能录像，没有这些，没办法教学生。"②

这些在今天看来非常基础、简单而又熟悉的招生要求、教学形式和教育理念，实则充满了理性的光辉和前瞻的眼光。

六、徐恒——"'控制'和'自如'的协调统一"

徐恒，中国播音主持高等教育创始人之一。1926年出生于北京，南开大学物理专业毕业。1948年底，作为天津人民广播首批播音员进入天津新华广播电台，历任播音员、第一任播音组组长等职。1954年至1957年，调任中

---

① 中国传媒大学播音主持艺术学院对马尔方的访谈，2010。
② 中国传媒大学播音主持艺术学院对马尔方的访谈，2010。

央人民广播电台，曾任播音组组长。

本书第一章中曾经提到，20世纪50年代，中央人民广播电台播音组总结经验形成的五篇代表性文章之一——《播音员和播音工作》，就是时任播音组组长的徐恒负责执笔撰写的。这是一篇浓缩中央台播音组集体智慧的文章。文章主要论述了播音员应该具备的条件（高度的政治和文化素养、口音准确、声音好、掌握语言规律）、培养播音员的方法（掌握不同体裁稿件的播读语气、组织文艺作品朗诵训练、组织播音练声和呼吸训练、注意因人而异、启发思考和防止单纯模仿、组织经验交流、不断丰富播音员的生活知识）、训练新播音员应注意的问题（正确理解播音工作的意义和地位、新播音员要有试用期、业务练习由浅入深）、播音组的思想领导和日常管理工作（帮助播音员树立事业心、对播音员进行思想教育、播音组的工作制度、播音员的规律生活、安排播音班次和全组工作时应注意的问题、对待听众来信要严肃认真）等。这些带有历史痕迹的生动文字，很容易让人真切感受到当年热情似火的播音员们热烈讨论的场面。

文章在"严肃认真地对待听众来信"一段中提道："中央台播音组有专人处理听众来信，来信、复信都要经播音组负责人审阅，并有专人定期收集、登记编辑的监听意见。为了更好地使听众来信和编辑的意见对工作起推动作用，有时把一些信件和意见在全组会上朗读或发表在墙报上。在批评一个同志播音中的缺点或差错时，选读来信说明在听众中造成的不良影响。"①

播音员们严谨认真、精益求精、一丝不苟的"整理听众来信和编辑意见"工作和对新播音员的培养经验，不仅使播音工作日趋完善，还给未来播音教育理论的形成打下了基础。

曾任北京广播学院播音系党总支书记的张景绪在访谈中提道："中央台当时有听众联系部，那时候非常重视第一线的反馈，听众的反馈。中央台播了一个稿子，播了一个内容，影响非常大。哪个播得怎么样，这些反馈中都能总结出来一些东西，甚至是理论，这些宝贵的经验应该说都可以作为咱们教育理论的基础。尤其让我印象比较深的是听众来信，一天一麻袋、两麻袋的听众来信，当时中央台听众来信组有挺多的人就做这个工作，那就是从第

---

① 李越．播音导论［M］．北京：北京广播学院出版社，1992：124.

一线来的，很宝贵的。这实际上也给咱们播音教育增加了很多很宝贵的内容。"①

这些播音员业务总结、听众来信、编辑意见的汇集充实了播音教育理论，全国各个台的优秀稿件也被收集整理汇入播音专业的训练教材中。

"我印象里比如说那时候齐越、夏青、葛兰、林田他们都播得很好。他们的听众来信，听众来信组看了以后都要写总结，写完都往播音部、总编室送的。应该说通过总结，丰富和提高了培训这方面专业人才的理论。教材方面他们也总结，他们也讨论，包括训练材料。"②

1957 年至 1960 年，徐恒在河北天津人民广播电台（1958 年至 1967 年天津由中央直辖市改为河北省省会）担任播音工作。1960 年调入北京广播学院播音专业任教，著有《播音发声学》（北京广播学院出版社，1985 年），这是中国播音发声学领域最早的权威著作和教材。

徐恒 1960 年调入北京广播学院时，在新闻系语音组担任语音教研组组长，负责语音学的教学工作。但是大学时代学习物理专业的徐恒，对语音学是非常陌生的。

徐恒请来中国戏曲学校（1978 年改为中国戏曲学院）、中央戏剧学院、北京电影学院的台词教师，还有广播说唱团的说唱演员，一起为学生们讲授吐字发声相关课程。

由于当时没有完整的理论体系，这些教师不仅要上大课，还都承担了小课"带学生"的任务。"除了教这个班之外，我们还给新闻系的编采专业上语音课。那时候还没什么理论，我一边招生，一边看大学语文教材的语音部分，一遍一遍跟着王璐老师学国际音标，可以说是现学现卖。"③

那个时期，徐恒、王璐一起跟随中国科学院周殿福、北京电影学院吴清学习吐字发声。"文化大革命"时期，"工农兵学员"由地方直接推荐上大学。他们来自全国各地，语音状况各异，当时的教学主要集中在矫正语音上。钻研语音发声学理论成为徐恒的主要工作。虽然有些"工农兵学员"因为不具备条件而转了专业，但也涌现出了陈刚、张慧等优秀的学生。

---

① 本书作者对张景绪的访谈，2019。
② 本书作者对张景绪的访谈，2019。
③ 中国传媒大学播音主持艺术学院对徐恒的访谈，2010。

据徐恒回忆："北京广播学院开设中文播音专业之后，除了张颂、毕征，还调来了李越，播音专业的教师队伍渐渐壮大，教学慢慢步入正轨。"①

谈到将吐字发声作为一门学问去研究，徐恒说："比方说当时的英语播音员，有的人播 20 分钟嗓子就哑了，还有人播音喘大气，还没有播完一句话就喘上了；也有人播音的时候声音都在嗓子里，任何厚重一些的情感都出不来。这样的情况不练声是不行的。不管是学戏剧的、学戏曲的，还是学电影的都需要练声。我们带学生练声的时候强调胸腹联合呼吸，强调嘴上的喷口，强调以字带声，这些练习当时都有。"②

徐恒在参观上海电影译制厂的配音工作中发现，声音不大却也可以情绪饱满，而且情绪的变化也可以非常清楚。于是她提出了声音弹性的概念。

徐恒的丈夫是中央音乐学院的提琴专业教师。受他在提琴教学中的启发，徐恒提出了控制性和自如性的关系。"播音员不能没有一点控制性。真正的好演员，不管唱戏的也好，话剧的也好，气息运用得都非常出色，控制得非常好。口腔也是一样，没有一定的控制性，或者有字头没字尾，都开着口的，那听着会非常别扭。但没有自如性的话，表达能力也会大打折扣。所以二者要协调统一才行。"③

繁忙而又充满思考的教学中，徐恒发现，播音发声需要研究的内容还有很多。离休后，她在家中才开始一边写作一边练习地完成了《播音发声学》。这本 1985 年出版，只有 160 页的薄书，从播音发声的物理基础及心理基础、气息控制、喉部控制、共鸣控制、口腔控制，直到声音弹性，逻辑清晰，字字凝练。应该说时代恰好在这个时候遇到了徐恒，赋予了她这样一个使命，也正是她这样一个文理兼修的人，才最终完成了这样一本对于播音主持高等教育有着重大意义的理论著作。

七、王璐——"教学要因人而异"

王璐，中国播音主持高等教育创始人之一。1958 年毕业于北京广播专科学校，后留校任教。她的主要著作有《语言艺术发声概论》（哈尔滨工业大

---

① 中国传媒大学播音主持艺术学院对徐恒的访谈，2010。
② 中国传媒大学播音主持艺术学院对徐恒的访谈，2010。
③ 中国传媒大学播音主持艺术学院对徐恒的访谈，2010。

学出版社，1990 年）、《播音员主持人训练手册——语音发声》（北京广播学院出版社，1998 年）。其中，《播音员主持人训练手册——语音发声》发行超过 20 万册，是最畅销的播音主持训练教材之一。

王璐留校任教后，学校曾派她参加教育部和中国科学院语言研究所主办的"全国语音研习班"，并拜周殿福先生为师，系统学习语言学和语音学课程。

1961 年至 1965 年，北京有一个跨学科的"艺术嗓音研究小组"，成员包括徐荫祥（时任同仁医院副院长，我国著名耳鼻咽喉科专家）、王湘（时任中央音乐学院声乐教授）、冯葆富（时任中央音乐学院嗓音研究中心主任）、杨和钧（时任北京友谊医院耳鼻喉科主任），还有语言学家周殿福。王璐跟随周殿福学习了专业知识，积累了大量的实践经验，掌握了很多科学有效的方法。

后来，王璐还到北京电影学院听语言技巧课，到中央戏剧学院上台词课。由此她开始对舞台语言有了系统的认识，同时也学会了很多训练学生的方法。也是在这个时期，她还拜广播说唱团赵玉明为师学习单弦，拜马增芬为师学唱西河大鼓。

通过学习，她发现这些曲艺说唱艺术的一些练习方法，很适合运用到播音专业吐字归音和气息控制的训练中。因为这些艺术都是说重于唱，即便是唱也十分接近自然语言的音域和声区。气息运用都是均匀流畅且有深度的。唱的时候以口腔共鸣为主，胸腔共鸣为辅，出声有力，吐字有分量。她认为这种唱的方式同样可以辅助播音专业的基本功训练。

王璐还从民族音乐家王迪那里学唱"琴歌"。琴歌，即抚琴而歌，是诗词和音乐结合的统一体，以唱为主，琴起辅助作用。由于琴歌训练可以使气息随情而变，让声音更富弹性，达到声情并茂之目的，王璐认为播音专业可以借鉴这种方式训练学生将吐字发声和情感表达联结起来。同时，这些学习也让她深深地意识到训练吐字归音的价值和意义。

据浙江传媒学院播音专业教师廖炎回忆："她的教学是极富特点的，因为我比较过其他教这门课的老师，尤其是在语言的技能性和丰富性上。王璐老师自身掌握很多戏剧和戏曲的这种吐字发声规律的研究，她把这些融入播音的吐字发声教学中。包括我们那个时候唱大鼓词儿，等等。后来我们会发现她建立的是什么？是我们的声音使用与我们民族在传播中习惯于接受的那些方式之间的直接关系。形成这样一种联系在我们的血液之中，或者说在专业素养之中。其他老师也会一点，只是没有王璐老师会得那么多。这些丰富的方法、经验，是王璐老师的教学特色。而且王璐老师对我的影响非常大，也算是入学之后的启蒙老师。"①

王璐认为，《播音员主持人训练手册——语音发声》这本书的特点是"切合实际"。播音专业最基础的基本功是"吐字发声"和"气息控制"。这本书就是专门围绕这两个内容展开训练的。书中不仅仅论述训练的目的和要求，更重要的是给出了达到目的要求的具体途径，也就是解决方法。书中，王璐将她的"涉猎广泛""融会贯通"淋漓尽致地展现了出来。她为了要求学生"声情并茂""以情带声""情声气结合"，专门亲自演唱《大海啊故乡》附在书中。

在语音发声教学阶段，王璐发现练声对于播音专业的学生和老师来说是异常重要的。"在练声的过程中，一方面可以解决自己的问题，另一方面，我还有一个想法，但凡给学生的练习材料，在给他们之前我自己都先练一遍。就像针灸大夫在自己的身上扎一下。我扎过针了，在我身上有用了，我才用在学生身上。我们不能乱给别人开药方，针对不同的人、不同方言区的人，要根据他们的特点制订练习计划，要因人而异。"②

关于嗓音保护，王璐也传承了时任同仁医院副院长、我国著名耳鼻咽喉科专家徐荫祥的方法——淡盐水漱口。按照徐荫祥的说法，声带就像两个牛皮筋，不能受太多刺激，用药多了也不好，用淡盐水漱口，不仅保护嗓子祛除炎症，还可以预防感冒。另一个方法就是用热的绿茶熏蒸嗓子，保持嗓子湿润、不干燥，尽量避免或减少咽炎的出现。这些方法已然在播音专业中一代一代地流传下来了。

八、其他重要人物的多维补充

这一时期，除了梅益、左荧、齐越、夏青、李兵、张洛等，还有地方台的众多播音员，都参与到播音业务的经验总结和理论探讨中，直接或间接地影响着播音主持高等教育的发展。

----

① 本书作者对廖炎的访谈，2019。
② 中国传媒大学播音主持艺术学院对王璐的访谈，2010。

此外，还有连阔如发表的《怎样说评书》、孙敬修的《先和同志们谈谈心》《对象感杂谈》等，从传统说书艺人、演播人、故事专家的角度，谈了关于有声语言表达的看法。

香港著名配音艺术家冯雪锐也曾谈到，自己在北京汇文第一小学就读时印象最为深刻的就是作为图画课老师的孙敬修给同学们讲故事。这也成了冯雪锐语言创作观念的最初启蒙。

吴弘毅曾提道："我们很多播音员在表达过程中始终注意口语化、人性化，在'容易接受上'做了很多努力。比如孙敬修讲故事，很口语、很亲切、很有内容、很有可听性。包括过去的对农村广播中由技术员讲解的一些农村用电常识和农药使用常识，都是很口语化的。"①

曾任中国传媒大学播音主持艺术学院党总支书记的马桂芬也提道："大课请社会各方面的老师来，比如说孙敬修爷爷也给我们上过课。他讲对象感，我记忆特别深刻，他说的'交流就是把文字语言转化成有声语言，而播音呢，就像把幻灯片变成动画片让它动起来、活起来'。我们体会特别深。"②

虽然孙敬修、农村广播中的技术员不能算严格意义上的播音员，但他们都在那一时期从事过有声语言传播工作，其经验和形式都或多或少地给播音工作以启示。

总之，这些来自姊妹语言艺术的内容和观点，从侧面为播音学研究提供了有力补充。

在"文化大革命"时期，播音学和播音教育在艰难中仍然有些许进步。北京广播学院1974级"工农兵学员"班的同学们集体创作了一本名为《为革命播音——献给基层广播站播音员》的理论著作。据马桂芬回忆："这本书是我们班编写的。当时好像因为排版之类的原因没有出版。书里包括稿件的准备、话筒前播出等很多内容。我们编这本书的时候分了两个小组一块儿讨论，分配谁执笔，然后大家各抒己见。这就是专门给县级广播站写的，有点像那种论文似的，前面有简单的小理论。我们那会儿积极性也特别高，大家天天在一块儿讨论，讨论出大纲，然后围绕着大纲进行写作。主要也是那

---

① 中国传媒大学播音主持艺术学院对吴弘毅的访谈，2010。
② 本书作者对马桂芬的访谈，2019。

时候没有理论，我们也是根据老师教的内容汇总的。"① "这本书在行文上有一个很大的特点，就是具有鲜明的'文革'烙印……这本书却有着比较完备的理论体系，以及较为科学、客观的理论总结。"②

第二节　播音主持高等教育的学科奠定

1977 年，伴随着高考制度的恢复，播音专业也重新开始招生。1980 年，播音专业由专科升为本科。播音主持高等教育迎来了蓬勃发展的大好时机，中国播音学学科也在接下来的 20 多年中最终奠定。

一、张颂——"人活着要立得住，要顶天立地"

张颂，中国播音主持高等教育创始人之一，中国传媒大学播音主持艺术学院教授、博士生导师。1936 年出生于河北省易县。1959 年毕业于北京师范大学中文系，后分配到中央人民广播电台从事播音工作。1963 年调到北京广播学院新闻系播音专业任教。2012 年在北京去世。

他是国家级教学名师，中国播音界泰斗，中国播音学学科奠基人，也是北京广播学院播音主持艺术学院第一任院长，第一位播音专业博士生导师。

无论是学科理论建设，还是教育理念创造，张颂的贡献都是巨大且空前的。

中国传媒大学播音专业教师陈晓鸥在访谈中提道："我特别敬重和佩服张颂老师。虽然张老师自己很谦虚地说他只是把大家的经验总结归纳了一下，但是哪有那么容易啊！理论体系的建立，并且不断地补充和丰富，拓展我们视野的学术广度，拓展播音技巧的学理深度，把播音提升到理论的层面和高度，至少我肯定做不到。是张老师给了我们后辈这碗饭吃……播音只谈技术是不行的，那样的话'匠气十足'。张老师不断地开辟播音学术的视野和天地，让有声语言工作者的内心越来越强大，感受越来越丰富，对自己的

---

① 本书作者对马桂芬的访谈，2019。
② 郑伟. 张颂谈播音学术发展源流［J］. 现代传播，2013（2）：138.

位置、方向、目标、最高任务更加明确，才能知道如何运用技巧。"①

在 1979 年召开的全国播音基础教材研讨会上，张颂的《播音创作基础》（此时是还未出版的内部材料）获得了一致的认同和肯定。

这本书中已经论及"播音的正确创作道路""播音风格""播音表达规律"等内容。这本书作为内部材料使用时期曾用《播音基础》命名，1985年出版时依然沿用这一书名，直到 1990 年再版时才改为现在的名称。这本书是中国播音学的核心理论，同时也是播音主持高等教育最重要的教材之一。这本书搭建的理论体系和架构，更是中国播音学学科的专业支柱。

也是在这本书中，张颂提道："我们应该有一部《中国播音学》，它包括：播音发声学、播音创作基础、播音文体业务、播音心理学、播音美学和播音教学法。在附录中，包括一套练习材料，包括一套录音唱片。"②

1982 年 1 月，张颂发表题为《研究播音理论是一项紧迫的任务》的文章。这篇文章搭建起了播音理论研究的框架。从这时起，全面发展的播音学研究拉开了序幕。紧接着，张颂在 1983 年出版了专著《朗读学》，针对有声语言之于文字语言的再创作，论及其基本要求、流程和规律，以朗读为基础和出发点，建构起了播音创作基础理论的基本框架。

张颂在《中国播音学发展简史》中提道："这本书以朗读的独特性为基础所进行的建立学科体系的理论努力，事实上成为了中国播音学学科建设的前奏。"③

1984 年，张颂担任北京广播学院播音系系主任和硕士生导师。1987 年，中国广播电视学会播音学研究委员会成立，张颂担任常务副会长。

1990 年，张颂与乔实合著的《论播音艺术》出版。这本书是一部关于1979 年至 1989 年中国播音历史的论文集。"这本书在播音基本规律、表达技巧方面做了精辟的论述，在求得社会共识，建立中国播音学方面做了开拓性的阐述，是一部很有价值的广播电视播音研究论著。"④

除了理论著作，张颂对行业一线实践现象的研究与观点也为中国播音学

---

① 本书作者对陈晓鸥的访谈，2019。
② 张颂. 播音创作基础：第一版［M］. 北京：北京广播学院出版社，1990：151.
③ 张颂. 中国播音学发展简史［J］. 媒介研究，2007（2）：60.
④ 马玉坤，高国庆. 张颂学术年谱［M］. 北京：九州出版社，2018：297.

的社会影响贡献了智慧和力量。"播音涵盖主持""'播'新闻和'说'新闻的辨析"引发的学界、业界大讨论，关于"有稿和无稿的播音员两大基本功"，等等，无不彰显着理论奠基人的辩证思考和殚精竭虑。

1994年，规模宏大，囊括四编四十章总计66万字，由张颂主编集体创作完成的《中国播音学》正式出版，宣告了一个具有中国特色的新兴学科的诞生。这本书也是该学科理论体系由产生到最终形成并日趋成熟的典型标志。

同年，为学术论战而生的《播音语言通论》出版。这本书为回应当时引起轰动的"播音员与主持人关系大讨论"而来，又创造性地提出了"语感通悟"的终极目标，可以说是继《中国播音学》之后播音理论研究的又一力作。

1996年，北京广播学院播音主持艺术学院成立，张颂被聘为第一任院长。1999年，张颂担任博士研究生导师，成为第一位播音专业的博导。

以2000年为节点，张颂还出版了自己的论文集《语言传播文论》。

通过他的不懈努力，中国播音学终于搭建起了以播音为核心，涵盖广播电视语言传播、播音主持理论、大众传播和人际传播关系三大子系统的理论框架，为中国播音学学科的后续发展奠定了坚实的基础，也为中国播音主持高等教育的兴盛带来了重大生机和澎湃动力。

除了著作，张颂的性格品质、观点旨趣也都为后辈教师和学生所津津乐道。

中国传媒大学播音专业教师祁芃曾经提道："我特别感谢张颂老师的支持。当年我写《播音主持心理学》时要以播音创造中的想象为主题进行论述。当时张颂老师已经有成体系的研究了，并以'情景再现'为题在《播音创作基础》中进行了阐述。我觉得我说的这些不全是情景再现方面的内容。我就跟张老师商量能否不按照咱们这个教学系统来讲情景再现。我想把这个叫作想象，又怕和咱们的教学系统拧巴。张老师说你怎么想就按照你自己的想法去写。所以才使我没有任何的框框，按照我的想法一气呵成写了出来。我能写出我的观点和张老师的支持与放手是分不开的。"①

谈到理论概念时，张颂强调："从'播'到'说'，这个概念是不对的，

---

① 中国传媒大学播音主持艺术学院对祁芃的访谈，2010。

都是'播'，现在社会上有一个趋势，以为贴近受众就是要跟平常说话一样。这是完全错误的。我要说得美，说得精彩！还要视语境的差异来'说'。比如'举头望明月，低头思故乡'，你只能去诵，有人用'说'，不行吗？可以啊，'举头望明月，低头思故乡'（以大白话的方式）有意思吗？要考虑'说'的这种形式适合什么内容。"①

谈起教学，张颂会异常兴奋地说："其实我的乐趣就在于讲堂……这辈子最大的爱好就是登讲台……我特别喜欢和同学们座谈，大的问题不一定能解决，起码可以尽我的绵薄之力。"②

谈到当今学生面对的现实情况时，张颂总会表露出关切和担忧。"现在的学生很幸运，能够生活在这样的社会，这样的环境，又有这样的条件和资质，但是现在压力太大，学生的主要压力就在于理想和现实之间的矛盾。这种矛盾跟简单的就业是两个概念，就业只是谋求生存的手段之一，理想可不是，它是实现价值的一种路径……现在好多考播音主持的学生比较浮躁，老看见名人的光环，没看到背后付出的艰苦，这需要大力普及正确的观念……也有不少学生觉得有好声音、好长相就能出镜出声，而现在的社会又恰恰营造了这样的氛围，让学生以为'一举成名天下知，成名之后知天下'，认为'成名之后什么都懂了'……另外，也不要过于看重分数。即便在学校得了很高的分数，到了工作岗位上还能得这么高的、甚至满分吗？这里的高分可能在工作上都不及格，所以不用过于看重这种分数，意义不大，包括高考的分数我都不是很看重。要告诉学生们你们站在同一起跑线上，不管你是600分进来的还是460分进来的，同一起跑线，从今天开始没有高低。不要因为高考考了600分就觉得了不起，当然也不能因为自己专业成绩好而高考只有400多分还洋洋得意。要理性、客观、积极、乐观地看待分数。"③

谈到人生旨趣时，他说："人之所以为人，就是因为会创造、懂审美。不会创造、不懂审美那是懒汉和懦夫……知识分子要有独立的人格、独立的思考、独立的见解，要经受得住'考验'，要自尊自强，有尊严地活着……

---

① 中国传媒大学播音主持艺术学院对张颂的访谈，2010。
② 中国传媒大学播音主持艺术学院对张颂的访谈，2010。
③ 中国传媒大学播音主持艺术学院对张颂的访谈，2010。

人活着要立得住，要顶天立地。"①

张颂的安贫乐道、志趣所向、自得其乐和呕心沥血、百折不挠、严于律己，既为后人树立了难以逾越的丰碑，又为后世唱响了催人奋进的凯歌。

二、吴郁——"播音员、主持人要坚持先进文化的品位和格调"

吴郁，中国传媒大学播音主持艺术学院教授，硕士生导师。1945 年生人。北京广播学院新闻系中文播音专业 1963 级校友（中国播音主持高等教育第一批学生）。1965 年毕业后到中国人民解放军福建前线广播电台从事播音工作。1979 年 11 月回母校任教，主讲主持人节目概论、电视播音与主持、节目主持、广播电视语言传播、播音基础理论、节目主持艺术研究等课程。2020 年在北京去世。

吴郁的主要教学和研究方向是播音基础理论、节目主持艺术。截至 2000 年，她的主要著作有《节目主持艺术探》（北京广播学院出版社，1997 年）和《主持人的语言艺术》（北京广播学院出版社，1999 年）。此外她还编写了《播音学简明教程》（北京广播学院出版社，1988 年）。

从教期间，她潜心致力于播音主持艺术的理论研究，始终站在学术的前沿阵地引领播音教育事业的发展。她在各类专业学术期刊上发表论文近 50 篇，其中刊登在《中国电视报》2000 年第 11 期第 10 版的《以平常心看主持人》，获得中国广播电视新闻奖年度报刊评论一等奖；刊登在《播音主持艺术 1》的《我看"说新闻"》，获得第七届全国广播电视优秀学术论文一等奖。

可以说，吴郁是除张颂外，播音主持高等教育在专业学科奠定时期的另一位重量级学术代表人物。尤其是在主持人研究领域，她的学术贡献完善了中国播音学的学科理论体系，为播音主持高等教育的发展添上重要一翼。

张颂的《播音创作基础》曾经既是理论著作又是专业教材，是中国播音学的核心理论。吴郁 1988 年主编出版的《播音学简明教程》，可以说是播音学理论大典的精缩实用版。这本书不仅可以指导播音员、主持人的业务实践，为记者、编辑提供工作辅助，还在各类社会人员的口语交际中发挥作用，打下了播音学扎根、拓展社会语用的基础。

---

① 中国传媒大学播音主持艺术学院对张颂的访谈，2010。

20世纪80年代开始，对"主持人"和"主持人节目"的分析、探讨、争论从未停止过。吴郁从那时起就一直关注这一研究领域。"她是最先关注节目主持人概念和课题的研究人员之一。"①

她的《主持人的语言艺术》一书，从节目主持人的语境、节目主持人的语言风格、语境中的主体和语用规则、主持人语言的分类研究、主持人节目语体特征、主持人的语言功力、电视节目主持人的休态语艺术等方面，论述了主持人的语言艺术，也对新闻评论类、谈话类、文艺娱乐类等节目主持人的语言艺术进行了分类研究。

时任广电部副部长的刘习良，曾高度评价吴郁和她的这本专著："显然，这不是一本应景之作，而是苦心孤诣的研究成果……她这本著作不说是为节目主持人语言艺术研究填补了空白吧，也是为这个研究领域增添了一本有分量的专著。"②

吴郁在教学中是公认的"循循善诱"型教师，但当她说到自己观点时态度又是十分严肃认真的："对于播音主持工作而言，我们首先是党的新闻工作者，其次才是语言艺术工作者。播音与艺术有千丝万缕的联系，但是所有节目，还有播音员和主持人，都应该注重把握正确的舆论方向，必须坚持先进文化的品位和格调。"③

吴郁十分强调教育教学中新闻素养的培育："首先我们就是要有上乘的新闻播报水准。在新闻播音这一块儿，我们拥有特别成熟宝贵的经验，包括基础的播音发声、内部和外部技巧的运用等。但是仅仅有这个是肯定不够的。还要对经过记者和编辑之手的新闻成品有机敏、深入的理解，对新闻的核心传播价值有准确、深刻的把握。除此之外，还要培养背景联系、整合内容的工作能力。最后要培养演播室沟通和形成观点、准确表达的能力，乃至作为国际大台必要的外语能力和国际眼光。"④

播音主持艺术高等教育的逐步形成，凝聚了大批教育工作者、科研人员、一线工作者的心血。包括齐越、马尔方、徐恒、王璐、张颂、毕征、李

① 吴郁. 主持人的语言艺术［M］. 北京：北京广播学院出版社，1999：1.
② 吴郁. 主持人的语言艺术［M］. 北京：北京广播学院出版社，1999：1–2.
③ 中国传媒大学播音主持艺术学院对吴郁的访谈，2010。
④ 中国传媒大学播音主持艺术学院对吴郁的访谈，2010。

越、吴郁、李钢、陆茜、祁芃、蔡乃雅、张慧、杜青、白龙、张景绪、王克瑞、赵秀环、高蕴英、陈雅丽、吴弘毅、姚喜双、马桂芬、付程、李晓华、马玉坤、陈京生、鲁景超、罗莉、曾志华、卢静、唐朝、陈晓鸥、柴璠、赵俐等；陈醇、关山、张仲年、孙祖平、吴洪林、厉震林、宋怀强、陈茂林、糜曾、刘宁、贾幻真、赵兵、赵国斌、唐群、贾宁、宋秀兰、董传亮、韩菊、林鸿、张群妹、沈鹏飞、武安、金重建、邱蔚、朱力、布凤英、于舸、李德付、张玉良、刘力军、张晓燕、廖炎、尚咏梅、陆锡初、壮春雨、徐德仁、苏宝华、应天常、俞虹、曹可凡、王群等；丁然、马青雄、方明、刘述、宋世雄、林田、林如、张之、张振东、夏青、铁城、徐曼、章虹、葛兰、路虹、汪良、敬一丹、李瑞英等。正是他们的辛苦付出、坚持不懈，让播音主持高等教育稳步发展。

第六章

社会合力作用下播音主持高等教育的
群雄并起

第一节　社会合力推动群雄并起

历史合力论告诉我们，每一个历史事件、历史现象都可以看作多股社会力量共同作用的综合表现结果。20 世纪 80 年代后播音主持高等教育群雄并起的局面，也正是在社会合力推动下逐渐形成的。

从 1980 年开始，播音主持高等教育持续快速发展。这种快速发展之所以用"群雄并起"而不是"百花齐放"来形容，是因为截止到 2000 年，开设播音与主持艺术专业的高校也只有几所。但这已经打破了全国只有北京广播学院一所院校开设该专业的"独苗"局面。和 2000 年之后相比，这几所院校的快速发展，还算是稳健且扎实的。

一、"独苗"局面逐渐打破

（一）"群雄并起"取代"一枝独秀"

1984 年，浙江广播电视专科学校成立，主要培养中专学历专业人才。1994 年该校更名为浙江广播电视高等专科学校，也就是广电部计划中的第二所专业高校。该校主要针对地市级相关单位培养高级专门人才。2000 年 2 月，该校划转由浙江省管理。该校建校初期就设置了播音专业，培养学制两年的中等专业人才。1994 年该校升级为大专之后，播音主持高等教育呈现出了"北有北广，南有浙广"的态势。

1983 年，广播电视部在山西太原开办了华北广播电视学校，主要培养影视动画、录音艺术、摄像和广播电视技术人才，学制为二到三年。1990 年，经上级批准，以华北广播电视学校为基础，建立了广播电影电视部管理干部学院。这所高校是当时全国唯一的单独设置的广播影视类成人高等院校。2000 年 9 月，该校划转由山西省管理。同年，该校开始招收播音与主持艺术专业大专生，跻身播音主持高等教育的队伍。

　　1945 年建校的上海戏剧学院（1945 年学校名称是上海市市立实验戏剧学校），于 1995 年开始招收电视编辑（主持人与采访）专业学生，并于同年 9 月成立电视艺术系，致力于节目主持人的培养。张仲年、孙祖平负责最初的筹建工作。与其他院校不同的是，上海戏剧学院的电视艺术系致力于培养节目主持人，并以表演专业为基础建立起一套富有特色的课程体系，也较为创新地提出了一些概念、理念和观点。该专业还被列入上海市第一类特色专业。上海戏剧学院电视艺术系，是我国最早设置独立的主持专业并培养具有本科学历节目主持人的院系，多年来培养了董卿、陈蓉、吉雪萍、周瑾、朱桢、王冠等一批优秀的节目主持人。

　　1993 年，作为培养德智体全面发展、具有较高素质和技能的国际通用型女性人才的特色院校，天津师范大学国际女子学院在天津成立。学院创办之初开设了播音主持、艺术设计、国际经贸、现代家政四个专业。该院播音专业由著名播音员关山牵头组织开设，1994 年招收大专学生，1997年升为本科，是全国继北京广播学院之后第二个培养播音专业本科生的高等院校。

　　1993 年，山东艺术学院开设播音主持专业（两年制专科），成为山东省最早开设该专业的高校（该校 2004 年开始招收播音与主持艺术专业四年制本科生，2015 年开始招收播音与主持艺术方向硕士研究生）。

　　1996 年，四川师范大学电影电视学院设立播音主持系。该系下设播音主持、双语播音主持、播音主持出镜记者三个方向，招收本科生和专科生。该院培养出了中央电视台李佳明、施丹，湖南卫视谢娜、杨乐乐，凤凰卫视黄橙子等一批优秀节目主持人。

　　1998 年，徐州师范大学（2011 年更名为江苏师范大学）语言科学与艺术学院开始招收播音语言学方向研究生，是继北京广播学院之后全国第二家招收播音方向研究生的院校（该校 2015 年开始招收播音与主持艺术专业四年制本科生）。

1999 年，中华女子学院艺术系开办播音与主持艺术专业大专班（该校播音与主持艺术专业 2007 年升为本科，2015 年并入文化传播学院汉语国际教育系）。

2000 年之前，以上这几所是开设播音主持相关专业的最有代表性的高校。虽然这时播音主持高等教育依然主要依靠广播电视系统内部高校开办，但是各类院校依托自身学科优势争相开设该专业的势头已然初露端倪。北京广播学院"一枝独秀"的景象开始被"群雄并起"所取代。这也预示着一个多学科、多层次、多规格的播音主持高等教育网络即将形成。

20 世纪 90 年代开始，广播电视步入了多频道阶段，对播音员、主持人的需求也进入了多元化时代。从中央到地方，各个电台、电视台纷纷开设各种类型的节目，一时间岗位需求突然增大，原本的几所培养播音员、主持人的院校供不应求。不少法律、经济、中文、戏曲、音乐、舞蹈，甚至理工科背景的非播音科班主持人脱颖而出。这也激发了各个院校从不同的领域研究播音主持艺术并培养相关人才的愿望。于是，越来越多的高等院校开始跃跃欲试，摩拳擦掌。

（二）专业探讨增多，教学研究加深

"群雄并起"让更多的人加入播音主持高等教育的队伍。关于专业的探讨逐渐增多并且观点、理念变得多样，教学的研究也愈发深入。

1. 关于"主持人"的学校培养

在全国播音界享有"南陈北关"盛誉的陈醇，为浙江广播电视高等专科学校播音专业的建立作出了巨大贡献。作为"浙广"播音专业兼职教授的他，一直认为节目主持人不适合学校专门培养。理由是，主持人和播音员并不一样，"并不是先有主持人再定节目"，而是节目的设置"决定了需要什么样的主持人"，或者说是节目把具有基本主持素质和语言能力的人"培养成了拥有该档节目相关知识的主持人"。他认为，节目主持往往因为其节目拥有内容、属性、形式的特殊性而"对主持岗位的素质要求存在明显的不确定性"。这种"不确定性"会导致"教学上必然出现很多无法解决的问题"。陈醇认为节目主持人的培养应该是根据节目的需要进行选拔，并且"在固定岗位以后的节目进程中进行有针对性的培养"①。

上海戏剧学院主持系专业教师吴洪林认为"电视节目主持人是社会表演家"。他在教学上"借助审美表演的方法和手段"训练学生的"社会表演"，同时"借助镜头进行传播学的教授"，力求将主持人塑造成"沟通达人、传播高手"。他认为研究任何艺术的创作主体，都要分析其"文本样态"，提出"半文本的腹稿创作"和"无文本的喉稿创作"是主持人的文本样态。② 以此为基础，上海戏剧学院开设了主持艺术概论、节目比较评析、自选节目读解、演播言语组织、演播空间处理、主持节目创作等主持人培养的相关课程。

戏剧学院培养主持人在当时也引起了较为广泛的热议。争论的焦点主要集中在"主持人培养过程中是否应该开设表演课""主持人学了表演之后是否会在主持时'演戏'"，等等。上海戏剧学院主持人专业的创建者之一张仲年认为，这些争议是混淆了"表演"和"表演课"的概念。他曾在《赋予自己的观念以自己的形式——首届电视节目主持人本科班办班放谈》一文中强调："我们开设表演课，进行表演训练，并不表明我们赞同'主持人是表演者'或'无角色表演'的观点，也不说明我们同意'主持人不是表演者'的论断……表演课的主要任务是解放学生的身心，使学生当众或在镜头前能放松自如，建立自信……表演课帮助学生建立跟文学思维不同的动作思维……我们的意图是让学生拓展内心情感世界，让他对自我有更多更深的识别……我们并不要求别的院校培养主持人的时候也必须开设表演课。我们是在进行探索。如果我们跟着别人亦步亦趋，那么永远也不可能达到现有的成果。"③

事实上，对于"主持人学校培养"的种种观点和争论，都是基于主持人的定义和定位而生。

上海戏剧学院对"主持人"的定义是："从传播层面讲，主持人是在节目文本样态的现场演播和现场驾驭中呈现出'传必求通'与'串能激活'的

---

① 鲁连显，陈少波．走出误区 把握将来——访著名播音艺术家陈醇［J］．浙江广播电视高等专科学校学报，1996（Z1）：12.

② 本书作者对吴洪林的访谈，2018。

③ 张仲年，孙祖平．赋予自己的观念以自己的形式——首届电视节目主持人本科班办班放谈［J］．戏剧艺术，1999（6）：34－35.

创作者；从艺术层面讲，主持人是以'我'的方式出现在镜头与话筒前，为受众准备并驾驭一档固定节目的'演播主人'。"①

　　上海戏剧学院对"主持人创作方式"的定义是："以全方位的主持意识，从独特形态感的节目稿出发，用最佳的演播状态，走进节目主持人的整体形象。"②

　　这些定义提出了不少崭新的理念，也重新解读了一些基本的概念。上海戏剧学院也正是在坚持这些定义的基础上，走出了一条主持人培养的特色路线。

　　张颂对"主持"和"节目主持人"的定义分别是：以有声语言驾驭节目进程，以有声语言为主干或主线"出头露面"驾驭节目进程的人。他特别强调了主持人的四个"必须"：必须在节目之中，必须"出头露面"，必须驾驭节目进程，必须以有声语言为主干或主线。③ 由此可以看出，主持人岗位是设定在节目之中的，而学校的专业教学大多通过"拟态环境"进行专业训练。二者之间必然有相似也有不同。然而，我们对"主持人学校培养"的理解是有偏颇的。主持是多样的，但播音也不是单一的。播音也好，主持也罢，其高校专业教育的核心应该是语言功力的培养。打好专业基础，养成学习习惯，形成正确三观，赋予学生适应社会变化的生存能力，这些才是高校教育的职责和担当。而过早、过多地将专业面向的职业需求带入教育过程中，必然限制专业前行的步伐，减弱发展的信心。

　　2. 关于培养学生的"基本功"

　　"南陈北关"的另一位——关山，作为天津师范大学国际女子学院播音主持专业的创始人（1994 年他也被浙江广播电视高等专科学校聘为兼职教授），对播音主持教育提出了很多科学且实用的见解。教学中，关山十分重视学生专业"基本功"的培养。他认为专业"基本功"的培养包括很多方

---

① 本书作者对吴洪林的访谈，2018。
② 张仲年，孙祖平. 赋予自己的观念以自己的形式——首届电视节目主持人本科班办班放谈［J］. 戏剧艺术，1999（6）：36.
③ 张颂. 播音语言通论——危机与对策：第三版［M］. 北京：中国传媒大学出版社，2012：75 – 78.

面，既有政治素养的提高，也有语言功力的锤炼和声音意识的形成。①

陈醇也力主学校应该坚定走"学院派"的路，加强基本功的训练，培养学生正确的创作意识，掌握科学的创作方法，教学中要抓住基础环节。

在这一点上，大多数老师们的观点是一致的。

"要让学生明确学习语音发声这些基础内容是为了什么。要先打下扎实的基础，具备自如运用声音的能力，才能去适应将来工作中多样化的要求，扎实掌握并灵活运用自己的各种用声方式和表达样态以应对任何节目、任何情况……在思想上有了清醒的认识，再去看待自己的学习，会把眼界放得更广阔，会对学习的内容有更深的领悟，而不是仅仅把目光停留在练习的稿件上，像机器完成指定程序一样跟着老师进行发声动作上的练习，不知道这样做的目的和结果是什么。"②

"我觉得这就像盖楼房似的，地基打好了这楼房就稳，地基打不好可能就会出现问题。那么播音员、主持人的'地基'是什么呢？最根本的就是气息控制和吐字发声了。"③

但就基本功课程的课时比重却有不同的声音。浙江广播电视高等专科学校的李德付认为，学生在学校的专业学习必须要有"强化训练的过程"。不能因为所有知识"要么在大课讲了，要么在小课说了"，学生就都"已经完全掌握了"。"基本功"的培养是需要大量、刻苦甚至是"简单、机械"的训练的，必须通过"强化训练"才能达到"巩固的目的"。即便这种方式带有"小农经济式的传艺"特点，那也比"耽误时间强得多"。④

但是，主讲播音业务课程的吴郁有这样的矛盾："有时候我觉得至少普通话语音这样的基础课没有必要占那么多课时，因为基本功里面用气发声训练的时候就可以把普通话的东西揉到里面去讲。比如说在大课里也同样可以讲，但尽量不要占用太多课时。不过我也比较矛盾，如果招收的学生这方面有比较好的基础，有比较好的入门条件那就不用整天纠正气息、解决吐字无

---

① 关山. 努力提高广播电视播音员和节目主持人的素质［J］. 浙江广播电视高等专科学校学报，1996（Z1）：16－19.

② 中国传媒大学播音主持艺术学院对李钢的访谈，2010。

③ 中国传媒大学播音主持艺术学院对王璐的访谈，2010。

④ 李德付. 对播音教学法的思考［J］. 浙江广播电视高等专科学校学报，1995（1）：46.

力等问题。但现在扩大招生后，有些学生语感很不好，很多学生连普通话都不过关。总之，我的观点是应该尽量有成效地压缩基础课，提高成材率。否则如果这种课程太多，学生会失去兴趣。"①

另外，关山等教师还专门强调应该为学生们"创造集中精力修炼自己的条件"，鼓励学生在读期间苦练专业，安心学习，并且极力反对学生们过早地走向电台、电视台。"特别是第一学年，不应该允许他们去台里'打工'，那样很容易走偏。"②

吴弘毅也曾对这一问题谈过自己的看法。"语音发声这些基础课是学习这个专业最先接触的课程，可以说是启蒙课，但对它的要求在教学中是要贯穿四年的。语言表达修炼的是内功，内功修炼完之后，表现出来是要靠声音形式支撑的。所以在表达的过程中，对于声音的要求是一个无止境的追求过程……不要把播音发声课看作一年级的课，是小儿科的东西，学完之后结业了就再也不管它了……有的学生刚入大学门，学习起来很盲目。不少人在大一这个阶段的学习中并没有投入很大精力，之后就会在大二、大三、临毕业，甚至在工作岗位上再去追问一些播音发声的问题。因为遇到障碍了，声音不支持表达了。可是当初这些都是教过的，就是没学好、没学透，结果还是重复走这一条路。因此，学生学习也好，老师教学也好，都要重视第一学年的基础培养，而且这些要求应该贯穿始终。"③

3. 关于"采编播合一"

20 世纪 80 年代初，主持人和主持人节目开始出现。业界和学界除了对主持人概念、播音员与主持人异同展开了广泛讨论，还针对主持人培养的目标提出了"采编播合一"的要求。从 20 世纪 80 年代初直到今天，这一话题似乎从未停止过。究其原因，除了对主持人"无所不能""近乎理想化"的想象以外，也有因时、因地、因条件的具体客观情况。

张颂曾在《关于一专多能的思考》（《现代传播》1998 年第 3 期）一文中提道："50 年代，我国的县级广播站，播音员不但要播音，还要采访、写

---

① 中国传媒大学播音主持艺术学院对吴郁的访谈，2010。
② 关山. 努力提高广播电视播音员和节目主持人的素质 [J]. 浙江广播电视高等专科学校学报，1996（Z1）：18.
③ 中国传媒大学播音主持艺术学院对吴弘毅的访谈，2010。

稿、编节目、值机、放音、当会计、当出纳、当会议记录员、当招待员……到现在也还有，真是'合一'到无以复加的地步了。"① 由此可见，新中国成立初期的广大县级广播播音员早就有了"采编播合一"的工作实际。而这么做，并不是因为他们"学富五车""十项全能"，而是因为工作条件所限。

早在 1951 年，左荧在《从"编播合一"谈到播音应该专业化》（《广播通报》第 2 卷第 1 期）一文中提道："'编播合一'是在怎样的情况下提出来的呢? 总括起来，不外三种情况。一种是干部不足，多半是编辑人员不够……另一种情况是干部质量不高……第三种情况就是播音人员不安心、闹情绪，看不起播音工作，说播音工作只是一种单纯的技术工作，没有前途。"② 但是几个地方台试行的结果却不令人满意。"好处是个别水准比较高的播音人员在政治上得到了提高，编播人员之间的隔阂相对减少了，播音员比较安心工作了，适当解决了编播干部不足的困难……缺点是播音工作的水平显著降低了。错误和事故普遍增多了，播音制度废弛了，播音技术不讲求了……相形之下，作为培养播音员的方法而提出来的'编播合一'，显然不但没有提高播音水平，相反倒降低了……我以为，'编播合一'产生的条件，就是不健康的。它是为了补足某种缺陷或者迁就某种不良现象而产生的。因此这种办法它本身就给播音人员指示了一条不正确的道路。"③

广东新会县广播站刊登在《现代传播》1984 年第 1 期的文章——《实行采编播合一，提高广播宣传质量》中提道："从县级广播站的实际出发，自办节目要实行采编播合一。"④ 对于县级台来说，在宣传任务重、人手紧缺的情况下，实行"采编播合一"是解决现实困难的最佳方法。

对于一个播音员、主持人或者一个岗位来说，拥有"采编播合一"的能力固然是好事。这不仅可以让播音员、主持人更加熟悉稿件，更有真切感受，还能更多走出播音间、演播室从而更多接触受众。"播音员应该经常到

---

① 张颂. 播音主持艺术论［M］. 北京：中国传媒大学出版社，2009：13.
② 赵玉明. 风范长存——左荧纪念文集［M］. 北京：中国传媒大学出版社，2005：15.
③ 赵玉明. 风范长存——左荧纪念文集［M］. 北京：中国传媒大学出版社，2005：16.
④ 新会县广播站. 实行采编播合一　提高广播宣传质量［J］. 现代传播，1984（1）：99 - 101.

现场去采访，这是一个锻炼，没有用你采写的东西都没关系，起码你懂得了编辑、采访是怎么回事。这对播音当然有好处，不能光坐在屋子里练声啊，念稿子啊，这不行。播音员应该比编辑要高。编辑是文字的，不管谁编辑的我们都能表达出来，都能够准确地传给听众。播音员要具备编辑能力，而这样的要求也是为了播音。"①

而实际中，每个人的精力都是有限的，也不太可能苛求"样样精通"。在条件限制的情况下，"采编播合一"带有些许"没办法的办法"的色彩。广播电视传播是一个需要群策群力的工作，寄希望于所有人都能"合一"的想法无疑有些虚妄。况且，不仅仅播音员、主持人想要"合一"，编辑、记者、录音师、化妆师，甚至是出纳和会计，是不是也都可以设想自己"采编播合一"从而取代播音员、主持人的工作呢？

事实上，"集于采访者一身，采访无法深入，集于编辑者一身，编辑难于精致，集于播音员一身，则苦于强化语言功力的实施，疲于奔命而鲜有所获"②。现实中虽不乏这类"合一"的主持人，其中也有凤毛麟角的"成功者"，但这毕竟不能作为统一要求去"绑架"一个专业的培养目标。

对于"采编播合一"，陈醇曾提出过"可以研究，但不敢完全否定"的观点。"我觉得'采编播合一'在某些节目中或对某个人来说完全有可能。如果作为总体要求，要所有的人都做到，我认为不太可能……记者还要分类，跑经济的，跑政法的，不可能不分……对节目而言，想出精品，出高质量的节目，各个环节当然是越专业越好。到医院去看病，如果一个医生说他什么病都能看，恐怕你不敢去找他，而是要找专科专家去治疗吧。"③

这些基于播音主持一线岗位的探讨，直接影响着学校专业教育的方向。特别是对实践性极强的播音主持专业来说，一线探讨的主流意见不仅影响学生的学习愿望，还左右教师坚定教学的信心。专业教育必须有所坚持，有所坚守。

---

① 中国传媒大学播音主持艺术学院对马尔方的访谈，2010。
② 张颂. 播音主持艺术论 [M]. 北京：中国传媒大学出版社，2009：14.
③ 鲁连显，陈少波. 走出误区　把握将来——访著名播音艺术家陈醇 [J]. 浙江广播电视高等专科学校学报，1996（Z1）：12.

陈醇曾提道："我们不能将艺术语言降低到口语的基准上，不能一肯定主持人，就什么都肯定。有一种理论说'现在主持人时代开始了，播音员时代过去了'，就很不科学。如果我们学校的教学也随'风'转，那么正常的、科学的教学便无法进行。"①

在播音专业"群雄并起"的环境下，有些教育者根据自身教学环境的具体情况制定出了"突出实用性""跟紧一线""广学博用"的培养方针，在专业学习的进程中增加大量体现"采编播合一"的课程。笔者认为，这些做法实在有违高等教育致力于"人的全面发展"的朴素理想，而日趋逼近职业培训专注于"速成全能"的培养模式。当然，每个学校都有自己的现实困难，这些做法很多也是出自"求生"的本能。同时这也是"教育市场化"和"专业扩招"带来的问题之一。

广播电视一线用人单位也有一些对高校播音主持教育"不甚满意"的意见。北京人民广播电台播音主持管理部主任张树荣，在2018年11月24日的"播博汇"论坛上提道："我们这个领域只能是前边（一线）要包子，我们给包子，前边（一线）要馒头，我们给馒头，这样我们毕业生的就业率才能高一些。"②

面对这样的要求，除了感谢来自一线的关注和诚恳的建议以外，更应该仔细思考高等教育的目标。

曾任天津师范大学播音与主持艺术系主任的贾宁在访谈中提道："其实这四年关键是打好专业基础……我们播音专业现在是干什么的？是做毛坯的！将来交出去的是基本成型的毛坯，按用人要求稍微加工一下就行了。"③

中国传媒大学中国播音学2017级博士研究生孔亮，在2018年11月24日的"播博汇"论坛上提道："和毕业时成为一个包子或者馒头相比，更希望学生成为发得比较好的面。"④

---

① 鲁连显，陈少波. 走出误区 把握将来——访著名播音艺术家陈醇［J］. 浙江广播电视高等专科学校学报，1996（Z1）：13.

② 曾志华，阎亮，孔亮. 播博汇文论：第一卷［M］. 北京：光明日报出版社，2019：93.

③ 本书作者对贾宁的访谈，2018。

④ 曾志华，阎亮，孔亮. 播博汇文论：第一卷［M］. 北京：光明日报出版社，2019：99.

4. 关于播音专业的教学形式

以"小课"教学为主，"大小课"结合，是北京广播学院播音专业经过若干年的教学实践摸索出的一套行之有效的教学方法。在这一教学方法的具体落实上，一直存在着不同看法。关于这一问题，本书的第七章第二节还会专门详细探讨。

除了上述内容，"群雄并起"还带来了很多教学上的良性变化。比如教材的丰富——浙江广播电视高等专科学校在自身还是中专的时候就已经开始了自编教材的探索。1988 年（办学仅仅四年），播音专业就已经有了本校教师主编的两本讲义。天津师范大学、上海戏剧学院等也都坚持根据自身情况和教学特点自编教材。此外，还有对引入实践教学的重视，对尖子生的重点培养，对提高学生心理素质的关注，等等。

二、群雄并起、良莠不齐

这些学校如果能够依托自身学科优势从不同领域展开教学和科研，对于播音主持高等教育科学体系的建构和完善，也是大有裨益的。但从当时的情况来看，除了上海戏剧学院坚定地从自身优势出发，决心走出一条立足于表演理论的节目主持人培养道路之外，其他院校基本是效仿北京广播学院播音专业的全套教育体系。

当然，兄弟院校模仿行业领军代表的方式方法本无可厚非，如果日后"翅膀硬了"再以此为基础自立门户，也是有利于这一学科的发展和完善的。不巧的是，播音主持高等教育刚刚开始群雄并起，就遇上了由教育产业化思路推行、广电行业蓬勃发展、播音员和节目主持人明星辈出导致的艺考升温的整体大环境。

这里有一个十分重要的核心字——"艺考"中的"艺"字。虽然，播音与主持艺术专业培养出来的播音员和节目主持人首先是新闻工作者，教育工作者也一再强调播音工作的根本属性是新闻性，但是在播音主持专业蓬勃发展的背景下，"艺术"属性在大众的视野中被突然放大。

招生中专业的落脚点是艺术，高考文化分数相对较低，这些现实情况成为该专业拥有巨大吸引力的另一重要因素。大量考生，或怀揣播音主持梦想，或带有侥幸投机心理，趋之若鹜，纷纷涌入播音主持艺考的队伍。由此可见，播音主持高等教育虽然迎来了群雄并起的时代，但也同时拥有良莠不齐的问题。

（一）课程设置混乱，师资力量和教学设施不足

广播电视行业的繁荣发展，让全社会对播音专业的关注度极大提高，这虽然也促进了专业教育的发展，但更重要的是让人们对播音主持行业的预期变得越来越不理性。这种种因素，让播音主持高等教育在根基未稳的情况下获得了快速膨胀的动力。

2000年之前，各个设立播音主持专业的高校招生人数相对合理，但也出现了逐步扩大的趋势。除北京广播学院外，多数学校师资力量都是不足的。有的学校小课组人数已经达到20—30人，"小课"的意义已经荡然无存。而且不少学校的专业课程依托电台、电视台的一线播音员和主持人开设，教材、课程、课时、教学均难以保证。一线播音员、主持人拥有大量实践经验，但这和拥有教学能力、掌握教学规律与理论知识并不是天然一致的。再加上外聘教师通常时间不固定，很容易导致教学和课程顺序混乱，难以保证教学效果，不利于专业的可持续发展。

另外，播音主持高等教育培养的人才相对特殊。教育教学上需要具备足够匹配学生数量的视、听、录、摄的实验实践专业设备和录音棚、录影棚等专业教学环境，专业建设成本相对较高。

从当时的情况看，有的学校拥有一些相关设备和场地，但设备并不先进，也缺乏拥有媒体实践经验的教师；有的学校拥有部分简陋的设备和具有媒体实践经验的来自一线的兼职教师，但又缺乏理论知识丰富、教学能力强的教师；还有的学校这些都不足。由此可见，就事论事地说，这些学校理论上都不具备扩大招生规模的条件，更不用说那些各种条件不及上述这些学校而又准备分一杯羹的其他高校。

（二）理论研究欠缺，教学与科研形成矛盾

虽然播音学理论日趋成熟，但是理论的宽度、深度、广度都还不够，理论的研究仍然是欠缺的。可以说，学科的基础并不扎实，学科的地位也并不稳固，学科的前途也并不如想象中那么美好。

理论研究是播音主持高等教育的重要基石。教师们除了日常繁重的教学工作以外，也要担负艰巨的理论研究任务。教学和科研已经是压在教育工作者身上的"两座大山"。而播音与主持艺术专业特殊的实践性，还给专业教

师带来了业务能力的要求。也就是说，教学、科研、业务，是播音专业教师的三副重担。如何协调好三者的关系，不仅影响到教师的个人发展，更关乎播音主持高等教育的生命力。

另外，上述所说，开设播音主持相关专业的高等院校越来越多，但多数还是借鉴、参考北京广播学院播音系的办学模式与教学大纲。他们分配在理论研究和学科建设上的精力也相当有限。

从当时的情况看，市场需求导致的办学规模扩大已然箭在弦上。但是学生人数越来越多，合格的教师越发不足，而教师对于日常教学都只能疲于应付，又何谈静下心来进行理论的研究和思考呢？高校中，教学与科研本是相辅相成的互助关系，但在这里，却变成了此消彼长、你死我活的矛盾双方了。

学科理论的研究与发展，是基于这一学科的高等教育生存的基础。如果盲目追求市场，高等教育必然沦落到与培训无法区分的地步。如果这一现象出现，那么几代人艰苦奋斗、披荆斩棘换来的播音主持高等教育，轻则浮寄孤悬，重则功亏一篑。

第二节　社会合力带来理论争鸣

在播音主持高等教育的形成期历史中，由于开设相关专业的高校屈指可数，因此关于教育本身的理论探讨不多，"理论争鸣"更是极为罕见。与此同时，播音主持专业实践性突出的特点，以及全社会对播音主持行业的高度关注，使得社会业界的实践现象和理论争鸣对播音主持高等教育产生了极大影响。

一、关于"主持人"的理论争鸣

20 世纪 80 年代初，徐曼的《空中之友》、李一萍的《大众信箱》等主持人节目相继播出。中央电视台沈力的《为您服务》，在 1983 年成为固定主持人节目。1986 年珠江经济广播电台的开播，又将我国广播节目由播音员播音推向主持人主持的时代。这也引发了 1963 年至 2000 年规模最大、关注度最高的，播音学界与业界纷纷参与的一次学术争鸣。

　　这次争鸣缘起于播音员与主持人关系的辩证思考。

　　首先，1988 年，在广州举行的第一届全国广播电视优秀播音作品评选会上，张颂提出"播音员应该涵盖主持人"的观点。紧接着，1989 年广东人民广播电台李东撰写的文章《走出"魔圈"——主持人与播音员语言特征辨析，兼与张颂教授商榷》，先后发表在《岭南视听》和《中国广播电视学刊》（1993 年）。由此，大量学界和业界人士共同展开了一场关于播音员与主持人关系的学术争辩。

　　那一时期，陆锡初的《我国节目主持人的成就及特征》，吴郁的《优势与挑战》，金涛的《节目主持人与播音员的异同》，壮春雨的《主持人优势及其与播音员的联系和区别》，肖晓琳的《我与〈观察思考〉》，还有顾晓枫、王旭东等人的文章，以及张颂作为回应这一争鸣而撰写的理论专著《播音语言通论——危机与对策》，相继发表或出版。《北京广播学院学报》《中国广播电视学刊》《电视研究》《青年新闻圈》《视听界》《中国电视》《新闻战线》等各类学术期刊，为这一时期的学术争鸣提供了阵地。

　　无论是认为"'播音员涵盖主持人'观点有误""播音员和主持人应该区别对待"，还是"主持人远远没有达到与播音员分庭抗礼的程度"，这种争鸣都给播音主持事业和播音主持高等教育的发展带来了可喜的学术环境。

　　1997 年，教育部主管、语言文字应用研究所主办的国家语言学核心期刊《语言文字应用》，其编辑部在国家语委召开了一场关于"主持人语言"的研讨会，专题研讨主持人语言特点，研究怎样提升主持人语言能力和水平的问题。这次研讨会的精髓（包括张颂、吴郁、敬一丹、倪萍、王群、王宇红等人的文章）发表在《语言文字应用》1997 年第 4 期。

　　随后，有关主持人节目和节目主持人的各种著作也相继问世。包括陆锡初的《节目主持人概论》（1991 年）、《节目主持人与新闻》（1992 年）、《主持人节目学教程》（1995 年）、《节目主持艺术通论》（1998 年），壮春雨的《论节目主持人》（1995 年），应天常的《CCTV 节目主持人的艺术和风采》（1995 年）、《节目主持艺术论》（1999 年），俞虹的《节目主持人通论》（1996 年），吴郁的《节目主持艺术探》（1997 年）、《主持人的语言艺术》（1999 年），曹可凡、王群的《节目主持人语言艺术》（1997 年），李德付的《节目语体主持》（1999 年）等。

这次理论和学术争鸣告诉我们，"新闻（政治）""文化"两大属性无论如何交织错综，突出哪一个似乎人们都是可以理解和接受的，但是"艺术"在寻求突破而不得的时候，幸运地找到了"主持人"这一阵地为自己书写辉煌，却遭到了巨大的冲击，引起了空前的争议。

从历史的角度来说，立足当下回望曾经，我们甚至会发现，因为争论产生的条件变化了，20世纪90年代的这场争鸣在当今已经显得意义不大，问题也在历史的进程中和现实发展面前慢慢自行消解了。当然，也有观点将这一争鸣的核心进行了优化和重新解读。曾任北京广播学院播音系党总支书记的王克瑞在访谈中提道："实际上张颂老师的涵盖论强调的是有声语言的基础、语音发声的基础、吐字气息的基础、语言表达的基础，也就是语言功力的刻苦锤炼。从播音员、主持人发展的角度看，这些基础是立业之本。从这个意义上来讲，'涵盖论'是合理的。"①

关于"主持人"的这段学界、业界广泛参与的理论争鸣，虽然是针对播音主持理论和实践的，但它对播音主持高等教育的招生标准、教学目标、课程设置、教学形式等都产生了具有改革意义的深远影响。

二、"播新闻"和"说新闻"

1999年9月，大学时代的笔者作为学生观众，在北京广播学院45周年校庆现场第一次听到"说新闻"这个词。说这句话的人是北京广播学院1989级外语系国际新闻专业校友、凤凰卫视《凤凰早班车》节目主持人——陈鲁豫。她在舞台上发表感言时说："播音系的同学声音好，他们'播'新闻；我没有那么好的声音，但我选择更亲近的方式，'说'新闻。"

自从1998年春天鲁豫的《凤凰早班车》开播后，她的"说新闻"引起了观众很大的兴趣，而后内地一些电台、电视台的新闻节目主持人开始效仿。② 虽然"说新闻"在20世纪90年代末开始盛行并引起诸多探讨，但实际上早在80年代初"主持人"崭露头角之时，这种形式就已经引起了不少人的关注。

---

① 本书作者对王克瑞的访谈，2019。
② 吴郁. 主持人语言表达技巧［M］. 北京：中国广播电视出版社，2011：279.

（一）早期的"说新闻"探索

《北京广播学院学报》1982 年第 4 期上，内蒙古台卓燕生、林雨撰写的《"说新闻"初探》开始探索"说新闻"的由来和依据、"说新闻"的收听对象、"说新闻"的目的及意义等，并根据自己的亲身实践提出了不少有价值的、理性的观点。"从 1981 年 6 月以来，内蒙古台在《对农村牧区广播节目》里安排了'说新闻'的内容，包括'庄户新闻''牧业新闻'等。为了使播音工作能适应这一新形式的要求，我们做了一些初步尝试……首先是稿件提供的条件和内容，内容决定形式……如同其他艺术语言一样，'说新闻'必须从内容出发，新闻稿件如果不按'说新闻'去改写、编排，播音员也很难说起来……'说新闻'虽然注重于'说'，注重于运用接近人民群众口语的语言形式，但新闻语言毕竟不是大白话，所以我们的'说'也不应等于拉家常、聊大天儿，还要注意到播音是艺术语言这一特性……'播新闻'和'说新闻'都是为了把最近发生的事告诉听众，但在稿件分析、思维方式、表达方法上和语调、语气、节奏及对象设计等方面却有着一定的差别。"①

由此可见，对"说新闻"的实践探索和理论总结至少在 20 世纪 80 年代就已经开始。而且从这篇文章可以看出，"说新闻"的概念与实践并不是因为"主持人诞生"才出现的。"主持人"在那一时期属于新生概念，"主持"也可以算一个崭新工作。而广播电视中无论新闻节目还是文艺节目，出声、出图像的都是播音员，这在当时显然已经成了人们思想认识中的常识。于是，当主持人出现在节目中时，人们开始恍惚：主持人做的工作还是"播"吗？是不是在话语样式和表现形式上应该冠以一个新的动词？于是，一个更广泛、更全面、更大的词——"说"，开始强调其狭义内涵（更加日常化的口语）并与"播"并列了起来，成为了一个层面的词汇。实际上，从最大的层面来看，"念""读""播""讲""诵"等都应该归属于"说话"的范畴，只不过是在不同语境、场合下的"说"的样态。

前述第五章曾提到，张颂强调"从'播'到'说'，这个概念是不对的，都是'播'"。② 这一提法显然是在广播电视语言传播语境中，针对播音

①　卓燕生，林雨．"说新闻"初探［J］．北京广播学院学报，1982（4）：49 - 51.
②　中国传媒大学播音主持艺术学院对张颂的访谈，2010。

员、主持人使用的有声语言表达方式下的结论。在这一特定语境中，如果"播"是个被行业广为认可的播音员、主持人使用的创作手段，那么将突出强调生活化、亲近自然的"说"的样子归为"播"的范畴，成为"播"的一种话语样式，也未尝不可。在这一点上，上海戏剧学院的吴洪林提出"主持人是社会表演家"，那么主持人的语言也就很容易被理解为一种"语言表演"，用了"演"这个动词来执行他（她）的工作。从学理争鸣来看，这些说法不能叫"众说纷纭"，而应该是"智者见智"。

20 世纪 80 年代的"说新闻"尝试，要么是完全离开稿件用接近于"聊天"的形式"说"新闻，要么是甩开所谓的"播音腔"以一种"像说话"的样子"说"新闻。前者语言啰唆、重点不清，而且面对时政新闻内容显失庄重；后者"播不是播""说不是说"，不伦不类，装腔作势。在消息语体为主的新闻传播语境中，这两种"说新闻"的形式都与实际需求不相符合，因而这一时期的"说新闻"渐渐式微。

另外，对于消息语体的播报方式，在 20 世纪 50、60 年代，中央人民广播电台播音部就做过"调整、改变"的研讨与尝试。曾任北京广播学院播音系主任的毕征提道："从我 1956 年参加工作就听到包括编辑甚至电台领导说过，新闻播音的样式又平又板，能不能改变一下，更吸引人……1962 年，在中央台党委的批准下搞过一次大的研讨活动，请了说相声的、说评书的、话剧演员、歌唱演员，总而言之，谁有兴趣都行。我记得侯宝林、孙敬修都请来了……我们拿了几条新闻，让大家都按照自己的方式试着播新闻。于是各种状况都出来了，五花八门。这些录音和中央台新闻播音员的播音放在一起让大家听，他们自己听完以后也觉得那样播新闻就不是味儿了。中央台最后还是决定保留原有的播报样式了。"①

张颂在《中国播音学发展论》中也曾提到这次尝试："中央台请了很多人来报新闻，演员报新闻'演员味'，小说家报新闻'小说味'，包括孙敬修老先生也来报新闻，'安徽省啊，有一只大肥猪'是讲故事，不是报新闻。我们就研究为什么他们播不了新闻？因为播报新闻有特殊的要求，首要的是新鲜感，它不是烂熟于心的，而是刚刚收到的东西让你表达，这种新鲜的感觉不是自生的，而是客观环境促使你产生的。马上收到一条消息，往往就有

---

① 中国传媒大学播音主持艺术学院对毕征的访谈，2010。

先睹为快、一吐为快地播报新闻的这样一种要求。"①

由此可见，消息语体的播报方式并不是凭空出现的，而是在具体条件和具体环境下产生的最为贴切、合适的话语样式。

（二）"播"和"说"的激烈交锋

20 世纪 90 年代末的"说新闻"风潮如此剧烈，是因为其代表节目《凤凰早班车》中鲁豫的"说"接近了人们想象中的理想模型或者说最优形式。她对新闻信息的口语化处理并不同于生活口语，去掉了日常的冗杂和啰唆，仍然保持"播报"的简练和准确，但却甩开了以往"播报"严肃的样态，亲切自然、轻松干练。

从 1998 年《凤凰早班车》出现，到本书的研究结点（2000 年）之前，恰好是"播新闻"与"说新闻"探讨最为激烈的时间段。这一时期发表的论文数目众多，这里选择代表性较强的汇总如下：

表 6 – 1　1998 年至 2000 年探讨"播新闻"与"说新闻"的相关论文

论文名称	作者	期刊及时间
从"说"与"播"中看变化	顾湘梅	《视听界》1999 年第 1 期
感受鲁豫和她的"说新闻"	李烨辉	《新闻爱好者》1999 年第 9 期
主持人"说新闻"的三个条件	韩永联	《视听界》1999 年第 5 期
"说"新闻：一种新的演播方式	吕杏生	《电视研究》1999 年第 12 期
电视新闻的"播"与"说"	王瑞英	《电视研究》1999 年第 12 期
"说"新闻：牵一发而动全身	吕杏生	《声屏世界》2000 年第 1 期
"说新闻"探讨	谭敏	《新闻知识》2000 年第 1 期
也谈"说新闻"	曹更安	《声屏世界》2000 年第 2 期
口语化、口语及说新闻	孙文娟	《记者摇篮》2000 年第 2 期
远近褒贬说新闻	朽木	《新闻战线》2000 年第 4 期
"说"新闻：返璞归真的最佳播报形式	韩顺昌	《新闻采编》2000 年第 2 期

① 张颂. 播音主持艺术论 ［M］. 北京：中国传媒大学出版社，2009：256 – 257.

续表

论文名称	作者	期刊及时间
浅论关于"说新闻"的三组关系	唐俊	《新闻大学》2000 年第 2 期
我看"说"新闻	迟名	《电视研究》2000 年第 7 期
浅谈"播"新闻与"说"新闻	卓越	《视听界》2000 年第 4 期
"说新闻"三题——说江苏卫视《晚间播报》	范志军	《新闻战线》2000 年第 9 期
关于"说"新闻的一些认识	李红	《中国广播电视学刊》2000 年第 12 期
"口语化"不等于"说新闻"——浅析"说新闻"的内涵	朱珠	《中国广播电视学刊》2000 年第 9 期

　　这些论文的作者大多来自广播电视播音主持一线，由此可见，"播新闻"与"说新闻"的实践体验引起了广电业界的热烈讨论。无论是行业领导，还是播音员、主持人、记者、编辑，都踊跃投入这场争论中来。其中，有人研究现象，有人深挖根源，有人对比分析，有人预测未来；有理性的分析、认真的思考，也有真实的困惑、激烈的争辩；有人推赞，有人否定，有人观望，可谓精彩纷呈。

　　吴郁发表在《播音主持艺术 1》（北京广播学院出版社，1999 年）中的论文——《我看"说新闻"》，剖析了"说新闻"的前世今生，分析了"说新闻"的表现特征，阐明了"说新闻"的常见误区，指出了"说新闻"的合理归类。这篇文章论述详尽，有理有据，属于播音主持学术界对"说新闻"现象的客观和理性思考，获得了第七届全国广播电视优秀学术论文一等奖。

　　这篇文章概括了消息语体多采用"播报"语言样态的主要原因：消息写作的严谨、书面；受众需求的可信、准确；舆论导向的严肃、清晰。而"说新闻"的根本特色总结为：主持人的个性被融入语言传播中，用"告知"的方式替代了"报告"的方式，对新闻进行分析加工。文章也指出了"说新闻"被盲目夸大后容易出现的误区：片面追求语速快，夸大"口语化""个性化"导致的随意调侃。最后这篇文章也为"说新闻"找到了归属："'说新闻'是新闻播报语言样态'多样化'的种种语言样态当中风格独特的一种。"①

当时，"播新闻"和"说新闻"之争使得广播电视有声语言传播出现了明显的"口语至上"倾向。这里的口语主要是指和书面语相区别的谈话时使用的语言形式。"口语至上"的观点和行动，一度像迷雾一样笼罩着广播电视行业。

此时，张颂连续发表论文《"口语至上"批判》（《现代传播》2000年第1期）、《试论新闻播音的创新空间》（《中国广播电视学刊》2000年第2期）、《关于语言本质的思考》（《现代传播》2000年第1期）、《关于播音标准的思考》（《现代传播》2000年第2期）、《关于贴近受众的思考》（《现代传播》2000年第4期）、《捍卫电视新闻的严肃性，拒绝娱乐化》（《南方电视学刊》2000年第5期）等，深度剖析了"播说之争"带来的种种现象和问题。这也为一年后他提出话语样式的分类做足了铺垫。"我们认为，话语样式只有四大类：宣读式、讲解式、谈话式、朗诵式。每一样式中，又可以分为高雅郑重格调、平实正规格调、通俗活泼格调、消闲随意格调四种样态。综合起来，我们得到了十六种类型或'语体'。"② 从今天看，我们有理由认为，这一分类的提出为"说新闻"的存在及发展找到了学理归宿。

从1963年到2000年的30多年中，上述这两次争鸣可以说是空前的，也很可能是绝后的。这些精彩的理论争鸣，究其原因，都和"主持人"概念的实践现状对理论建构的挑战与冲击有关。然而可惜的是，后续很少再出现类似的争鸣导火索和本源性动力。播音学理论的建设在看似逐渐"完善"的过程中，学者们不争，一线工作者不屑，受众不关心，成了今天的常态。人们对播音主持学科理论现状的漠视，和对播音主持职业的高度关注，形成了鲜明的比照。

---

① 吴郁. 主持人语言表达技巧 [M]. 北京：中国广播电视出版社，2011：286.
② 张颂. 播音主持艺术论 [M]. 北京：中国传媒大学出版社，2009：217.

　　反观今天，人工智能的出现，似乎又一次博得了学界和业界以及部分围观群众的眼球。然而令人失望的是，围观的开心围观，学界和业界的声音确乎少之又少。是大家不屑于争鸣，还是默默接受现实，抑或渐渐缺乏斗志，让人百思不得其解。和专业建设的"群雄并起"相比较，理论建设的"百家争鸣"却是昙花一现。也许理论建设的阵地确实没有什么物质上的刺激和利益上的驱动，让今天越发"现实"的人们"聪明"地略过了。

第七章

社会发展视角中播音主持高等教育规律的探索

研究播音主持高等教育的历史，必然是为了寻求其特点甚至是规律，以期对这一高等教育未来发展提供参考或者指明方向。这就像人们总是试图为过去的事情找到原因从而给未来提供经验教训一样。虽然未来的路不一定会与过往的曾经完全相同，但那蕴含在表面之下的深层牵连，总会或多或少地呈现出来。

第一节　特点和规律释义

一、特点和规律的概念

特点，是人或事物所具有的独特的地方。① 这种独特的地方既可以是事物外在的也可以是内在的属性，既可以表现在外形或形式上，也可以暗含在内容或性质上，通常是容易被感知的和相对稳定的。无论是抽象事物还是具体事物，都可以具有特点。

规律，又称法则，指事物发展过程中的必然联系，由事物内在的基本矛盾决定。只要具备一定条件，不管人们是否承认，都要发生作用。其客观性，既不能人为地创造，也不能人为地消灭。②

---

① 中国社会科学院语言研究所词典编辑室. 现代汉语词典：第六版 ［M］. 北京：商务印书馆，2015：1274.

② 王伯恭. 中国百科大辞典：第三卷 ［M］. 北京：中国大百科全书出版社，2000：1893.

需要特别指出的是，只要拥有了充分且必要的条件，符合规律的现象就会一再出现。因此，人们逐渐认识到，规律是可以反复出现并持续发挥作用的。

自然世界中的万事万物，千奇百怪，五花八门，看似千差万别，实则都有各自内在的各式各样的规律。而这种规律也有多种类型，如自然规律、创作规律、思维规律、生存规律、社会规律、教育规律，等等。

规律具有必然性、普遍性、客观性，相对特点来说，还具有隐蔽性和复杂性。

二、历史规律的挖掘

对于播音主持高等教育来说，找到特点是容易的，挖掘或总结规律相对困难。从认识论上来讲，对历史的认识形式，影响我们对历史规律的认识程度。生活本身让人类在历史的经验过程中产生了规律性认知的条件和实践要求。① 这也是我们总容易陷入"以主观结论解释客观事实"怪圈的原因。

从社会学上来讲，对历史进行解释，包括规律性的解释即历史规律性认知，不仅是对人类社会历史性生活的反映，更是历史性生活的内容本身。它让社会生活呈现出历史性和历史意义，从而让人类成为有历史的人。②

挖掘历史规律，"一个是从历史外在的、表现出来的历史现象上进行研究，寻找规律性，即表现型规律；另一个是将历史归约于特定的社会内部发展进程，在社会的运作机制中寻找社会结构的内部力量或者要素与外部表现之间的关联性，并将这种关联进行一般化，从而对人类社会在历史过程中表现出来的现象进行机制性的解读，即机制型规律……也就是说，一个是表现层，另一个是机制层；一个具有静态研究特征、直观性，另一个具有动态研究特征、理论性。"③

三、立足社会学研究历史的价值

在社会学视域下研究历史是有价值的，不仅仅是学科交叉和学科综合的

---

① 刘华初. 历史规律探究［M］. 北京：人民出版社，2013：110.
② 刘华初. 历史规律探究［M］. 北京：人民出版社，2013：110.
③ 刘华初. 历史规律探究［M］. 北京：人民出版社，2013：111.

问题，而且是给历史研究提供一个新的视角并力争获得新的解释的可能性，让我们更加全面地看待历史。而且社会学的研究方法适用于历史学分析，因为历史研究的标的就是历史进程中的社会。

当然研究历史要拥有连续性的眼光，为历史划分阶段也要看划分方法的科学性和角度，不能孤立地研究某一个特定阶段的历史。本书第二章中曾经提到，与历史学相比，社会学很年轻，但是从社会学视角研究历史不仅可以极大地丰富我们的自我认知，也为历史学提供了很好的规律探索的成功借鉴。例如，研究人类语言的诞生，恩格斯说："这些正在生成中的人，已经达到彼此间不得不说些什么的地步了……语言是从劳动中并和劳动一起产生出来的。"① 伴随这种"不得不说些什么"的强烈愿望，语言诞生了。但是这种诞生显然需要更多的社会条件。从社会学角度来看，早期人类语言能力的发展与其由独居生存到集体合作的变化密不可分。正因为人类意识到，群体生活远远比独居生存的存活率高，可以获得更多的生存机会，所以"集体"开始迅速成长。有了集体必然需要更多的交流沟通，于是社会群体、社会互动等为语言的出现提供了"不得不说些什么"的社会条件。"劳动的发展必然促使社会成员更紧密地互相结合起来，因为劳动的发展使互相支持和共同协作的场合增多了，并且使每个人都清楚地意识到这种共同协作的好处。"②

另外，从当今往回看，我们甚至会发现，许多曾经的争论现在已经显得意义不大甚至毫无意义了。也许是争论产生的条件变化了或者不存在了，也许是争论的问题已经在历史的进程中特别是其他学科的发展成果面前自行消解了。本书提到的那场有关"播音员与主持人关系"的论战，在当时可谓角度众多而且大部分都言之有理。但是到了今天为何人们不再争论这个问题？因为实际情况已经让绝大多数人认为，播音员和主持人真的是两个职业了。无论是学界还是业界，或者广大的受众，在条件改变和现实发展面前，都觉得没有争论的必要了。

从职业属性上看，播音员和节目主持人，除了都是运用有声语言和副语言通过广播电视等平台开展传播工作以外，还分别表现出了不同的职业特

---

① 恩格斯. 自然辩证法［M］. 北京：人民出版社，2018：306.
② 恩格斯. 自然辩证法［M］. 北京：人民出版社，2018：306.

点。两个职业的发展可能还会呈现出完全不同的内在规律。而从教育教学上看，播音与主持艺术专业是一个专业名称，更强调其培养规律的一致性。播音主持可以是一个学科、一个专业名称，但是播音员和主持人作为职业，正明显地朝着两个越来越不同的方向发展下去。这可以看作立足当下的历史认识对曾经的论战进行的规律性解释。

本书的意义也就在于，试图通过研究中国播音主持高等教育形成期的历史，总结、归纳其教育特点，尽力挖掘、寻求、解释其内在的规律。

第二节　播音主持高等教育的特点

一、播音主持高等教育培养目标性强

从播音主持高等教育形成期的历年培养方案来看，1997 年之前，培养方案还都是以散装油印纸的形式印制，文字内容不甚规范，信息也不完整。由此也可以联想到当时办学环境和办学条件的艰苦，当然，也有制定方案的草率和不甚周全。

1998 年之后，培养方案慢慢开始正规，信息内容也逐渐完整和精确。

比对之后不难发现，播音主持高等教育在培养学生上的特点十分突出。和其他人文社科类专业相比，这种特点表现为以下几个方面：播音主持高等教育目标性强，培养目标明确，投入较高，理论与实践结合且实践性更加突出，知识与能力并重且能力更具现实性。

（一）理论与实践结合且实践性更加突出

播音主持高等教育对应的播音与主持工作，是广播电视大众传播的核心环节。播音员、主持人运用有声语言和副语言把节目传达给受众，其工作质量的高低成为传播效果优劣的关键。

1. 播音主持教育不能没有理论

从事播音与主持工作的语言传播人才是在话筒前或镜头前进行播音主持创作的新闻工作者。他们作为电台、电视台和节目创作集体的代表，"出声露面"地为广大受众服务。

　　播音主持工作并不是一种"简单的内容传递"，也不是对文字稿件"机械地翻译"，而是一种创作和创造性的劳动。播音员和主持人的有声语言与副语言，应该是有目的、有内容、有感情、有态度、有对象的创造性作品。这一作品中，融会并体现着创作主体的理想、动机、态度、方法、原则和创作道路。播音主持有其独特的创作规律，这种规律区别于大众传播中的其他环节，也区别于其他语言艺术。认识到了这一点，播音与主持艺术专业才逐渐清晰了学科的专业性，并在此基础上形成和完善了独有的理论体系。

　　因此，从这个意义上来看，播音主持高等教育不是技能培训，更不是职业教育，而是以培养全面发展的人为目标的高等教育事业。教学中，不仅要教会学生播音主持的基本能力，包括语音发声技巧、情感调动与表达技巧、新闻播音技巧、主持访谈技巧等，还要培养学生新闻理想、传播理念、价值观念，以及健全的人格、社会责任感和使命感，等等。

　　因此，理论学习是播音主持高等教育的重要基石。同时，直观的实践属性也让"理论应用于实践"的要求变得更加迫切。

　　2. 理论与实践结合的基础上实践性更加突出

　　和理论相比，播音主持高等教育似乎从来不缺乏对实践的重视。以北京广播学院播音与主持艺术专业为例，不论是本科，还是硕士、博士，其培养方案上专业课程、实践课程占比都是比较大的。

　　以1999年语言学及应用语言学的硕士研究生培养方案为例。当时这一专业中的五个方向，有四个和播音主持相关，分别是①语言传播发声学，②播音主持艺术基础理论，③广播电视播音主持语体研究，④汉语普通话教学与水平测试研究。

　　当时，全脱产硕士研究生的培养时限是三年。该专业硕士研究生必须修满50学分，其中学位课8门30学分（马克思主义理论课2门6学分，外国语2门8学分，专业课与专业基础课4门16学分）；选修课7门以上，至少14学分（必选的方法课与研究方向课2门4学分，任选课5门以上至少10学分）；教学实践2学分；社会调查或实习2学分；学年论文2学分；补修课程没有学分（跨专业或以同等学力考入的研究生，必须补修相关课程）。

　　授课主要采用课堂精讲、讨论、阅读、实践与实验指导等方式。

　　这四个和播音主持相关的硕士研究生课程进程（包括课程和学时学分设置）如下表所示：

表 7-1　1999 年北京广播学院语言学及应用语言学专业硕士生课程表

课程类别		序号	课程名称	学分	学时	适学方向
学位课	马克思主义理论课	1	科学社会主义理论与实践	2	34	①②③④
		2	马克思主义经典著作选读	4	68	①②③④
	第一外语	3	语言基础部分	6	68	①②③④
		4	专业外文资料阅读	2	34	①②③④
	专业与专业基础课	5	汉语语音学	4	68	①②③④
		6	普通语言学	4	68	①②③④
		7	语言传播发声学	4	68	①②③
		8	播音主持艺术创作基础	4	68	①②③
非学位课	必选课 方法课	9	语言学研究方法	2	34	①②③④
		10	实验语音学	2	34	①④
	必选课 研究方向课	11	播音主持艺术风格学	2	34	②
		12	播音主持语体研究	2	34	③
		13	节目主持艺术研究	2	34	③
		14	汉语普通话教学与水平测试研究	2	34	④
		15	汉语普通话概论	2	34	④
		16	心理学	2	34	①②③
		17	美学	2	34	①②③
	任选课	18	传播学概论	2	34	①②③
		19	新闻报道研究	2	34	①②③
		20	广播电视节目制作	2	34	①②③
		21	中外广播电视比较	2	34	①②③
		22	文艺美学	2	34	①②③
		23	现代汉语专题研究	2	34	④
		24	社会语言学概论	2	34	④
		25	语言应用研究	2	34	④
		26	汉语方言研究	2	34	④

课程类别	序号	课程名称	学分	学时	适学方向
必修环节		教学实践	2	4~8周	①②③④
		社会调查或实习	2	12~16周	①②③④
		学年论文	2		①②③④
补修课程		普通话语音语言传播艺术			

由上表可见，对于各个播音相关方向的学生来说，专业课与实践环节内容在全部课程中的比重都非常突出。

同时，我们也应该认识到，因为播音主持专业的实践性很强，教学内容非常接近专业对应的一线需要，所以很多人认为专业教育应该侧重实践技术。这种认识经常让我们陷入培训和教育的理论纠缠中。甚至专业教师中认为播音需要较少或者无需理论的，也大有人在。做培训，重技能，做教育，重育人。单纯的技术培养，技校、中专更加适合，高等教育要面向人格塑造的全局，立足"亲民（新民）"，"止于至善"。

（二）知识与能力并重且能力更具现实性

我国的播音主持高等教育（1963年至2000年），是紧跟着社会进步和广电事业飞速前行而形成的。

和报纸、杂志的文字传播不同，广播电视传播中，播音员和节目主持人的有声语言质量直接影响传播信息和态度的准确度、清晰度，直接影响传播内容和情感的深刻程度、丰富程度，甚至可以直接影响舆论导向和节目品位。

传播效果中的核心——播音员和节目主持人有声语言的质量，主要取决于传播主体的语言功力。语言功力，包括和语言直接相关的感受力、表现力，和思维直接相关的观察力、理解力、思辨力，还有与功能相关的回馈力和调检力等。这里既包括接受、判别、感受、记忆语言信息的能力，也含有理解、加工、深化、转化语言信息的能力。语言功力塑造的核心是语感的培养。

随着社会的进步和发展，人们对语言的本质和功能的认识也在不断地深化。语言不仅是人类思维和交际的工具，同时还是文化的重要载体和突出显现，是人类认识世界和驾驭世界的一种形式。接受文化的培养、感染、教育的过程，就是人社会化的过程。而且在这一过程中，语言的作用是相当巨大的。

播音员和节目主持人的有声语言传播，以"明晰"为核心，让受众"听清字、听懂事、听出味"。有声语言大众传播不能像日常口语那样，仅仅立足于生存空间，而应该在"规范"和"审美"两大空间充分发挥其社会功能，既可以成为国家语言标准和全民学习的范本，又可以在讲求音韵美、意蕴美、意境美、韵律美、风格美的同时，带给受众赏心悦目、愉悦共鸣的美感享受，发挥广播电视大众传播的社会引导功能。

当然，这样的语言功力不是一蹴而就、一步登天的。它既需要文化的积聚和涵养，又需要大量的、长期的、枯燥的、艰苦的训练和实践。认识到这一点，播音主持高等教育，既不能盲目追求"术"（技巧）的训练，也不能抛开"术"的认识单纯追求"道"（理论）的培养。没有"术"的"道"，就像无字的天书，容易陷入空灵和虚无；没有"道"的"术"，又像无魂的躯壳，容易陷入机械和盲目。

因此，播音主持的人才培养，既要重视知识内容的积累、知识结构的建设、观点观念的形成，又要重点锤炼、磨砺学生的语言功力，以及应用理论知识参与实践的意识和能力。和其他人文学科相比，播音主持专业教育的理论更具实践性，其专业能力的培养也更具现实性。

人才的综合素质，是衡量播音主持高等教育成功与否的关键，而文化素质的最终沉淀和表现是人格。高等教育中的素质教育，重点是培养具备创新精神和创新能力的创造型人才。专业能力的培养也是蕴含在素质培养过程中的，并且作为素质培养的结果之一显现出来。

因此，播音主持专业的基本功应该至少包括文化和业务两大方面。而播音主持高等教育也更应重视理论与实践结合，知识与能力并重，共性与个性协调。毕竟，播音主持专业教育培养出来的语言传播工作者，面对庞大复杂的社会人群，必须既具备丰富的知识储备和深厚的文化素养，又拥有精湛的语言能力和强大的综合协调能力。

曾任中国传媒大学播音主持艺术学院副院长的付程，在《播音主持教学法十二讲》中提道："播音与主持艺术专业的教学计划和课程体系应至少包括四个方面的知识结构——稳定的和必需的基础知识，本专业知识，相邻及相关专业的必要知识，必需的自然科学知识。"① 可以肯定地说，这个提法还是比较理性的。有些不具备过硬专业教学条件的学校，在开设播音与主持艺术专业的时候，盲目定义本学科专业培养的是庞大的百科全书式人才，进而导致课程设置涵盖面太大，内容繁多，泛而不专。这种思路表面上看有些道理，多学东西本没什么坏处，但是忽视播音主持教育规律的课程设置，最终会导致人才专业性缺失，专业存在感不足，甚至质疑专业的本源和未来。

（三）播音主持高等教育培养目标明确且投入较高

1. 培养目标十分明确

1998 年，国家对全国的普通高等院校进行学科调整。这次调整中，原属于文学门类下新闻学一级学科的播音专业，被调整到文学门类下艺术学一级学科，并更改专业名称为"播音与主持艺术"，专业代码为"050419 ＊"。

教育部还同时修订并颁布了普通高等学校播音与主持艺术专业规范，专业代码中的"＊"即表示一般控制设置的专业。"控制"的含义应该有两层，一是控制开设此专业的高校数量，一是控制该专业的招生规模。之所以要"一般控制"，就是考虑到播音与主持艺术专业的独特性和高投入性。

播音主持高等教育和一般的文科专业不同，它的教育和培养目标非常明确，这也包括学生毕业后的择业方向相对清晰而单一。当然，这是对于本书研究的 1963 年至 2000 年播音主持高等教育形成期而言的。之所以要控制数量和规模，也是基于广电行业发展对播音员和节目主持人的需求变化而考虑的。

2. 专业建设投入相对较高

播音主持高等教育的实践特殊性，决定了其教学过程需要足够数量的视、听、录、摄的实验实践专业设备和场地，用以保证学生能够在接近一线的真实环境中，展开话筒前和镜头前的训练实践。

从保证教学的基本条件来说，其专业建设投入较大。如果这方面的需求不能得到满足就盲目开设专业，教学将无法顺利开展，教学效果也很难保

① 付程．播音主持教学法十二讲［M］．北京：中国传媒大学出版社，2005：55.

证，对学生和社会都是不负责任的。

同时，在关于播音与主持艺术专业的建设规范中，教育部对该专业所需设备、场地、技术及师资等条件，都作出了明确、详细、具体的规定。因此，一般文科专业那种"一位教师在讲台上授课"的形式无法满足播音主持高等教育的需求。

其实，培养目标明确和教育成本高是一对互相联系的要素。在形成期的历史中，播音主持高等教育直接依赖于广电事业的发展，也直接服务于它。正因如此，其培养目标才相当明确。而其他人文社科专业，专业范围更加宽泛，专业对口相对模糊，比如中文专业，旨在基于中文研究文化，培养目标也并不仅仅是作家、纸媒记者等以文字为主的专业人才。

从播音主持高等教育的专业特点看，既要培养以新闻播报和评论为主的新闻播音类人才，又要培养教育类、服务类、欣赏类、综艺类的节目主持人；既要具备新闻工作者的基本素质，又要刻苦锤炼扎实的语言功力；既需要声音、形象条件和语言表达能力，又需要科学、文化、外语、心理素质等全方位的学习与训练。因此，他们至少拥有"新闻（政治）""文化""艺术"三重属性，播音主持高等教育也具有复杂性和艰巨性的特点。

二、选拔和培养人才对学生依赖性强

选拔和培养过程中对学生依赖性强，是播音主持高等教育的另一较为明显的特点。

播音主持高等教育形成期的历年招生简章和培养方案表现出了类似的特点：都以1997年为界，之前的相对简单、草率，之后日趋完善和精准。

区别于其他人文社科类专业，艺术类教育对学生个体依赖性较强。播音与主持艺术专业立足新闻属性，又具备艺术性的重要属性，二者的交叉更让这一专业高等教育具有了独特的特点。无论是自身条件、学习愿望、理念认同，还是原生家庭、心理机制，都对教育教学的结果起着至关重要的作用。

（一）选拔人才的标准较高

人才培养的第一步是人才选拔。这一工作在播音主持高等教育中占有十分重要的地位。

对于播音与主持艺术专业，高考包括两部分：一个是提前进行的、专门考查专业条件和潜质的艺术专业考试；另一个是高考文化课考试。其中，艺术类专业考试对于该专业来说，是直接关系到未来人才培养质量，关系到播音主持高等教育成败的重中之重。

从恢复高考开始，播音的专业考试就非常严格。当时已经有了"初试和复试"的安排。陆茜曾经提道："1977年，北京广播学院播音面试只有初试。初试过了就可以参加文化课考试。1978年，我们的专业考试就开始比较正规了。你报名来了，就给你分配，哪天初试，在第几教室。分好几天考，一个小教室一个考场。我们认为合格的就参加复试……当时初试并不录音，就是在一个小屋子里，两位老师给学生打分。合格的再排复试时间。复试的时候几名老师一起面试。在以前广院播音的小楼里，五个老师同时考试，一块儿给分。学生先到录音间录音，然后再到录音间外面当面测验，让学生表演个小品什么的。然后汇总五位老师的分数取平均分。复试结束后按高低分排下来，等着文化考试。然后还需要政治部门政审。之后按照业务分、文化分、政审条件排下来，最后党委、校长开一个扩大会，有招生办的，有系里的，我们专业的，还有政治部门的，一起参会，一起探讨'这个学生为什么录取他''那个又是为什么'，要一个一个汇报。"①

专业考试在之后的几十年里愈发严格、科学。大家普遍认识到，明确人才选拔的专业标准是开展播音主持高等教育的前提。当下，这一点已经得到了几乎所有播音教育界人士的认可。那就是，不具备一定专业条件，肯定不适合学习这个专业。正像高考选拔的出发点一样，不具备足够强的解决问题的能力，从事科学研究工作就有很大难度。考试和教育的根本目的，就是普及、提升全民文化水平和精神道德素质，同时又要选拔高精尖人才。

北京广播学院播音专业的人才选拔总原则，概括起来是七个字：有声、上像、内涵深。也曾经有一个时期的原则是：声形俱佳有内涵。有声，涵盖语音面貌、声音条件、感受与表达能力等方面的要求；上像，包括形象、气质、上镜、身材、身高等方面的要求；内涵深，包括综合文化素质等方面的要求。

具体说来，播音专业的人才选拔标准有以下几个方面。

---

① 中国传媒大学播音主持艺术学院对陆茜的访谈，2010。

1. 普通话语音条件

播音与主持艺术专业培养的是汉语普通话播音员和节目主持人，他们的普通话语音对全社会来讲，具有重要的标志、示范、推广、导向、规范、传播和审美作用。

普通话水平共分为三级。其中，一级是最高级，一级甲等是最高水平。要求无论是朗读朗诵还是生活中的自由谈话，都能做到语音语调标准自然，词汇语法准确无误，思维表达自如流畅。

国家语言文字工作委员会、国家教育委员会、广播电影电视部联合颁发的（国语〔1994〕43 号）文件《关于开展普通话水平测试工作的决定》规定：县级以上（含县级）广播电台和电视台的播音员、节目主持人应达到一级水平。①

1997 年，国家语言文字工作委员会发布的《关于普通话水平测试管理工作的若干规定（试行）》中第二十一条指出："国家级和省级广播电台、电视台的播音员和节目主持人，普通话水平必须达到一级甲等。"②

因此，即将学习播音专业的学生，其普通话语音应该是相对标准和规范的，或者是经专业教学与训练后可预期成为标准和规范的。

2. 口齿和声音条件

广播电视大众传播的主要媒介工具是有声语言，这也是播音员、主持人的主要工作手段。即将学习播音专业的学生，需要具备一定的口齿和声音条件。

对口齿的要求主要是整个发音系统运转正常且健康，唇、齿、舌、牙、腭等灵活、准确、有力。吐字清晰，发音到位。

对声音的要求主要是相对动听悦耳、明亮清晰、圆润集中且有一定弹性，呼吸自如，气量适当，各个共鸣腔体运转正常。

当然，这些要求都是相对的。播音专业的招生简章也被特别标注了"发音器官无疾病"的最低要求。

---

① 吴弘毅. 实用播音教程第 1 册普通话语音和播音发声［M］. 北京：北京广播学院出版社，2002：3.

② 中国传媒大学播音主持艺术学院. 播音主持语音与发声［M］. 北京：中国传媒大学出版社，2014：145.

3. 感受和表达能力

即将学习播音专业的学生，应该具备较好的感受和表达能力。主要是指语言的感受和表达能力。

其中，语言的感受能力，是指透过文字语言表面感悟文字语言深层内涵和意味的能力；语言的表达能力，是指对所播和所说的内容能做到有感而发、有动于衷、声情并茂、绘声绘色，具有一定的感染力，并且语言的感受能力和表达能力相统一。

4. 思维和应变能力

即将学习播音专业的学生，还应该具备相对敏锐的思维能力和灵活的应变能力。如通过阅读（包括默读和有声阅读）快速理解文字语言并形之于声的能力；透过事件或者命题快速形成观点并准确、流畅表达的能力，并且言之有物、言之有理为佳。

5. 形象气质和综合文化条件

播音专业的学生，大多数是未来广播电视媒体中的播音员和节目主持人，担当公众形象的社会角色。尤其是对于电视播音员和节目主持人来说，"赏心悦目"也体现了受众的审美期待。因此，播音专业对学生外形条件的要求相对较高，包括形象、举止、气质、身材等。

形象的基本要求是五官端正、上像出众；气质的基本要求是亲切可信、大方自信。在这一点上，上海戏剧学院主持人专业还提出了"眼神和善、纯净、有魅力"的具体要求。①

另外，对身高的要求也从"男生不低于 1.65 米，女生不低于 1.60 米"提高到"男生一般不低于 1.75 米，女生一般不低于 1.65 米"。需要注意的是，虽然身高的要求不断增加，但也加入了"一般"一词，以示这个要求的相对性。

6. 心理素质条件

还有一点，就是专业面试的瞬时性、偶然性、现场性，对学生的心理素质也有一定的要求。不少学生本身条件出众，但临场会因为紧张导致无法正常发挥，成绩也由此受到影响。这一看似偶然的因素，对播音专业来说却也

---

① 张仲年，孙祖平. 赋予自己的观念以自己的形式——首届电视节目主持人本科班办班放谈［J］. 戏剧艺术，1999（6）：32.

属于考查的范围。不过专业面试的目的，不是要考住、难住学生，而是希望发掘他们身上的潜力，选拔出其中合格的人才并最终培养成优秀的毕业生。

关于这个问题，祁芃曾经提道："我们在专业面试时要解决的问题，其实就是人才选拔标准的问题。除了先天的声音、口腔构造、感受力、表现力、想象、气质等条件外，我觉得学生的心理素质因素在人才遴选过程中占据了重要的位置……每年考试都会遇到这种情况，有些孩子天生就很活泼，什么都不怕，遇到各种场合不怯阵。还有的是一个同学陪着另一个同学来考，结果那个被陪的同学没考上，陪着来的同学考上了。这说明心理素质很重要……我在进行播音心理学的研究中注意到运动员也有这方面的要求，相关部门在挑运动员的时候往往会注重他的心理承受能力怎么样，这个很关键。如果一点小事他就承受不住，甚至在思想上背上了包袱就很不好。有很多运动员明明是被寄予厚望的，结果关键的时候他就不行了。"①

播音主持虽然不像运动竞技那样带有强烈的竞争性和荣誉压力，但其工作环境和形式具有突出的现场性、瞬时性、仪式性、公众性。因此，良好和稳定的心理素质就显得至关重要。

"有不少学生在参加面试时没有意识到自己心理素质的问题，但是老师能感觉到。所以我们一直认为面试的时候，心理素质也应该被当成一个考查的方面……报考播音主持专业的考生来自全国各地，面试的时候老师是第一次和学生见面，再加上面试时间的有限性和不具备相关的条件，所以不可能测试得很全面，把这个方面作为一个因素注意一下就可以了……这全靠教师的相关经验和洞察力。最早在招生时并没有注意考生心理素质这一要素，后来才开始注意，是一步一步加强的。"②

播音与主持艺术专业的专业考试，还要通过各项考查办法对学生的综合文化素质、可持续发展的专业潜质与可塑性、可教性作出判断。

当然，这样的要求和条件也让播音专业的学生特点鲜明且突出。张景绪在访谈中提道："我跟文编系的田晶老师一起过去的（播音专业），就是1979年的时候。刚开始我做办公室主任，后来接任了总支书记。我在去播音专业之前也在学校里听到有一些反映，就是说播音专业的学生不那么踏实，比较

---

① 中国传媒大学播音主持艺术学院对祁芃的访谈，2010。
② 中国传媒大学播音主持艺术学院对祁芃的访谈，2010。

浮躁，比较爱玩……我从 1980 年到 1992 年一直在做这个工作，从日常管理、学习生活到毕业实习、毕业分配，因此对学生们比较了解。那些外单位、外系反映的咱们学生身上存在的问题，也跟咱们的学生考来要参考的专业条件有关。普通话、形象、声音等，当然也有文化分数。但毕竟是特殊专业，分数不太高。还有咱们的学生有时候上课不那么太严格……我记得当班主任的时候会在学生上课时到教室看一看，我一看有空位子好几个就会到学生宿舍去找。确实有同学就不上课，找一些理由，但是我得尽责，我也不怕得罪他们，我就说不行，必须得上课。我退休之后，同学们再聚会的时候告诉我说，同学们把我叫'马列老太太'。就是可能有一些不太适合当时年轻人的想法吧，但是我自己感觉做的是对的，所以还是坚持地去做了。"①

（二）选拔标准具有相对性和主观性

当然，个人专业条件必须是相对的，太苛刻的要求或者一味地强调个人专业条件只会导致人才选拔困难和专业教育意义的动摇。

"考官对考生也有很大的影响。在考场里，考官老师应该'帮'着学生考好。老师和学生不是对立的双方，而是和谐的两方。我们的目的不是要把学生考住，而是要让他们更好地展示自己，这样选拔出来的人才作为原始材料来说，品质才会高。老师一旦有了这种心理定位，学生也就放松了……比如，学生在考试中有语音错误，应该告诉学生，让他知道自己错在哪里。然后，考官老师可以给学生做一些示范，再让学生模仿，如果他（她）能模仿得很好，就可以认为这个考生的语音错误是能纠正的，是有培养潜力的。不能因为一个轻微的错误就放弃了一块好'材料'。"②

由此可见，专业面试不同于文化课笔试，艺术类专业也不同于普通类专业，选拔和培养的方式都有各自的特点。对专业条件的考查也是相对灵活并带有一定主观色彩的。

另外，选拔标准的相对性也体现在学生的专业条件存在不同的方向。"我们一直在强调'以人为本'，学生的专业条件也有个性，每个人特长不一样。上大学之后虽然基础理论学的都是相同的，但是专业条件是有差异的，教学中对于学生的个性必须得把握。有的孩子可能侧重体育，那就让他多练

---

①　本书作者对张景绪的访谈，2019。
②　中国传媒大学播音主持艺术学院对李钢的访谈，2010。

练体育解说；有的孩子可能侧重文艺，唱得挺好的，那就在这方面多联系有声语言学习。所以后来招生就有了专业分方向，新闻方向，综艺方向，等等。"①

有部分声音指出，播音主持高等教育，依赖的只是学生个体的天赋条件和高校为其搭建的平台机会，和专业教育的关系不大。在这里笔者必须强调，播音主持专业教育虽然对学生个体条件依赖性强，但学生个体专业条件只是这门专业教育最终结果的必要条件，而非充分条件。

另外，之所以特别强调专业条件，也是因为播音与主持艺术专业的人才挑选，属于选拔性考试，而非合格性。也就是说，不具备一定的素质条件，是不适合学习这个专业的。这也和一个事实相关——早期播音主持教育主要服务于广播电视行业，而其对播音员、主持人的需求是有限的并且是有条件的。

从这个意义上来讲，播音主持高等教育选拔合适而优秀的人才，与对其进行悉心而精准的培养，都很重要。

（三）文化成绩的要求缓步提升

相比对专业和政治条件的重视，招生选拔时对"文化"成绩的关照确实来得比较晚。

陆茜曾经提道："1977 年的招生，我们到北京市各个区去招，进行口试。那时候文化课就是语文、外语、政治，都是我们自己出题。先是面试，面试通过了就参加文化课考试，文化课是学校自己出题和阅卷……当时的招生都是分省计划名额的，一个省也就招两三个。主要是看政治条件和业务条件。那时候播音专业是一级保密的。政治条件比业务条件还要紧。业务条件就是看学生的普通话和表达。当时也给考生些稿子，和他谈话什么的。看他声音条件怎么样，理解怎么样……对文化成绩的要求不高，大概就是，如果当时考试全国要求分数线是 500 分，播音的呢，也就是 200 分就可以上了。后来逐年提高了。"②

据浙江传媒学院播音专业教师（北京广播学院播音系 1980 级校友）廖炎回忆："文化课是由学校单独出试卷，和高考几乎没关系。语文就是考专

---

① 本书作者对马桂芬的访谈，2019。
② 中国传媒大学播音主持艺术学院对陆茜的访谈，2010。

业需要的文化常识，很近似现在的大综合试卷。外语是不计成绩只作参考。政治是单列的。一共三大项，政治、语文（大综合）、外语。其中外语是只参考不计成绩，但是要考。大综合卷子是非常难的。难到什么程度？如果不关心广播电视，不关心媒体，很多题是根本不可能答上来的。"①

据《张颂学术年谱》记载，1977级、1978级、1979级、1980级播音专业招生均未参加全国统一文化课考试，而是在专业面试之后，由北京广播学院自主命题"政治"和"史地"两科笔试。1982年开始，报考播音专业除参加学校组织的专业考试之外，必须参加全国统一高考。

1978年，播音专业就已经明确参照艺术院校的招生办法招收学生。当时，这一规定主要体现在其招收学生的方式中设置了提前面试环节。虽然在相当长的一段时间里，播音专业是按照文化成绩排队录取的，但对文化成绩的要求并不高。20世纪80年代末、90年代初，还曾出现了高考文化成绩不算数学的情况。90年代中后期，对文化成绩的要求越来越高，并且高考成绩的计算是含有数学的。从整个播音主持高等教育形成期来看，播音专业录取的文化分数是缓步提升的。

（四）学习愿望和理念认同对培养过程影响极大

具备良好的专业条件只能说是拥有了学习播音主持专业的基本能力，但专业的学习并非仅靠条件就可以获得综合能力的提升。与其他人文社科或者自然科学类专业不同的是，播音主持专业条件的具体化比起文化成绩的高低更加直观，更加趋近于天赋的概念，给人以更大的信心和优越感。从这一点来说，专业条件出众可以让学习者拥有更大的学习愿望。但是各行各业都一样，都有具备良好条件但是主观意愿极低的案例。天生具备这些条件的人本来就少，而其中的学习愿望不强者，会给人带来更大的遗憾。

据张景绪回忆："播音的招生，按照要求是可以放宽分数限制的。咱们的招生我也参与一些。我们怎么衡量业务水平、文化课以及人的全面发展，这些怎么取舍？无论用什么方式，我是觉得如果学生就是不太爱学习，也就是没有学习习惯是不行的。不管当时成绩好坏，只要肯努力，就比只是爱玩就不学的强。单纯就是不学的，就必须慎重考虑了。"②

---

① 本书作者对廖炎的访谈，2019。
② 本书作者对张景绪的访谈，2019。

　　当然，对教育者来说，更大的失望来自具备专业条件，却因为对专业教学认同感不强而表现出学习愿望不佳。究其表现，一方面是过于看重播音技术，不在乎或者不认同文化素质的提升对专业的影响；另一方面，在播音技术上，不认同语言功力培养的价值，过度强调天赋和条件。

　　社会的整体浮躁，"颜值"概念的诞生和日趋广泛的被认同，整体审美倾向表面化，或出于娱乐精神或出于八卦猎奇而宣传的一夜成名、不劳而获，让年轻的学生们深陷"天赋论""条件论"。这一切让播音主持高等教育陷入了巨大的困境。

　　在越来越强调外在条件的趋势下，包括观察力、理解力、思辨力、感受力、表现力、调检力等在内的语言功力培养逐渐被忽视，难以得到思想意识上的高度认同。

　　实际上，播音主持高等教育对学生个体依赖性较强的特点和对专业主体性的过分重视，也是带来"理念认同"问题的原因之一。专业特殊性、天赋选择性、视听审美性，成为了播音主持高等教育的人才选择指导方向。就像其他艺术行业一样，比如跳舞不能肢体不协调，唱歌不能五音不全，弹琴不能手指短小，播音主持至少不能"声形俱差"。

　　这里依然存在着"艺术"与"文化"的矛盾关系。究竟是文化水平更重要还是艺术条件更重要，这是个矛盾共存的关系。这是因为这个专业对应的岗位太过明确，岗位又具特殊性，才放大了专业条件的重要性。

　　在专业培养目标上，同样面对巨大的理念认同问题。形成期中，有稿和无稿的对待，播音和主持的关系，规范庄重和亲切自然的矛盾，追求个性另类，人际化传播模式，"播"新闻和"说"新闻，"港台腔也是风格""声音和形象没有文化重要"，等等，社会中外行和内行对于专业的各种评价与思考，都影响着学生对专业教学的信心与认同。

　　社会也是高等教育的场所，高校的专业教育只是开端。传媒一线对人才的需求很多时候会影响学生对专业教学理念的认可程度。"台里都不这么播""这么播找不到工作""市场上需要的就是压喉的声音"等等都在冲击着高校的专业教学。不可否认的是，传媒一线作为播音主持专业的最直接对口的社会用人基地，同样兼具着培养人的任务，不应把责任都推卸给高校。中国人民大学新闻学院广播电视系主任高贵武，在2018年11月24日的"播博汇"论坛上说："授人以鱼不如授人以渔，如果高校教育教给学生的是一张打鱼的渔网，那么学生去哪里捕鱼，高校就不用担心了。"①

三、培养过程中教师个人烙印深刻

（一）对教师个人能力要求较高

教师，担负着培养人才的重任。播音与主持艺术专业实践性强，专业理论涉及新闻、语言、艺术等多个学科，对教师也有与其他专业不同的要求。

该专业教师应该具有较强的从事播音主持工作的业务素质、实践经验和能力。教师缺少实践经验，就难以对学生学习过程中产生的问题进行具体分析和示范演示，从而帮助学生改正。

例如，在专业教学的最初时期——语音发声阶段，需要专业教师拥有较强的听辨能力和模仿能力。"对做播音主持教学工作的老师来说，我们总希望他的听辨更精确一点，反应更敏锐一点，鉴赏本身也是一种能力。加强听辨能力的方法就是对比，同时要善于模仿。模仿能力本身就是从听辨开始训练和提升的。能不能把正确的发音发声方法和学生错误的方式区别并模仿出来，决定了问题能不能有效地得到解决。实际上播音系的老师很不容易。每一个学生都是一条嗓子、一种声音，每一个人都不一样，而我们又不能把他们训练成一个样。必须结合每个人具体的特点来教学，要能听出每个人什么地方有毛病，而且要能知道毛病是怎么形成的，这样才能修正他。"②

这一点上，李钢也有相似的看法："首先要练耳朵，连细小的差异都要能听出来。此外，老师要学会做无声的模仿，也就是学生在发音的时候，当你发现出错了，不需要出声就能够体会到学生是如何发出一个错误的音的。这样你才知道他错在什么地方。然后还要能做正确的示范，绝对不能老师发音都不准还去教学生。"③

除了听辨和模仿能力，"动嘴播"的本事也常常被教学管理者强调、被学生期待。"播音这个专业一定要注重实践，应当鼓励老师去参加实践，不能光凭脑子，还要动口。不会播的老师在今后的教学实践中，就肯定不会做

---

① 曾志华，阎亮，孔亮．播博汇文论：第一卷［M］．北京：光明日报出版社，2019：105.

② 中国传媒大学播音主持艺术学院对吴弘毅的访谈，2010。

③ 中国传媒大学播音主持艺术学院对李钢的访谈，2010。

出专业示范。这在播音专业的教学中是行不通的。"①

由此可见，兼顾理论能力和实践能力是对播音专业教师的较高要求。"我一开始的时候因为没有经验，就是侧重于理论。但是在教学过程中慢慢体会到只有理论不行，只有实践也不行，必须理论和实践结合起来。我是年轻教师的时候，觉得要记老师说的东西，要记学生出现的各种类型的问题，如'用声虚''牙关紧''气不通'等，我都记过，还有解决的办法也记过，以为将来可以套用。后来随着教学实践经验的丰富，发现根本不可能直接套用，而是把方法和方向熟记于心，就是从这些问题和方法里抽象出规律来才会感觉到在教学过程当中省力。"②

同时，与时代结合分析、理解作品的能力也经常被强调。"老师怎么备课？不是拿到一篇稿子把文字'扫'一遍就完了，一定要从稿件中找到能够触碰和点燃学生思维的东西，一定要有火花，而且要让火花溅到学生身上，学生才能有真正意义上的共鸣。即便是讲了很多年的稿件，我们依然要找到和当下时代相吻合的东西，在稿件中找到正在进行时的火种，并且在课堂上点燃这个火种。"③

另外，专业教师还应有较为全面的多学科理论知识和较为丰富的社会生活常识。播音与主持艺术专业教学中常会涉及与之相关的新闻学、语言学、文学、社会学等多种学科知识内容。有些学生产生的学习问题还与社会生活经验有关。教师只有具备这些相关学科知识和社会生活常识，才能有效地帮助学生解决学习问题。同时，教师还应具有科学组织和实施教学的能力。

拥有较强业务实践能力的教师也容易走入一种误区——过度示范和展示自我。"我觉得当老师不应该在教学当中着力去展示自己的才能和知识，而是应该以学生为中心，考虑他们毕业后要参加的工作，多教授给他们在工作中学以致用的本领……有些老师一上课就显示自己知识很多、专业很强，把讲台当成表现自我的舞台，而忽略了课堂上的信息量。我们要考虑学生毕业以后面对的激烈社会竞争，以学生能够培养的能力为目标。"④

①　中国传媒大学播音主持艺术学院对李钢的访谈，2010。
②　本书作者对马桂芬的访谈，2019。
③　本书作者对陈雅丽的访谈，2019。
④　中国传媒大学播音主持艺术学院对毕征的访谈，2010。

当然，教师的成长也需要过程，众多能力的培养并不会一蹴而就。"对年轻教师来说，工作之后马上就上课真不是特别好。我就有体会，我们那会儿都是工作两年以后才让教学，也有好多问题。你的学识，你掌握的知识跟老教师比起来差得太多。但是从我教学这几十年的经验来讲，我觉得教学一年就有一年的收获，在教学的时候又积累了很多的经验，就是每一年都不一样。所以说教学就是应该由浅入深，慢慢地积累，可不是说把理论都背下来就能教了，也不是说会播了就会教了。但是年轻老师如果不尽快上手，教师就不够，根本忙不过来，所以这是个矛盾。"①

（二）"小课"模式易使学生"拓上"教师的个人烙印

根据学科建设初期的思考，播音与主持艺术专业的课程，尤其是专业课程，对教师个体的依赖性极强。无论是教学过程，还是教学结果，都和教师个人密不可分。当然，其他人文社科类专业中教师的作用也很重要，但是播音主持专业的教师个人特征异常突出。因为它更接近于"师傅带徒弟"的传授方式（学生更趋近于想要学尽师傅全身本事）。这种方式导致播音主持专业教学明显带有教师个人的特色和风格烙印。

小课教学方式优点突出，12 人一个小组（师生比突出的时候是 6 至 8 人一个小组），师生互动距离近，教学针对性强，有利于教师"身正为范"地引导。教师的个人习惯、处事态度和世界观、价值观、人生观也都会对学生产生直接或间接的影响。特别是教师个人魅力、专业能力突出的前提下，学生学习和模仿的愿望更加强烈。

张颂曾提道："教师的世界观和价值观，体现在教育和教学上，包括教育观念、指导思想、教学大纲、环节序列、教学步骤、教学手段、评价标准、教学效果、教学反馈等。"② 但是在强调个性培养的艺术专业教育中，这种情况容易导致学生依附色彩过重，教师传承痕迹难以抹去，甚至压抑学生个性特征的呈现。

实际中，教师的教学方法主要有两种，示范为主型和引导为主型。示范为主型重视专业示范能力，但容易陷入个人展示大于培养学生的误区；引导为主型重视教学中的查找问题和专业引导，但容易陷入"欲加之罪，何患无

---

① 本书作者对马桂芬的访谈，2019。

② 付程.播音主持教学法十二讲［M］.北京：中国传媒大学出版社，2005：2.

辞"的误区。当然，两种类型中都有佼佼者，也都有尚处于混乱迷茫状态的教师；有被学生誉为"艺业明灯""人生导师"的教师，也有情况完全相反的。

人才的埋没，有社会埋没和自我埋没，我们要有对学生可塑性、可培养性的了解，也应该对他们的成才与否作出预测。① 我们更不能给人才的埋没再添上一个"教师埋没"的原因。

小课教学的这种方式，也容易导致学生在分组时对教师有所期待。新教师难以快速被学生接受。而对于这样一个实践性极强的专业来说，实践能力强、教学经验丰富，成了大多数学生在被动分组中最为期待的教师拥有的属性。

另外，也有观点认为，小课模式容易使教学陷入"过度的具体"，导致学生在学习中产生惰性，对教师过于依赖。"小课美中不足的就是容易使学生产生惰性。比如说学习中老师给学生指导得特别细的话，学生可能就不动脑筋。虽然有理论了，但是上课的时候不能只是围绕着理论，有时候需要抽象出来。我体会特别深，比如气息，真是看不见、摸不着，如果就是摸什么肚子胀了、鼓了之类的，那就太死板了。虽然老师们这些理论方法都熟记于心，但是给学生的时候应该把这些东西抽象出来，让学生在声音使用或者表达当中气息通了，挺舒服的就行了。只是简单地指导一下，不要很死板地非让他记住。否则学生就容易学得很死板。因为学生会认为照着做就可以了。其实远远不止这些，咱们把文字转化成声音，转化的这个过程就是我们要学的东西，这里面有无穷的奥秘，越学越觉得味道足和浓。学生一定是感觉到学习难，这才是进步。总觉得'挺容易''没什么可学的'，老师的教学就失败了。要让学生感觉有学不完的知识才对。"②

（三）"小课"模式教学形式上的困扰

区别于表演专业一个教师带四年的方式，播音与主持艺术专业每年换一位专业教师。这显然是对上述情况的一种主动、积极的规避，同时也是因专业课程层次清晰、教师各有所长而做的安排。但是，关于是否应该采用一个老师"四年一条龙"的教学方式，一直是有争论的。

---

① 付程. 播音主持教学法十二讲［M］. 北京：中国传媒大学出版社，2005：7.

② 本书作者对马桂芬的访谈，2019。

　　李钢曾在访谈中提道："过去我们讨论过这样一个问题。我们的教学是要'一条龙'，在学生学习期间，由固定的老师从头到尾指导？还是要像铁路警察那样，各管一段？我个人觉得，老师'一条龙'从头教到尾，从一年级教到四年级，或者'半条龙'，把我们的课分成两半，一半是基础课，一半是业务课，两个老师带，这样的做法是比较好的。因为，从我们专业的特点来说，并不是学生见的老师越多越好。学生的专业培养很大程度上取决于老师对学生的判断和了解。老师的判断不会是一样的，了解也是有深浅的。如果有太多老师来指导，学生就很容易思想混乱。"①

　　但是毕征并不这么认为："老师们的水平并不完全一致。如果采取'一条龙'教学方式，对学生来讲是不公平的。播音系的教学应该是根据教学大纲'分工合作'。四年中各科老师一起培养一个成品出来。不是我这按我的来，你那按你的来。作为播音系的老师，不管是哪个教研室，都应该了解我们全面的业务，做到心中有全局，才知道我们这个专业应该怎么'专'。其实就是各教研室分工合作，共同完成一个作品。"②

　　马桂芬也认为"一条龙"的教学方式"不太现实"："有这么一个过程，我印象特别深，而且反复了两次。'一条龙'的方式我教过，就是各个阶段都要教。为什么会有争议？因为老师的教学确实每个人有每个人的特点，也有每个人的缺点。如果遇到有能力教全程的老师，学生就特别认可，'一条龙'学生也还挺高兴。但是如果不具备这种全程教学的能力，或者说年轻老师刚参加工作，肯定没有教了好多年的老师那么成熟，也让他'一条龙'教学，这就太不现实了。换换老师，每个老师的教学方法都让学生接触一下，这样也挺好的。所以后来一直坚持没用'一条龙'的方法，因为这个方式确实存在弊病。经过实践证明还是现在这样好。"③

　　在这个问题上，祁芃的看法更加客观："两种方式都有好处，也都有弊端。通过分析和讨论，我们发现这两种方式是播音小课教学的一对矛盾。如何处理好这对矛盾，需要大家不断地探索，不断地尝试。但有一点我们必须时刻牢记心中，就是不管采用哪种方法，都要客观分析对教学效果起制约作

---

①　中国传媒大学播音主持艺术学院对李钢的访谈，2010。
②　中国传媒大学播音主持艺术学院对毕征的访谈，2010。
③　本书作者对马桂芬的访谈，2019。

用的各种因素，实行综合控制，进行最优化的教学，最终取得最优的教学效果。"①

浙江广播电视高等专科学校的李德付，持有更加综合的观点。他认为无论是"师傅带徒弟""分段式"，还是"一条龙""半条龙"，都有明显的优点和缺点，重点体现在教学的"连续性""依赖性""理论性"上。他提出"多龙并驾"的观点，也就是把一个班的学生分成"三至四个小班"，每个小班安排三位教师担任全部大课和小课工作，"每个小班有 9 至 12 人，每个教师带 3 至 4 人，从开学跟到毕业"。他认为这种"缩小教学单位从头带到尾"的方式，可以"取长补短"。但他也承认，这种方式同样需要教师"个个是精兵强将"，对教师个体的依赖性很强。②

虽然这一争论一直存在，但出于现实性的考虑，实际情况中更多的老师还是认可"合作完成教学"的模式。问题的核心是如何让每一位教师都树立起"全局意识"，把自己的"阶段教学"与"全局培养"协调统一起来。

四、播音主持高等教育紧密反映和影响时代

前述三点分别从招生和培养角度论述了播音主持高等教育的特点，这里再从毕业生的角度，分析播音教育紧密反映和影响时代的特征。

正如本书第三章中的论述，高等教育是人类社会的教育。深处社会中的高校，其诞生和发展都离不开社会诸多要素的影响。然而社会发展制约和推动高等教育的同时，高等教育也通过其社会功能的发挥，影响着社会的运行和发展。在这一点上，播音主持高等教育表现极为突出。它不仅紧密反映时代特征，还引导和影响时代的前进。

（一）播音教育和播音实践都有紧密反映时代的特征

高等教育对社会的"适应"，要求其抛弃那种孤芳自赏、顾影自怜，忽视社会变化只求学术声誉的过时哲学，把自己的发展与社会变革紧密联系起来。

播音主持高等教育，应该说是因社会主义制度建立而诞生的。建设伊

---

① 中国传媒大学播音主持艺术学院对祁芃的访谈，2010。
② 李德付. 对播音教学法的思考［J］. 浙江广播电视高等专科学校学报，1995（1）：45.

始，它就把自己的未来与社会主义现代化建设、广播电视行业发展紧密联系在一起。无论是教学目标、课程设置、选拔标准，还是就业方向，都是与中国当时的国情紧紧相连的。专业教育者的科学研究工作也是与广播电视一线发展和需求密切相关的。从这个意义上讲，播音主持高等教育形成期的历史中，从未出现过不顾社会需求而自我封闭、自我欣赏的情况。相反，社会变革的大潮不仅从未忘记播音主持高等教育，而且播音主持教育和播音主持事业还总是站在时代浪潮的浪尖上。

时代，是指历史上以经济、政治、文化等状况为依据而划分的某个时期。① 以某个代表人物为特征划分时代，也是可以的。如中国播音学的发展历史中，有人就提出过"张颂时代""后张颂时代"等。

播音的时代感，对于播音员来说，是一种对时代特征、时代风貌、时代氛围、时代文化、时代品位、时代精神的语言把握；对呈现出的播音作品而言，是这种时代精神和时代氛围的音声体现。时代感强的播音作品，可以理解为特定时代要素丰富、时代烙印深刻、时代特征明显等。

中华人民共和国成立后，为适应广电行业的发展需求，播音主持教育应运而生。播音主持教育从短期培训到高等教育，都是以时代需要为基础开展教育工作的。党、国家、人民需要播音员如何播音，播音教育就如何培养播音员。

不论是新中国成立初期的"爱憎分明，刚柔并济，严谨生动，亲切朴实"，"文革"时期的"大喊大叫""高、平、空""冷、僵、远"，改革开放时期的"庄重大方，清晰流畅，平易亲和，真诚质朴"，还是 20 世纪 90 年代后的"贴近生活，生动自然，鲜活明快，播说结合"，每个特定阶段的播音创作特征，都体现着时代的风云变幻。

播音语言的时代感特点十分鲜明。20 世纪 90 年代后，播音创作特征、风格逐渐走向多元化、多样化，这也是那个时代整个社会最大的特点反映。与之相应的是，每个历史阶段的播音创作特征的改变，都带来了播音主持高等教育中培养目标、教育理念、教学方式的变化与调整。

---

① 中国社会科学院语言研究所词典编辑室. 现代汉语词典：第六版 ［M］. 北京：商务印书馆，2015：1177.

（二）播音教育通过毕业生影响时代

除了紧密反映时代，播音主持高等教育还通过其培养的学生，实现引导、影响时代的作用。播音专业的学生未来将更多走向各级广播电视单位，作为播音员和节目主持人，承担传播社会正能量的责任。

播音员和节目主持人在参与大众传播的工作中，其个人特征被越来越多地传递出来。他们的个人形象、价值观念、审美方向，还有对其传播的信息呈现出来的态度都有可能成为社会的引领，从而影响时代的主流审美和价值取向。

由于工作和平台赋予的特殊话语权，他们对时代和社会的影响，相比其他专业教育培养的学生来说更有力、更直接。同时，播音员和节目主持人作为社会公众人物，他们在生活中的一言一行也有可能对大众的思想意识、价值观点、审美品位等产生影响。

第三节　社会发展视角中播音主持高等教育发展规律的总结

一、中国高等教育的总规律

（一）高等教育总规律阐释

本书前述已经提到，"大学之道，在明明德，在亲民（新民），在止于至善"，这就是中国高等教育总规律的概括。可以说，这句话是中国高等教育总规律最佳、最全面也最简洁的表述。中国的高等教育一直在努力实现它，也一直在主动或被动地遵循它。

探讨高等教育规律，必须要考虑高等教育与社会变化、文化传承、科技进步、人的发展等诸多方面之间的关联。同时，教育规律也有内部和外部之分。

《大学》中的这一说法，"明明德"可以说是内部法则，"亲民（新民）"是外部法则，"止于至善"是内外合一的规律，或者说是最终的培养目标。世界范围内各大著名高校的校训，也都部分或全部地表达了同样的愿望和目标。例如，美国耶鲁大学"光明与真知"，美国哈佛大学"与真理为伴"，加拿大多伦多大学"像大树一样茁壮成长"，德国柏林自由大学"真实、公平、自由"，新加坡南洋理工大学"自强不息、力求上进、逆境求存"，日本早稻田大学"学问之独立、学问之活用、模范国民之造就"，韩国国立首尔大学"真理是我的光明"，我国北京大学"爱国、进步、科学、民主"，清华大学"厚德载物、自强不息"，等等。

"明明德"指的不仅仅是德育教育，而是思想、品格、观念、志趣、德行等人格整体的完善与修养。比如"知识""仁义""担当""果敢""素养""胸怀""信念""勇气""包容"，等等。在这个问题上，中西方教育存在着比较明显的区别。西方教育更强调基于"勇气"的强大内心，我国的教育比较重视"仁义"为基础的宽大胸怀。当然，在个人和集体的关系上，中西方教育观念和规律也都存在着差异。

"亲民（新民）"除了强调"使人民自新"和培养"模范国民"的意义以外，也是高等教育与社会发展之间关系的精辟阐述。"毫不夸张地说，大学能够亲民（新民），则大学可与社会共兴；否则两者同衰。"①

不过这一点一直有个误区，就是当下比较流行的说法——大学要适应社会，也可以放大到高等教育要适应社会。做到了"适应"，只能说是大学与社会维持了平稳正常的关系，没有干扰到社会的正常运行，但这并不是最佳关系。

当然，教育界也有"引导"一说，强调高等教育可以并且需要引导社会发展。事实上，"适应"与"引导"是一对相辅相成的矛盾。在社会诸多因素制约并推动高等教育发展的同时，高等教育又能引导社会向着良性运行的方向前进。反之，则高等教育总会与社会发展形成恶性"碰撞"，导致高等教育发展困难，社会也会停止进步甚至倒退。

从《大学》中提到的"修身、齐家、治国、平天下"的理念看，"止于至善"是高等教育的培养目标，也是个人修身的终极理想，它也理应是一以贯之的方向和难以企及的结果。

按照《大学》的理想，中国的高等教育是从 15 岁开始的终身教育，致力始终，到死不渝。放到今天这个时代，无论是广义还是狭义的高等教育，

---

① 涂又光. 中国高等教育史论［M］. 武汉：华中科技大学出版社，2014：267.

都是以高校教育为开端的。当然，高校教育办得再好，也不可能代表高等教育的全部。广义的高等教育是"活到老学到老"，狭义的便可以理解为在高校中所受的全部教育，包括学历的、非学历的，公办的、民办的，大专、本科、硕士、博士等。因此，高等教育的规律，也一定是高校教育必须遵循的规律。

（二）终身教育和终身学习

通过上述关于高等教育总规律的论述，我们可以发现，高校教育是高等教育的开端，也是高等教育研究的核心，或者说是核心阶段。而我们通常把高等教育天然地用教育者身份去定位，如果从接受教育者也就是学生的角度去看，还会有新的认识。

《大学》为我们描述的高等教育是一个终身教育的过程。终身教育从学生的主动性上讲，可以趋近理解为终身学习；从被动接受的角度说，应该理解为终身受教育。在教育场所尤其是高校中，施教者或者说教育者，带着教育培养的目的，有计划、有步骤地对受教育者进行知识、理念、观点等的教育与培养。在这一进程中，有主动施教的教育者，也有主动或被动的接受教育者。为了受教育者完成学习计划，也为了教育者完成教学计划、实现培养目标，他们共同用专门的时间、场地、设施来组成教与学的互动群体。这时，从学生的角度看，是高校学习；从教师的角度讲，是开展高校教育。

但是，无论大专、本科、硕士还是博士毕业的学生，只要高校毕业之后走向社会，学生们也就进入了"少有主动施教者，更多被动受教育的阶段"。

随着上世纪工厂中"师傅带徒弟"传统的渐渐消失，人们在社会上所受的教育，更多是被动接受，几乎不再有人有义务地专门教育或是培养这些刚刚步入社会的学生。也可以理解为，作为高校教育之后的社会教育，其个体目标性和针对性都不强。几乎不再有人为了教育学生，为了学生学到更多的知识、获得更多的能力，和他们组成专门教学的互动群体了。当然，我们每个人做的事，也不都是带着学习的目的进行的。

无论是在高校还是社会，如果我们一直保持主动或被动地汲取知识、获得成长，这就叫终身学习。在终身学习的进程中，既可以主动地，也可以被动地接受教育。也可以说，高等教育的全过程，既包括高校主动开展的教育工作、社会有意或无意的教育功能，也包括学生主动或被动的学习过程，也可以叫终身教育。

"明明德、亲民（新民）、止于至善"的高等教育总规律，在当下也应该有新的解读和延展。如果说这句话是高等教育的总目标，那么高校教育的目的，就应该是为学生创造践行理想的空间，并且让学生在接受教育的过程中，逐步理解终身教育的概念，树立终身学习的意识，拥有终身学习的能力。

二、播音主持高等教育发展规律的探索

（一）"三维困局"的"交织合力、螺旋上升"

本书第一章中曾经提出，播音主持高等教育，是在以"新闻（政治）""文化""艺术"三个坐标共同构成的三维空间中诞生并发展的。"新闻（政治）""文化""艺术"，可以说是播音与主持艺术专业的三大属性，也可以说是播音主持高等教育发展的三个支点。它们构建起了中国播音主持高等教育发展的三维空间。三者形成交织合力，使播音主持高等教育在不同时期各有侧重又不断完善。从本书研究的播音主持高等教育形成期来看，不同阶段，它的发展方向是由"新闻（政治）""文化""艺术"三者中占有优势地位的一方所主导的。

在形成初期，也就是"播音员"时代，"新闻（政治）"属性较为突出。学界和业界更多强调新闻播音的政治色彩，对其"艺术"属性所谈较少，受众也少有这方面的认可。"播音无学"的说法也曾带动了一小段对"文化"的强调。"文化大革命"时期，"新闻（政治）"属性更是异常强大，"文化"和"艺术"较少提及。提倡"主持人一专多能"的时期，"文化"属性异军突起。除了悦耳声音、亲切形象和主持技巧之外，拥有广博且深厚的文化知识成为了对主持人的突出要求。主持人"明星化"也让他们变得"无所不能""无所不知"。被"神化"了的主持人一夜间成了社会上的意见领袖，更是被突出放大了"文化"属性。综艺节目主持人的火爆时期，主持人在各种类型综艺节目中的"表演"，让人们开始弄不清他们究竟是主持人还是艺人。再加上知名度堪与演艺明星比肩，这时的播音主持，"艺术"属性如日中天。

从38年的形成期整体来看，播音主持高等教育，在曲折中前行和成长，

在起伏中发展和完善，在"新闻（政治）""文化""艺术"构成的三维空间中螺旋上升。

1. 招生方式上的体现

从播音与主持艺术专业的招生方式上来看，无论是"声形俱佳有内涵"，还是"有声、上像、内涵深"，都是围绕艺术条件和文化内在提出的要求。当然，所有的高校专业招生都对考生有政治态度和思想品德上的要求。

由此可见，播音与主持艺术专业的招生，同样是在"新闻（政治）""文化""艺术"三大属性构成的三维空间中展开的。而其中任何一个属性被放大，都会导致专业招生的方式或者侧重发生变化。专业考试合格的前提下，无论是文化课达到提档线后按照专业排名录取，还是按照文化成绩由高到低录取，抑或将专业课比值与文化课比值相加后由高到低录取，都是在"新闻（政治）"过硬的基础上，"文化"和"艺术"角力的结果。当然，这种角力只是三者关系中的一面，互相配合、不可或缺，是三维空间变化的特点。

本书以北京广播学院播音与主持艺术专业为例，以五年的专业招生简章中相关内容（1997 年至 2001 年）展开对比，了解其中变化的内在原因和外部呈现。

这里需要注意的是，本书研究范围是播音主持高等教育的形成期（1963 年至 2000 年），之所以这里也选择了 2001 年加入对比，是基于"招生变化所映射的专业发展变化总是滞后"的原因。2000 年北京广播学院成为"211 工程"重点建设大学，其对播音主持高等教育在招生上的各种影响，主要体现在 2001 年的招生简章中。

北京广播学院播音与主持艺术专业 1997 年至 2001 年招生简章相关内容对比如下表所示：

表7－2 北京广播学院播音与主持艺术专业招生简章相关内容对比

年份	学校定位	专业名称	招生人数	高考类别	招生办法	专业考试内容	录取原则	就业方法
1997	北京广播学院是一所文、工、艺术类、外语类兼容的、多学科的综合性大学，是广播电影电视部重点院校	播音	80	文理兼收	提前单独招生	初试复试均为面试	专业合格，文化考试成绩达到录取分数线后，按照文化成绩从高到低录取	学习毕业后在国家方针政策指导下，实行以学院为主导的双向选择就业办法
1998	北京广播学院是一所文科、工科、艺术类、外语类兼容的、多学科的综合性大学，是广播电影电视部高等院校	播音	80	文理兼收	艺术类专业提前录取	初试复试均为面试	专业合格，文化考试成绩达到录取分数线后，按照文化成绩从高到低录取	学生成绩合格，取得毕业资格后，在国家方针政策指导下，由学校推荐毕业生在一定范围内选择职业
1999	北京广播学院是一所文科、工科、艺术、外语、管理类等兼容的、多学科的综合性大学，是国家广播电影电视总局高等院校	播音与主持艺术	50	文理兼收	艺术类专业提前录取	初试复试均为面试	专业合格，文化考试成绩达到录取分数线后，按照文化成绩（含数学）从高到低录取	学生修完教学计划规定的课程，考试成绩合格，取得毕业资格后，在国家就业方针政策指导下，由学校推荐和指导毕业生在一定范围内就业
2000	北京广播学院是一所文科、工科、艺术、外语、管理类等兼容的、多学科的综合性大学，是国家广播电影电视总局高等院校	播音与主持艺术	60	文理兼收	艺术类专业提前录取	初试笔试复试面试	专业合格，文化考试成绩达到录取分数线后，按照文化成绩（含数学）从高到低录取	学生修完教学计划规定的课程，考试成绩合格，取得毕业资格后，在国家就业方针政策指导下，由学校推荐和指导毕业生在一定范围内就业

年份	学校定位	专业名称	招生人数	高考类别	招生办法	专业考试内容	录取原则	就业方法
2001	北京广播学院直属国家教育部，是一所以文、工两大学科门类为主，文、工、管、经、法、教多学科协调发展的综合性大学	播音与主持艺术	60	文理兼收	艺术类专业提前录取	初试笔试、面试复试面试	专业合格，文化考试成绩达到录取分数线后，按照文化成绩（含数学）从高到低录取。专业成绩特别优秀的考生优先录取	学生修完教学计划规定的课程，考试成绩合格，取得毕业资格后，在国家就业方针政策指导下，由学校推荐和指导毕业生在一定范围内就业

由上表对比主要可以看出：

①1997 年和 1998 年，专业名称为——播音；1999 年开始，专业名称改为——播音与主持艺术。

这是因为 1998 年国家对全国普通高等院校进行的学科调整中，将原属于文学门类下新闻学一级学科的播音专业，调整到文学门类下艺术学一级学科并更改专业名称为"播音与主持艺术"的原因。这时，三大属性中的"艺术"属性在专业学科定位中开始崭露头角。

②1997 年和 1998 年，播音专业的招生录取都是在专业合格、文化考试成绩达到录取分数线后，按照文化成绩从高到低录取；1999 年至 2000 年，招生录取调整为在专业合格、文化考试成绩达到录取分数线后，按照文化成绩（含数学）从高到低录取；2001 年，招生录取在实行了连续两年的"按照文化成绩（含数学）从高到低录取"后，加上了对专业成绩突出者的关照。

1999 年的调整，是基于 1998 年原广播电影电视部、国家教委联合下发的广教院字〔1998〕4 号文件。而这份文件的发出是基于国家"科教兴国"战略的进一步落实，也是为了适应广播电视事业发展对人才需求的变化（强调要提高以文化为主的综合素质）。

在此之前，播音专业归属于新闻学，但又像艺术类一样提前单独招生，组织专业考试。而提前考试的初试和复试皆为面试形式。"艺术"特征已经开始显露。虽然 1998 年播音专业调整到艺术学一级学科并改名为播音与主持艺术专业，"艺术"属性在学科定位上已经开始表现强势，但这一年的广教院字〔1998〕4号文件使"文化"属性获得了充沛动力，力压"艺术"属性的成长势头，在三维空间中依然占据统领地位。

需要注意的是，虽然1999年之后的录取原则强调"按照文化成绩（含数学）从高到低录取"，但实际上，20世纪90年代初开始，北京广播学院播音专业录取参照的高考文化成绩（文科）就已经是包含数学的。在此之前，曾经出现过数学成绩不计入总分的情况。

直到2000年，"文化"力量继续上扬，原本只有面试的专业考试，变为"初试笔试、复试面试"的形式。初试中的笔试主要考查文化和艺术基础知识。

2001年，"文化"地位持续上升，专业考试中初试的笔试已经由2000年考查的文化和艺术基础知识，调整为文化基础知识（内容以高中语文、数学、外语知识为主）。对"文化"的重视可见一斑。

但是，从这时起，在和"文化"的角力中，"艺术"以"教学特征和就业担忧"为理由努力反馈自己的变化，并且以"强调艺术教育规律"的论点让这种反馈获得了一定的修正和调整空间。为此，这一年的专业考试中，初试由2000年的只考笔试改为"笔试＋面试"。招生录取上也在保持2000年原则不变的前提下，增加了对专业成绩优秀者的关照，给艺术条件突出但高考文化成绩不太高的学生以机会。

③在就业方法上，1997年的"以学院为主导的双向选择就业办法"和1998年的"由学校推荐"，都还带有一些计划经济时代"学校培养同时也应该负责就业"的特征；1999年后的"由学校推荐和指导"，开始呈现"市场经济与宏观调控"相结合的特点。

在表格中还可以看到学校定位和招生人数的变化，在这里就不作过多论述了。

由上述对表格的分析可见，社会诸多因素形成了播音主持高等教育"新闻（政治）""文化""艺术"三大属性的变化动力，而其中任一属性突出增长（甚至过度偏移）时，其他属性除了全力跟进以外，也会努力反馈自己的变化，以图获得关注和修正的可能。

本书在这里补充一点，早在1974年，中央广播事业局给国务院科教组（〔1974〕广发政字第071号）的报告中就已指出："北京广播学院播音专业、电视摄影专业、英语专业提前单独招生。"① 1978 年，由教育部和中央广播事业局批准，播音专业和电视新闻摄影专业按照艺术类专业招生办法进行招生。1989 年至 1997 年，北京广播学院的艺术类专业考试，均按照国家教委和文化部文教发〔1989〕6 号文件进行。

2. 培养方式上的体现

再从播音主持高等教育培养人的角度来看，其培养目标应该是"道艺同一"的人。

播音主持高等教育形成初期，受社会发展阶段的影响，"新闻"是基石；"主持人"出现后，"文化"成了转型动力；广电行业和社会发展的进阶、综艺节目的热火朝天带来了"艺术"的强化。

每一阶段，随着三大属性中突出主力的上扬，其他两个要素也在缓步跟进。三维坐标的每一个在属于各自的时期一展所长，与另外两个坐标一同形成合力、螺旋上升。

（二）社会合力是三大属性变化的原动力

从恩格斯的历史合力论中可以知道，每一个历史事件都可以看作多股力量作用的综合表现结果。也就是说，在历史上的某个时间段内，某一事物的发展如果处于多股力量的共同作用下，那么它们就形成了对这一事物的合力效应。多股力量之间，有可能此消彼长，也有可能一方或多方突出而其他跟进。

"新闻（政治）""文化""艺术"三者变化的原动力，是由社会发展中的诸多因素共同提供的。播音主持高等教育发展的不同阶段，会侧重"新闻（政治）""文化""艺术"三者中某一属性，或者说其中某一属性表现较为强势并带动其余两大属性，在三者与时间一起构成的四维时空中，形成合力、螺旋上升。这可以作为中国播音主持高等教育的特性总结。

（三）螺旋上升中的偏离与修正

本书第二章第四节曾经提到，如果社会运行的总体目标是良性运行，那么即便社会运行中出现某些波动，这些波动也很有可能是出于让社会向好的

---

① 校史编辑委员会 . 北京广播学院五十年［M］. 北京：中国传媒大学出版社，2005：48.

动因。而社会是必然处在发展和变化之中的，也就必然在这种发展和变化中拥有离轨和失控的可能，但这是在小尺度范围的。从大尺度来看，一定会出现"自然校正"的事件来修正这种脱轨和失控，以期社会在发展的前提下继续良性运行。

参考这一社会运行理论的观点，再从上述播音主持高等教育的特性在整个形成期的运行轨迹来看，反复出现的规律是：三方形成交织合力螺旋上升的过程中，总带有偏移和及时纠正的特征。也就是说，播音主持高等教育在形成期历史的发展中，三大属性中的任何一方突出带动另外两方跟进前行的同时，总会出现或多或少甚至是过度的偏移和偏差。而在政治意识、经济形态、人民需求、方针政策等各种社会条件的制约和影响下，其偏移和偏差又总能被反馈且获得及时或滞后的修正。当然，这种偏移和偏差有可能引起专业的分离、组合、重新建制，以及相关概念、理论内涵的不断丰富甚至是重新定义。如在"主持人"时代，上海戏剧学院开设的"电视节目主持人本科班"；播音、主持概念的重新定义；等等。由此可以看出，在社会发展诸多要素的综合影响下，播音主持高等教育的整个发展过程，是在三个属性相互协调、配合、促进、角力、调节形成的交织合力作用下跌宕前行的。三者作为播音主持高等教育整体系统的调适机制，既相互促进、交织配合，又彼此角力、反馈调节。

以上，可以看作本书对播音主持高等教育发展规律的归纳总结。这一规律的总结，不仅仅也不应该只能应用于形成期的历史。中国播音主持高等教育的后续发展也可以此三维坐标进行概括与归纳，甚至做出预测和展望。

余 论

一、播音主持专业招生考试改革与学科定位

(一)"三维困局"观点亦可解释当下现象

2019 年，播音与主持艺术专业的招生录取改革，引起了全社会的广泛关注。无论是中国传媒大学的专业考试由"初试、复试皆为面试"改为"初试笔试，复试和三试面试"；还是吉林大学"将播音与主持艺术专业与广播电视编导专业合并为戏剧与影视学类进行招生，对考生无艺术专业考核要求，改在普通类专业相应批次录取有该专业类志愿的考生，并执行相应批次录取规则"；抑或是西北大学的"考生在省统（联）考成绩合格，高考文化分数达到省一本线后，按照文化分数由高到低录取"，都让播音主持的"文化"属性又一次被高度重视，同时也给近些年持续升温的"艺考市场"打了一剂"退烧针"。

从播音主持高等教育形成期（1963 年至 2000 年）的历史来看，与当今极为相似的招生录取变化主要集中在 1997 年之后，也就是"艺术"与"文化"的角力时期。形成初期主要是"新闻（政治）"与"文化"之争。

2000 年之后，北京广播学院播音与主持艺术专业，经历过多次复杂的招生录取改革，从"专业合格，文化考试成绩达到录取分数线后，按照文化成绩（含数学）从高到低录取，专业成绩特别优秀的考生优先录取"，到"专业合格，文化考试成绩达到录取分数线后，按照专业成绩从高到低录取"，到出现所谓的"小圈"（专业名额的 3/4 录取方式：专业合格，文化成绩达到本省一本线的 75% 以上，按照专业成绩从高到低录取）和"大圈"（专业名额的 1/4 录取方式：专业合格，文化成绩达到本省一本线的 75% 以上，按

照文化成绩从高到低录取），再到综合分录取方式：在考生文化和专业两个成绩折算比值都达到要求后，按照两比值相加后的综合分数由高到低录取。这一系列复杂的招生录取方式，实质上都是播音与主持艺术专业"文化"和"艺术"交织缠斗的结果。

正如本书论证得出的结论所说，播音主持高等教育三大属性中的任何一方突出，带动另外两方跟进前行的同时，总会出现或多或少甚至是过度的偏移和偏差。而在政治意识、经济形态、人民需求、方针政策等各种社会条件的制约和影响下，其偏移和偏差又总能被反馈且获得及时或滞后的修正。

带着这一观点再看2019年招生上的变化，"文化"属性的异常突出已经导致个别高校"索性将播音主持专业直接改为普通类本科招生"的过度偏移情况。而这种情况实际上是对20世纪末、21世纪初"艺术"属性过度放大，以及"市场热"一起带来的"几百家高校争先恐后开办播音相关专业"现象的一种"自然校正"。

这种"自然校正"的力量指向，是让部分高校认识到，应该根据自身高校类型、教学资源、人才培养定位等重新考量开办播音专业的可行性，或改变招录方式，或强化培养特色，或取消专业设置。这种"自然校正"，主要来自社会主义市场经济和宏观调控双方对播音主持高等教育的综合影响。

由上述分析结合本书关于播音主持高等教育规律的总结可以看出，2019年掀起的专业招生改革，并不会撼动，也并不是针对播音与主持艺术专业的学科根本，反而是指向"艺术"属性过度放大带来的"艺考热"，进而修正其导致的播音主持高等教育发展道路上的偏移或偏离。

（二）"三维困局"观点带来"交叉学科门类"的设想

如上述所说，"新闻（政治）""文化""艺术"三者交织缠绕、合力前行的过程中，出现一些或大或小的波动，并不会影响整体发展的良性目标。但是每一次大的波动，似乎都带来了播音主持专业学科定位的重新考量和审视，甚至是担忧和恐惧。

学科定位直接牵扯学科归属，常常让年轻的播音主持专业陷入困惑。

在中国传媒大学2013年的学部制改革中，学校划分为四个学部（新闻传播学部、艺术学部、理工学部、文法学部）和一个中心（协同创新中心）。

对于播音主持专业来说，划分到新闻传播学部和艺术学部中的任何一个，都将意味着极度削弱甚至是放弃"新闻（政治）"和"艺术"两大属性中的一个。随后，带着独立生存和发展的信心与决心，播音主持艺术学院作为独立学院，与"四学部一中心"并驾齐驱。

2018 年，随着国家"双一流"学科建设步伐的加快，播音主持高等教育又一次面临艰难的选择。基于多种因素考虑，中国传媒大学播音主持艺术学院被并入艺术学部。

其实一个专业归属于哪一个学院或者学部，其划分是高校依据国家政策和自身发展的实际情况做出的选择，并不能完全代表一个学科的归属。而播音与主持艺术专业作为一个二级学科，在其发展的历史中，曾经归属过文学门类下面的"新闻传播学"，文学门类下面的"语言学及应用语言学"，艺术学门类下面的"戏剧与影视学"。由此不难看出，从国家整体的学科类别设置上，播音与主持艺术专业的划分也一直是个难题。

笔者认为，"三维困局"之所以叫作"困局"，正是因为组成它的三大属性很难分出伯仲，无法确立其中任何一方的独立统领地位。因而，播音主持本不该被单纯地划分为哪一门类、学科的阵营，其特殊性、边缘性、交叉性、兼容性、立体性，更应该作为它的核心特征而受到重视。或许，播音与主持艺术专业的未来，在专业名称上应该相对简化——播音与主持，不突出"新闻（政治）""文化""艺术"三者中任何一方。在学科发展上应该坚持独立自信的原则。在国家认识到其学科类别设置特殊性的前提下，至少应该发展成为一级学科。如果可能的话，在十三大门类之列应该增设一个"交叉学科门类"。播音与主持成为该门类中的一级学科。这亦是遵循播音主持高等教育发展规律的体现。同时，"交叉学科门类"也可以为其他拥有类似"困局"特性的专业教育找到终极归属。

二、建立在通识教育基础上的播音主持专业教育

（一）"通才"与"专才"的辩论

20 世纪 90 年代的各大辩论赛场上，经常出现一个关于"21 世纪更需要'通才'还是'专才'"的辩题。这可能是那一时期社会发展中人们对人才培养最关心的问题。

所谓通才，一般是指那些学识广博和拥有多种才能的人，也就是知识面

比较宽的人。与之相对应的专才，一般是指知识面较窄，才能或研究领域单一但较为深入的人，即"多面发展"与"专一发展"的区别。

无论"通才"还是"专才"，都是人才，都是社会建设和发展中不可或缺的。而且笔者认为，"通才"和"专才"还应该是高级人才，也就是接受过基础教育和中等教育之后的人才。

彼时辩论的焦点是"'通才'会不会'样样都通但样样稀松'，'专才'会不会'一门精通但样样不通'"。辩论中最让人困惑的就是，"通才"一方认为"专才"除了某一领域的知识和能力之外，其余的什么都不会。这里的"其余"甚至包括各种生活常识和其他领域的基础知识。当时辩论之激烈，今天仍记忆犹新，但最终也没有一个准确的答案。当然，能成为辩题的内容，本身就带有强烈的两面性，"难以甚至不能得出结论"才是辩论的精彩之处。

（二）"通识教育"与"专业教育"的矛盾

随着社会发展的脚步不断前行，人们渐渐意识到"一专多能、全面发展"似乎已经给了这个辩题以历史性的回答。关于"通才"和"专才"的辩论基础，或者说是辩论条件，也已经改变甚至不存在了。于是，人们的目光开始转向另一对教育领域中的概念——通识教育和专业教育。这对概念主要的应用场景是高等院校。和"通才"与"专才"的你死我活相比，"通识教育"与"专业教育"更多是在如何协调发展、综合建设上形成争论。

通识教育，一般是指高校中全体学生都要接受的非专业性教育。而专业教育，一般是指为了使受教育者成为专业人才而进行的专业性教育。高校，是通识教育和专业教育同时开展的场所。大学中的本科教育，因其之于高等教育的基础性培养特征，应该是通识教育和专业教育结合的教育。而研究生教育，应该是在本科教育基础上的、比本科教育有更多科研要求且更加专业的高层次教育。

如果说"通才"和"专才"是培养目标、培养模式，那么"通识教育"和"专业教育"就是教育理念引导下的课程和教学设置。

脱胎于业务培训的播音主持高等教育，在其形成期一直致力于专门人才培养，培养目标是播音专才，教学和课程设置以专业教育为主。这与那一时期整个社会强调"人才培养与社会生产的对应关系"有关。也正因如此，播音主持的高等教育才常常被人质疑存在的必要性。其"职业培训"特征与专业教育比较起来，确实相似之处太多。无论是培养一般的"专门人才"，还是"高级专门人才"，都会导致高等教育"专门"课程偏多，"通识"课程偏少甚至没有，一味强调技术、技巧、技能训练，忽视人文素养和文化底蕴的培养。

（三）通识教育基础上的播音主持专业教育

在整个社会发展中，高校逐渐意识到，培养专门人才仅仅是一个浅层次的任务，而更重大的是培养一批能够影响社会文化，成为社会中坚力量的知识群体。

20 世纪 90 年代之后，很多院校把"成为综合性大学"作为学校发展的目标。例如，从 90 年代中期开始，北京广播学院已经把学校的现状和未来定位于"多学科的综合性大学"。与之相应的，播音主持高等教育开始着力培养"复合型语言传播精英人才"。学校的课程设置中进一步减少专业课的比例，增加通识课的教育。同时，播音与主持艺术专业，也开始步出广播影视媒体圈，在更广阔的社会语用空间找到立足点，发挥更大、更综合的社会功能。

事实上，通识课程不是简单的以公共课为代表的所有非专业课程的统称，通识教育也不是高校"摆在那里，可有可无"的公共资源。它应该致力于培养学生厚重的知识基础、深刻的学习意识、积极的求知欲望、健全的理性精神、完善的人格修为、良好的公共道德和高度的社会责任感。它应该是专业教育的重要基石，也只有建立在通识教育基础上的专业教育，才是当下高等教育的发展方向。

带有明显职业特征的播音主持高等教育，很容易被人冠以"上大学就是为了找工作"的错误认识。既然是高等教育，就必须区别于职业培训，以人的全面发展作为教育的最终目标，以通识教育基础上的专业教育作为培养途径和方法，方能践行教育之理想——"明明德，亲民（新民），止于至善"。

三、小课教学形式的"固守"与"突破"

（一）小课教学是手段不是特色

1963 年中文播音专业创建以来，人数不多的学生和一位老师组成的小课组教学，便是该专业的主要授课形式，或者说教学手段。如果把这一教学手段作为引以为傲的区别于其他高等教育专业教学的特色，就有失公允了。事实上，正如上海戏剧学院的吴洪林所说："我一直不认为'小课教学'是特色。但凡艺术学校都是小课教学。大家都是这样的那叫什么特色？上海戏剧学院的各个系都有这个问题。表演系、导演系都是小课教学，我们播音主持专业也有小课教学。这样一来，小课就不是特色，而是统一的了。"① 的确，很多艺术类专业的教学形式都是小课，但小课仅仅说明了教学形式的人数特征，根本不是专业特色。如果这也算是特色，那么自然科学类专业也完全可以把动辄就要安排的实验课作为自己的专业特色之一了。

小课教学的理想和初衷是"一对一""手把手"的"师傅带徒弟"模式。现实中，往往因为条件限制，只得采用这种简单的或者说叠加的"一对一"来实现这一教与学的理想模式。但是这毕竟只是个模式，无论是6人一个小组，还是9人、12人，甚至20人、25人一个小组，虽然比起以大课为主的其他普通类高校专业来说，这种模式的新鲜感对刚刚接触该专业的学生具有一定的吸引力，但真的算不上是教学特色。

无论在怎样条件的"教室"里，不断变换的是老师和学生，还有逐渐更新的设备和环境，教学方式和方法却几乎是一成不变的"围坐一圈""逐一点评"的样式。教室环境不断改善：有空调，有暖气，通风好，光线好；技术设备逐渐升级：从模拟化的卡式磁带、VHS录像带到数字化的硬盘、光盘，再到airdrop隔空投送、云盘分享，从动圈话筒到电容话筒，从日光灯到演播室智能灯光，从"砖头"录音机到数字化音频工作站，从PC电脑到MACPRO，从简陋的"蓝箱"到三维虚拟演播室，从拿着稿子读到面对投影式或电子化提示器。教学的实体环境和辅助形式可谓日新月异。但是教与学的传授方式却从未改变，不得不说这是一种"固守"，同时也是几十年来对这种形式的高度认可。

（二）小课教学的不足

播音专业的教学有非常多的优良传统，如专业会诊、专业会操、专业汇报、集体备课，等等。当然，小课教学也是优良传统之一，相比普通人文社

---

① 本书作者对吴洪林的访谈，2018。

科类专业来说，也勉强算是形式上的区别。但在众多艺术类专业教学中，这只是个普遍的授课形式。这种授课形式优点众多，这里就不一一赘述了，而是总结几十年的应用经历谈谈它的不足。本书第七章曾经论及"'小课'模式易使学生'拓上'教师的个人烙印""'一条龙'与'分段教学'的争论"等等，在这里，我们从更加具体的每一堂课的视角再来分析两个小课教学的不足。

1. 注意力不集中

看到这个小标题可能有人就会反驳，明明小课教学中教师面对的群体比大课少得多，注意力应该更集中才对。诚然，理论上来说应该是这样，因为小课形式拥有人数上的优势。然而大课讲授时，教师的话语内容、话语样式和话语辐射范围的设计本就是面向众人的，类演讲式的，而小课虽然面对的群体人数少，但教师大多数时候的话语范围仅限"一对一"，讲解的内容也非常具体化、个性化。由此，想要吸引话语范围以外的其他同学认真接受"看似和自己无关的信息"，难度可想而知。

同时，任何一个学生不听课、走神儿、心不在焉的举动都近在眼前，相比大课来说，给教师带来的挫败感会更强。这也会让教师对"全程能与学生认真互动"产生更多执念。部分教师也认定，四个小时的小课给每个学生带来的平均专属时间基本是固定的。因此授课上也有这样的形式：把小课组（以每组12人为例）分成两个更小的组，每组6人，分时间段来上课，第一组8点至10点，第二组10点至12点。从每个人的专属个人获得上看，这种方式的确和12人一起上满四小时相差不大。然而教学相长不仅仅指的是老师与学生的互帮互助，还包括学生群体互动中的学有所获。究其原因，这一举措应该是老师和学生都在困惑并认定小课形式存在"个别教学时的排他性"导致的。

另外，为使小课教学气氛活跃，教师反复强调"要注意听辨其他同学的问题""播音练嘴更要练耳"等，试图以此唤起学生们"练耳"和"对比分析"的愿望与能力。但播音专业学生相对来说更加关注自我的专业情况，似乎对他人的水平和状态不甚关心。教师每次强调时，效力或多或少地可以持续几分钟，然而只有几分钟而已。倘不严格规定"上课不允许做与课程无关的事情"，便会出现"说到谁谁才听"的现象。而不少人课程结束之后都会抱怨困倦和疲乏，甚至是无聊和乏味。

　　一对一的私塾模式的确更适应于"家教"场景。串联多个"一对一"，又希望于己无关的人也能实时灵魂在线，无异于徒劳，只能更添失望与伤悲，加速教师教学愿望的衰减与逝去。这也是为什么即便小课规模很小，依然有学生认为效果不佳的原因。学生未必渴望小课人数再减少，而是希望效率变得更高。事实上，一对一的方式极需要放松和缓冲，紧凑的两人研究生小课往往让教师与学生都累得喘不上气。

　　再者，针对性强的技能辅导是小课教学的主要内容。这也让学生很容易产生"只顾自己就好"的判断。最后的结果往往是教师觉得自己很辛苦，学生觉得课堂效率不高，更没有满足其技能提升的愿望。在学生看来，一堂课下来自己顶多张嘴练了两次，更多是在"听别人和老师的交谈"中消耗了时间。

　　最后，长时间坐着上课容易使人疲劳和困倦。以中国传媒大学播音系为例，各类专业课程几乎都是坐着上课的，语音发声、创作基础、广播播音、电视播音，等等。虽然"综艺方向课"带有一些形体与语言结合的站着上课的形式，但毕竟选课的人数较少，无法覆盖全体学生，尤其是无法覆盖全体学生专业意识和学习形式的认知。而这一看似并不起眼的"坐着上课"的形式，也正是最容易寻求改变的突破口。

　　2. 学习成果缺乏舞台展示性

　　播音专业的学生活泼开朗，善于表现，也乐于自我展示。因此，各阶段的教学往往都设置相应的汇报或赛事，以此为学生提供展示和表现的舞台。这些活动或赛事不仅可以增加学生学习专业的积极性，还可以验证教学成果的有效性。中国传媒大学播音主持艺术学院，面对新闻播音方向学生举办"新闻播音主持基本功大赛"，面对综艺方向的学生有"齐越朗诵艺术节"，面对口语传播方向的学生有"辩与论大会"；浙江传媒学院的中国国际动漫节声优大赛；还有其他相关专业院校的各种赛事或阶段性教学成果展示活动，等等。这些足以说明，开设播音专业的高校已经有了这样的共识：具备艺术属性的播音专业学生是有较强展示欲望的，仪式感强的专业比赛或者展示活动可以激发学生的学习斗志。相比提交作品就可以参赛的形式，充满仪式感的舞台展示更吸引学生。

　　对于作为专业基础同时又是学时最长的创作基础和语音发声课而言，小课教学形式本就显得单一和单调，学习成果缺乏展示性更是这一阶段的弱点。如果安排专业展示活动，也大多是费尽心思在舞台效果上，而又往往带给人"这哪里是展示专业基本功"的困惑和评价。

和上海戏剧学院主持专业学生大多站着修习"演播空间处理"相比，习惯"坐着上课"的播音专业学生更加惧怕舞台展示。然而，播音的岗位空间相对紧张和缩减，主持的舞台和空间愈加宽阔和增长。学习成果的展示逐渐成为播音主持专业教学过程中的"刚需"。与之不相适应的教学形式急需进行调整。

（三）小课教学改革的尝试

不少教师在这样的困惑下做出了"突破"的尝试，但是现实中的难度比预想的还要大。

1. 抛开他人的"强化一对一"

教师在小课上既想照顾全体，又想把"一对一"做好，兼顾的效果并不理想。曾有这样的尝试：在语音教室，教师在录音棚里一对一把关、带播，用类似医生门诊的方式，给每位同学专门的时间，专心带领其实现"边播边调整"。这种抛开他人的"强化一对一"形式，瞬时效果明显优于平时的小课教学。然而问题也随之出现，"门诊方式"使得非在诊时间的学生无所适从。虽然教师也嘱托组长带领其他学生，在门外控制室同步收听并实时讨论录音棚中的播音训练，但结果并不尽如人意。学生们在没有老师在场的情况下，想要做到自觉学习和讨论，难比登天。

也有教师尝试安排研究生助教协助管理控制室里的学生，其效果和组长进行的管理无甚差别。毕竟研究生和本科生一样，其实都还是学生的身份。事实上，人在没有管理、约束的情况下，懒散应该属于本能和本性；人在没有外力"规矩"的条件下，很难自成"方圆"。

另外，专业学习中教师与学生之间的关系不同于医患关系，长期"问诊""门诊""会诊"的方式容易让学生自比患者，总带着"我要看病，老师开药"的意识，也会潜意识中打击自己的专业信心。如果略微优化一下这种关系，把"问诊"变成"健康管理"，把教学中的"挑毛病、改毛病"换成"专业能力培养与管理"，是否更显诚意和科学？

2. 阿提斯训练法

中央戏剧学院表演专业在台词基本功训练课上，曾经引入希腊当代著名戏剧导演兼理论家提奥多罗斯·特佐普罗斯创立的表演训练体系。这套体系被称为"阿提斯演员训练法"。也有人称它为"身体暴力""仪式暴力""身体戏剧"或者"形体戏剧"，等等。从这些称呼中也可以看出些许端倪，就是这一训练法将演员的身体作为训练的核心。特佐普罗斯在《酒神归来》一书中详解了阿提斯训练法。这套训练法，尤其是在气息、发声、吐字的基本功训练上，将之与肢体训练（立正、跪坐、拉伸、仰卧、下蹲等）相结合，有效协调肢体动作和有声语言的节奏统一，让训练者在高强度的重复练习中激发身体能量，集中注意力，呼吸和用声张弛有度、控纵有节。

特佐普罗斯在接受中央戏剧学院专访时说："阿提斯的训练强调演员与自然的关系。其中心内容是注意力和放松。这是由于现在的表演教学多是为了培养电视剧演员，而电视剧演员往往是不能集中注意力的人。精神的集中、身体的放松和横膈膜的控制，是阿提斯的日课，而这都是围绕着一个目标的活动——排除日常生活的杂念。至于使用何种手法、服膺哪个体系，不是问题的关键，关键是如何调动演员的能量。"①

2016年北京艺术院校教学成果展示中，中央戏剧学院表演系李红副教授的"台词基本功训练汇报"，将阿提斯训练法融入台词课基础教学中，舞台呈现令人震惊。这种训练方法，强度大，注意力集中。从舞台展示的效果上看：单人训练，克服紧张，彰显自信；小组训练，团队协作，共情共鸣。这种方法本身用于演员的训练和培养，但却给相似的播音主持专业语音发声、气息吐字这些基础课以极大启发。前述小课教学尤其是专业基础部分教学形式的不足：注意力不集中、坐着上课易疲劳、多人小课的意义难以呈现等，皆可使用阿提斯训练法尝试进行改革。这并不是说阿提斯训练法可以解决前述的一切问题，而是为解决问题提供突破口，并提醒教师，尝试突破的想法应该付之行动了。

另外，基于表演训练的阿提斯训练法，天然带有强烈的舞台展示性，给枯燥的基础训练赋予蓬勃的活力。试想一下，将其用于播音主持专业的小课基础内容教学，既可以调动学生的参与性、积极性，打破"坐着上课"的固有模式，在肢体和行为运动中进行基本功训练，有效集中注意力，克服疲惫

---

① 沈林. 新方法、新形式、新视野、新答案：关于第二届国际戏剧展演的断想［J］. 戏剧，2000（4）：38.

（注意：专注训练出现的"疲劳"与坐着上课时的"易疲劳"是不同的，前者是训练后的疲惫但充实，后者是慵懒状态下的倦怠且乏味），又可以在教学训练的同时融入展示的理念和方法，为之后可能需要的专业阶段汇报做准备，让自我展示给学生带来的刺激均匀溶解在每一次专业课中。同时其展示效果可以给内行带来教学启发，让外行"不明觉厉"，从而增强专业的神秘感和"专业性"。

诚然，在没有进行尝试的前提下看，阿提斯训练法可以给小课教学注入一剂强心针，美好的结果也都是我们设计和想象的。应用之中一定还会出现不少问题，如会使播音专业基本功训练走向"声台形表"的表演方向；新的训练方法势必打破原有教学模式，给教师能力、教师备课、教学场地设置等带来更多要求和困难。

改革的路不好走，不愿改变现状的人显然占据绝大多数，并且"维持现状"的理由也很充分和明智："智识高超而眼光远大的先生们开导我们，生下来的倘不是圣贤，豪杰，天才，就不要生；写出来的倘不是不朽之作，就不要写；改革的事倘不是一下子就变成极乐世界，或者，至少能给我带来更多的好处，就万万不要动！"① "前驱和闯将，大抵是谁也怕得做。"② 但是前驱和闯将，又必须有人去做，因为播音主持专业教学形式的改革，已经刻不容缓。

四、信息技术发展对播音教学的影响

本书第七章曾提到，播音主持高等教育发展规律的归纳总结，不仅仅也不应该只能应用于形成期（1963—2000 年）的历史。中国播音主持高等教育的后续发展，亦可使用"新闻（政治）""文化""艺术"的三维坐标进行概括与归纳，甚至作出预测和展望。当然，随着社会的发展和科技的进步，三维体系也有可能获得改变，增加新的属性（坐标），也可能是减少或替换。

从当前的社会发展来看，"技术"，特别是信息技术，在给人们的社会生活带来巨大改变的同时，已经开始左右很多专业教育的发展方向和发展过程。

---

① 鲁迅. 鲁迅全集：第三卷［M］. 北京：同心出版社，2014：78.
② 鲁迅. 鲁迅全集：第三卷［M］. 北京：同心出版社，2014：77.

相比本书研究的历史阶段，人们今天的生活发生了极大变化。互联网思维、互联网技术、信息技术已经被广泛应用于社会生活的各个层面。而播音主持高等教育的重要应用阵地——媒介，其格局也出现了翻天覆地的变化。

北京师范大学新闻传播学院执行院长喻国明在《传媒经济学教程》中指出："数字化之后，高新技术产业的产业边界出现模糊化，过去不同形态的媒介信息的壁垒已被打破，报刊、广播电视、互联网所依赖的技术越来越趋同，以信息技术为中介，以卫星、电缆、计算机技术等为传输手段，数字技术改变了获得数据、影像和语音三种基本信息的时间、空间及成本，各种信息在同一个平台上得到了整合，不同形式的媒介彼此之间的互换性与互联性得到了加强，媒介一体化的趋势日趋明显。这种现象称为'媒介融合'。"①现在，无论是学界，还是业界，"新媒体""新媒体时代""全媒体时代""智媒时代""媒介融合""媒体融合"等各种形容媒介格局的新鲜词汇不绝于耳。而这一切皆源于信息技术的进步和发展，人们获取、分享、传播信息的方式都被技术进步的浪潮所改变。

播音主持教育中，这种技术的进步和变化也越来越多地被运用，并且改变着原有的教学模式。因此，认识并重视技术的重要性在播音主持教育中显得日趋重要。

区别于其他普通类高校专业，播音主持教育的实践性极强。经过几十年的磨砺和发展，播音主持教学已经发展为"大课与小课结合，实践与理论兼顾，校内与校外并行"的良性模式。但也正因其实践性强，很多高校都倾力于专业硬件设施的打造，如录音棚、摄影棚、虚拟演播室等。显然，寄希望于"有了先进的硬件设备就可以培养出优秀的专业人才"是不现实的。以前大家对于专业"软件"的认识，大多着眼在师资力量、师资的教学和实践水平上。这些观念在曾经的特定时期和特定环境下对专业建设和发展产生了巨大的推动作用。

今天，信息技术的高速发展对播音主持教育的影响绝不仅仅是提供了先进的硬件设备和便捷的互动手段这么简单，而是渗透式地改变着专业教学的方方面面。同时，"技术赋能"也给我们提出了新的时代命题——如何利用

---

① 喻国明，丁汉青，支庭荣，等. 传媒经济学教程：第二版［M］. 北京：中国人民大学出版社，2019：189.

信息技术进一步完善和发展播音主持教育？

（一）信息技术手段革新互动平台

以往教学中的师生互动都在课堂，不管是大课还是小课，一教一学皆受时间和空间限制。而播音主持教育需要持续不断地在实践中进步和成长。因此这一专业教育需要大量的练习和深入的思考分析才能有所收获。这些要求仅靠课堂上的时间是远远不够的。但是，为学生提供方便、直观的课下学习互动平台一直是播音主持教育的短板。不少学校的播音专业依然坚持唯一的、持续了几十年的"晚间开放录音教室为学生提供专业学习场地"的做法。

今天，信息技术的高速发展为我们的生活带来了便捷高效的互动体验，同时也为播音主持教育的课下学习提供了诸多可能。我们可以通过超大空间的网络云盘把教学素材打包上传，以网络共享的方式为学生创造学习平台。云盘中分类上传优秀作品资料，包含各类有声语言作品的影音资料、文字材料等。这些作品可以不定期更新，学生可以随时下载或实时在线观看，利用碎片时间进行学习并上传作业。教师也可以利用空闲时间及时下载学生作业，录制意见点评上传云盘反馈给学生。这一平台不仅为学生提供学习基地，还能成为师生课下非实时互动的交流空间。而且，利用云盘进行作业互动的方式，便于保存资料，记录学习过程，学生的学习进度和成长提高，一目了然。

另外，微信、微信群也正在成为师生互动的主要交流方式：课程作业、教学计划等教学信息的发布方便高效，专业文章和课外知识的转发补充课堂教学，课堂信息的遗漏和更正也可以及时提供。这种生动、立体、全面的互动平台使教学效果明显增强。特别是微信群的引入，方便师生共同收听收看每个学生的专业作业，分享和探讨专业困惑，不仅练"播""说""诵""评"，也能练"听""看""辨""析"。

2020年春节，一场突如其来的新冠肺炎疫情让无法开学的高校把各种课程纷纷转到线上，各大信息技术公司也以闪电般的速度介入提供教育平台的工作中来。QQ群、钉钉会议、腾讯会议、Zoom等，争先恐后地为线上教育开展的可行性、有效性、趣味性贡献自己的智慧，除了现在已经司空见惯的视频会议、电话会议、连麦直播等，还将屏幕分享、弹幕互动、点赞打赏、委托管理、视音频同步等相关技术的潜在教育能量深挖出来，一展技术对教育革新的身手。

（二）信息技术设备充盈教学课堂

智能手机、平板电脑等在学生的日常学习生活中已经非常普及。这两种终端设备已经逐渐成为今天最为强大的全功能信息技术设备。这些设备不断丰富着我们的教学形式。教师在课堂上，从板书到幻灯片，再到 PPT，再到双屏教学，教学形式因技术设备的更迭而不断变化，教学效率也在稳步提升。

今天的学生，在大课讲堂上用手机随时记录教学 PPT 或者教学授课精彩内容已并不罕见。近年来非常流行的"讯飞语记"，可以快速、准确地将录制的音频转换成文字。虽然这种形式相较于传统的"笔记"显得过于方便，这种"方便"也受到教育界中部分人士的指责（主要强调"笔记"的方式更用心），但其易于保存、整理、观看的特点还是得到了越来越多学生的认可。与其分辨两种方式哪种更用心，还不如对如何帮助学生提高学习效果和效率多作思考。

另外，不少教师感叹，在这样的技术环境下上课简直就是"和百度赛跑"。学生在课堂上动辄就要"百度"一下课程中的某个信息或观点，稍有不同便会对教师质疑。这也给教师"备课充分认真"和"教学逻辑严密"提出了更苛刻的要求。同时，教师若有不当言行，也很容易被放大传播甚至引发舆情。

当然，如果未经教师同意，学生利用信息技术设备对教学 PPT 和教学过程进行拍摄甚至是直播，就有侵犯教师个人隐私和知识产权的风险了。为了趋利避害，我们也可以提倡教师将课程内容共享于教学云盘，允许学生下载或分享。

值得一提的是，想要避免课程被直播越来越难。如果教师无法做到让课堂中的学生不使用手机，那就该在提升教学品质和活跃课堂氛围上下些功夫，以期在直播中拥有一个良好的个人教学形象了。

在播音主持教育的专业小课上，信息技术设备的应用更加多样。口语表达课程中，学生们随时随地用手机拍摄口语课视频作业，携带方便，操作简易。即便在较高的技术参数要求下，很多先进的手机终端也可以录制 1080p

甚至 4K 的高清视频作业，让方便与质量同在。视频外拍采访课程中，手拿自拍杆用手机独自进行报道的例子也越来越多，现在还有了专门用于户外直播的手持式 360°全景多功能运动相机。在电视播音主持课程中，平板电脑如苹果的 ipad、微软的 SurfacePro，正在提供无纸化的操作手段，方便快捷、低碳环保。学生可以借助平板电脑进行图片、文字、视音频材料的展示，操作方便，可感性强，易于接受。另外，"平板电脑 + 蓝牙"的提词模式，也将传统的提词器大为优化。

这些技术设备在教学课堂中的应用，形式新颖，互动性强，活跃课堂气氛，与传统教学手段不断拼接、叠加，骨肉相连般地交织融合。当然，这些应用对教师的备课、教师与学生的互动，提出了更多更高的要求，同时技术支持和保障也开始成为课堂教学的一大难题。因此，这些方法目前仍属于不能全面普及的尝鲜型教学手段。

（三）信息技术产品丰富教学形式

前面曾经提到，播音主持教育的实践性极强，学生在学习与训练中对个人专业实践技能的提升非常重视。但即便在专业课时间，学生也不可能始终占据着专业设施进行实践学习，课下时间短暂开放的录音棚、摄影棚，也并不能满足学生们日益提高的专业训练需求。没有真实的录制环境就难有实际播出的状态，专业训练的实践性、真实性、体验感，都难以得到满足。

信息技术的发展不仅迅猛、高速，而且无处不在。以"配音秀"为代表的信息技术产品，涉足有声语言艺术的专业领域，至今注册用户已经超过4000 万。这是一款娱乐类手机软件，用户可以通过手机直接配音，模仿原声或者创意编词，甚至使用方言，同时还便于分享，具有一定的社交功能。相信这款软件在创作时并未考虑到对有声语言艺术专业教学的意义和价值，但它却是目前为止和播音主持教学关系最大的娱乐软件了。

在如今的播音主持教育中，不少教师借助"配音秀"这样的专业 APP，辅助有声语言艺术课程，丰富教学和作业形式。这些软件产品，简单易学、素材丰富、创意无限、效果逼真，录制后可以调节人声和环境音的大小比例，搭配各种音效，十分生动，真实感强，甚至与原片无异，给学生带来极大的专业体验感、满足感和成就感。

教师在保证教学主流的前提下，可以借助信息技术产品的专业分类（动漫配音、影视剧配音、广告配音、游戏解说、体育解说、纪录片解说、文学作品朗诵等）为学生布置作业，辅助专业教学，丰富教学形式。

（四）信息技术应用提供展示平台

尽可能多地为学生提供实践播出平台，一直是高校播音与主持艺术专业的建设目标。为此，但凡开设播音与主持艺术专业的高校，都会竭尽所能地与各种媒体搭建实践基地，为学生提升专业能力、适应媒体工作环境提供机会。

近些年，信息技术应用为这一实践需求提供了更多元的展示平台，尤其是互联网平台。中国传媒大学播音主持艺术学院的口语表达课，曾经借助学院官网和新浪微博、播客等平台展示学生口语课作业。这一措施将学生作业面向全网展示，接受网友的评论和反馈，给学生以极大的展示压力，有效调动了他们的实践积极性，也明显提升了作业的专业水平。

今天，以"喜马拉雅FM""蜻蜓FM""荔枝APP"为代表的互联网音频分享平台，以"抖音""快手""哔哩哔哩"为代表的互联网视频分享平台，正在致力于UGC（用户生产内容）社区业务，为广大声音和视频爱好者提供舞台。其中，"喜马拉雅FM"等音频分享平台吸引了大量有声语言爱好者传递和分享他们的音频作品。播音主持教育也正在尝试借助这些平台为学生提供更加专业、更加完整的实践展示机会。学生可以在音频平台上制作有声小说、创办个性化电台；也可以在视频平台上做节目、展示作业。

另外，信息技术的发展除了为播音主持教育的教学形式、教学手段、展示平台提供便捷，也为教师尝试专业考试改革提供可能。例如，传统的集中时间、规定地点的现场专业口试，可以被"学生提前录制并上传云盘、教师集中听评"的方式取代。这种方式避免兴师动众，节约时间成本，也可以有效减少现场考试时间过长带来的考试中教师疲惫问题。当然，也有部分教师认为这种考核方式缺乏仪式感会失去考试的意义，或者学生自己录音会因为设备不同导致听评标准失衡。任何新生事物的出现或者新的形式的采用，总会带来争议，不可否认的是，至少信息技术的发展为我们提供了多种形式的选择。

如今的播音与主持艺术专业在全国遍地开花，播音主持教育也在几代人的努力下不断探索着前进。这种探索迎头赶上了信息技术改变整个世界的巅峰时代。与播音主持教育密切相关的媒介格局、教育环境，都被技术深度改变。在这样的环境下，我们可以猜测，"新闻（政治）""文化""艺术"的三维体系，很有可能迎来一个新的坐标——技术。而它是否可以左右播音主持高等教育的发展？仅仅是增加还是会取代原有三个坐标中的某一个或多个？现在下结论还为时尚早，我们拭目以待。

附 录

　　本书在绪论中提到，播音主持高等教育发展时间虽然不长，但本书研究的形成期历史（1963—2000 年）距离今天还是有些久远，一些历史阶段的官方资料已经遗失或者欠缺，导致历史研究的连续性受到影响。深度访谈获得的第一手口述历史资料，可以帮助本书更加逼真地还原整个形成期历史全貌。

　　2017 年至 2019 年（本书撰写期间），为进一步研究、分析播音主持高等教育形成期历史，笔者专门对中国传媒大学、上海戏剧学院、天津师范大学、浙江传媒学院等高校的相关专家进行了深度访谈，包括张景绪、李越、王克瑞、付程、马桂芬、卢静、吴洪林、贾宁、陈雅丽、陈晓鸥、廖炎、王明军等，内容涉及播音主持高等教育的建设历史、专业理念、教学思想、教学方法等诸多方面。

　　本书在这里节选其中几位专家的访谈实录，为读者提供更加生动的史料。

一、贾宁访谈实录（节选）

访谈时间：2018 年

访谈地点：天津，贾宁老师家

　　贾宁，中共党员，教授，天津师范大学播音专业学科带头人，中国高教学会播音与主持艺术教育专业委员会常务理事，中国广播电视协会播音主持委员会常务理事，国家级普通话水平测试员。1957 年出生于天津。1974 年至 2003 年在天津人民广播电台历任播音员、主持人、节目监制、播音组长等职。1997 年起受聘天津师范大学国际女子学院兼职副教授。2002 年晋升播音指导。2003 年 4 月正式调入天津师范大学国际女子学院，担任播音与主持艺术教研室主任。2004 年 2 月起担任播音与主持艺术系主任。2017 年退休。

29 年专职的播音工作

访问者：

您是如何与播音结缘的？

贾宁：

我是 1957 年出生，1974 年在天津人民广播电台工作，当时 17 岁。当时中学生毕业以后都"下乡"，因为要办好广播，所以急需人。当时天津电台跟市委宣传部发了一个申请，想在中学生里头选一点播音员。当时是通过少儿节目给各个学校打电话，说你们有高中毕业生适合做播音员的给我们推荐来考试。

我有一个贵人，就是我所在中学的教务人员，他多才多艺。他跟打电话的人就说了一下，他说我们学校高中没有适合的，初中有一个，你们考虑考虑。当时也不是事业编制，叫"以工代干"，所以也比较宽松。于是那一年在几十个考试的学生当中，我就成了唯一的一个初中生，我们 5 个人中有 4 个高中生，就我一个初中生，这也很幸运。

刚干播音的时候可能表面上看来声音条件、味道还可以，但是干着干着就发现自己底蕴不够，所以到现在我在专业教育上一直强调这个底蕴。你可能认识字不少，但是认识字不等于有文化，所以后来一恢复高考的时候，我特别想考北京广播学院，因为我在学校学习也算不错的吧。但是当时我工作已经四五年了，也有点小名气，我母亲就坚决不同意，说你好不容易在天津有一个那么好的工作，如果上了广播学院给你分到外地去怎么办。我妈虽然是小学老师，也是知识分子，但是当时就是那观念，守着家乡不让走，所以1978 年我就考了夜大，咱们天津的新华职工大学，当时叫新华夜大，我毕业证是新华职大。后来国家 1981 年正式发了一个文件，承认学历了，但说学时不够，然后又加了一年，最后我们上了四年拿了一个专科证书，是汉语言文学专业。后来我又在党校补了一个本科。

访问者：

边工作边上学有什么感受？

贾宁：

这里我有个体会，跟教学有关系的，我觉得播过一段音的人，工作一段时间以后再学习，不管学什么，学习的热情都特别高，当然包括理解力也提高了。播音当中遇到的问题、备稿遇到的问题、表达遇到的问题，在课上都能找到共鸣，你觉得所有的课都特别有价值。因为我学的是汉语言文学，比如说现代汉语，现代汉语现在学生特别不爱上，但是我当时就如饥似渴。我觉得这简直就是专门给我安排的，量身定做，停连、重音几乎都是语法重音和语法停连，越研究越想研究，天天坐第一排跟老师接下茬。后来我到这儿当了老师以后，我也是一直坚持要把文学的那些课当作主干课。播音是一个边缘学科，文学应该是很重要的基础。但是这个事到现在我也觉得没干好。

我觉得因为学生没有工作经历，他们对现代汉语等这些知识，不认为是跟我们工作直接相关的。他们不认为这些内容是播音主持的基础性课程。所以我觉得咱们播音专业的学生，一上了大学就学播音存在一个问题，就是他们本身不懂也不容易理解播音的性质。我们讲播音概论，我觉得讲得很细致了，他觉得你是在讲政治课，不觉得你讲的是业务课。

访问者：

您在天津电台时是播新闻还是主持节目？

贾宁：

一开始都是播，那个时候还没有主持。我们去以后跟现在上本科一样，一上来先围一圈儿，老师给我们上小课。小课先讲概论，党的政策，然后是创作基础。"内三外四"这些技巧也讲，然后给稿件练习，几周之后就选两个同学做节目预告，我和另外一个女生就录了几个节目预告。再过几天又说可以做气象预报了，又选两个人做。就这样轮流着大伙都能做了。为什么我后来能在大学教书？我觉得就是跟那时候工作一样。不一样在哪？那个时候是边学边干，现在我们大学是练可能有很好的训练条件，甚至很好的播音室，数字化的设备，但是它不是真在播音，学生心里的状态和追求是不一样的。所以我刚才也说，反过来在大学毕业的学生里、在那些打算干播音员或者已经是播音员的人里选拔人重新来学习这个专业，可能比现在效果更好。

访问者：

现在学生对播音技术就是播音技巧好像更崇拜、兴趣更大。不像已经在台里工作了一段时间之后会觉得自己的专业是有瓶颈的。

贾宁：

而且这个播音技术是被窄化了的。只认为吐字发声是技术，甚至连创作基础都不认为是技术。不少学生在大二就开始逃课了。好多学生觉得创作基础不就是语文吗？那有什么可学的？他们觉得自己的吐字发声很像播音员，普通话测试都能通过一级甲等，认为这样就够了。其实我一直跟学生讲，吐字发声不算播音，吐字发声是播音的预科。没有吐字发声学不了播音，但是学会吐字发声还没开始播音呢，播音至少从创作基础开始。

我上小学、中学的时候遇到过一些印象很深的鼓励。比如我曾经小学的校长，教语文课教了我们不到半年，但是印象特别深。那时候我们读课文，他就告诉我们逗号、句号都要停顿，逗号停一拍，句号停两拍，自然段停四拍之类的。虽然现在来说这太机械，但是毕竟让我们有了停连的概念，所以后来朗读什么的都不紧迫了，就没有那种"不喘气儿"的情况了。

访问者：

您当时在天津电台的时候已经认识关山老师了吗？

贾宁：

是这样，我在初二的时候关山老师到我们学校做了一次讲座。我有幸在现场听了。确实那也让我热爱上了播音主持。但是到我考试的时候我都没想过会当播音员。但是这个种子是有的，只要有合适的土壤，它就发芽了。1974 年我们去电台考试，当时关山老师是播音组长，他给我们一些材料，带着我们去录音，他还给指导指导。就是那个时候我才真地认识了关山。

我们这届新播音员有一个特点，在我们之前都是"师傅带徒弟"，就是进来之后每人分给一个老师带着。从我们这届开始，因为关山老师 1973 年参加了齐越先生办的毛泽东思想培训班，就是各地骨干的播音培训班，他学了很多知识和理论，所以回来以后他给我们上课就等于我们去那个培训班了一样。我们也不分给具体老师了，就都由他带着。

我们实际上有点像大学的小课组，只是上学期间边学习边参加一些实践。所以我写过一篇文章——《我师教我为师》，就是写关老师的。我总觉得我进电台的过程始终是去上学的过程，一直跟着关山老师在学。一开始是专门学，后来各地慕名而来跟他学的学生很多，我们就做助教跟着一块儿学，带人家去录音，也是学了很多东西，最后顺理成章，他把我调到学校里当老师了。

访问者：

您在天津台播音做了多少年？

贾宁：

专职 29 年，从 1974 年到 2003 年。然后 2003 年到天津师范大学专职当老师了。2017 年退休。

天津师范大学播音专业的学科带头人

访问者：

在 29 年的播音工作中去过天津师范大学教课吗？

贾宁：

有，我是 1997 年被他们聘的兼职副教授，2002 年升的正高级职称，2003 年就调过来了。2003 年到 2006 年底又在教师岗位兼职主持了四年。

访问者：

最开始关山老师在天津师范大学创办播音专业的时候，您在台里知道这个事吗？

贾宁：

关山老师是 1992 年退居二线的，不当播音部主任了。1993 年他的爱人高琳老师创办了天津师范大学国际女子学院。最初没有播音专业，主要是国际贸易。这时也正好关老师退居二线了，全国开办播音专业的学校也星星点点开始了。于是高院长发挥自己的办学优势，关山老师发挥自己专业的优势和人脉的优势。

办起来之后发展很快，最初才不到 10 个学生。2000 年不是全国扩招嘛，2001 级我们就开始扩招了，学生大概有 100 多人了，以前没有超过 100 人的时候。

一开始我偶尔过来给他们做个讲座，大家一起聊聊。第二届学生我就给带带毕业论文，那时候我论文总得奖，也就还能胜任。一直到 1997 年，申请升本的时候（1997 年正式升为本科），关山老师和高院长请了我们五个在职播音员，一人发了一个证书，就从那开始成了兼职副教授。

访问者：

那就是说 1993 年开办学校，1994 年开始招播音专业的时候是大专？

贾宁：

对，大专。1997 年国家批准升本，然后 97 级就延长了一年学制，就是第一届本科生。

访问者：

天津师范大学国际女子学院播音专业男女兼收吗？

贾宁：

对，男女兼收，但是全国大多数播音专业一般都是男生少。我调进来是2003 年。2006 年国家评估，学校传达的专家意见是说应该按学科建院，所以整改就把三个学院（国际女子学院、影视艺术学院、艺术学院）重新组合成美术与设计学院、音乐与影视学院，把播音与主持艺术专业归入原来的新闻传播学院。

访问者：

1997 年您做兼职副教授时，专业师资队伍是什么情况？

贾宁：

当时没有专职老师，关山老师也是特聘教授。当时这个专业是当作一个实验来做的，并不想组建专职教师队伍，用就用全国最好的榜样名家和教师，包括新闻学、思政课。我是第三个专职老师，前两个是最初两届本科毕业留校的佼佼者，首届是赵若竹。赵若竹是我们这儿的专职元老，我是第三个。随着人员流动，我已经是现存的元老了。

2003 年学校正式发文成立播音与主持艺术系，任命我为系主任。然后那几年我们引进了几个人，几乎现在的老师大多数还都是那几年进的。最多的时候 11 个人。外聘教师还比较多，稳定的差不多保持在 10 至 20 人。我们刚创办的时候，中央台的虹云老师、林如老师等都来上过课，北京广播学院的李钢、高蕴英、蔡乃雅等，还有杨涛老师来的时间比较长，最长的是付大岭老师。

访问者：

从您兼职的时候开始算，包括您后来担任系主任工作的这段时间里，在学科理论建设上做了哪些工作？

贾宁：

我觉得还真是做了一些，因为我刚才说之所以我能调来，特别是高院长考虑调来的人不能只会播不会讲，也不能只会讲不会写。因为知道高校工作是要搞科研的。我在台里的时候，其实我最被大家熟知是因为写论文，我获得过播音学研究会三次论文一等奖，两次二等奖，还有唯一的一次三等奖。所以她认为我在教学这方面应该是能够有理论提升的。在我来之前，我们有一本自编教材，是关山老师和高蕴英、蔡乃雅一块儿编的。这本书就是从吐字发声一直到主持、文艺作品演播都涵盖了，是一本综合的教材。我们来了以后有些课还用这本教材，有些就用咱们中国传媒大学的教材，就是《实用播音教程》，特别是发声那本一直用。吴郁老师主编的《播音学简明教程》也用过。2013 年我和几位老师一起通过教改实践写了《播音员主持人稿件表达方法与技巧》，中国传媒大学出版社出版的。另外几位教师也出版了几本教材。

访问者：

您觉得天津师范大学的播音专业在全国是如何定位的？

贾宁：

我们招生不敢太多，还是重在精英教育。天师播音也有些年头了，出了些人才，更重要的是有自己的传统和精神。毕竟这些年干得不错，外界印象不错。尽管我们号称排名前列，但我不愿提排名什么的，我们只是全国第二家播音本科，起步较早、贵在坚持罢了。我退休前后学校的思路改为压缩招生人数进一步追求精品办学，我觉得不太现实，还是要在适度普及中提高。

访问者：

天津师范大学播音专业在人才培养上有考虑过分方向吗？

贾宁：

天津师范大学曾经把播音专业划分为播音与主持艺术、采编播一体化主持、双语播音与主持三个专业方向，高年级时选择学习。我觉得专业方向应该是能力培养，我们不可能按节目形式定向培养。第一，学生进校的时候我们不知道谁适合什么。第二，就算适合了，毕业以后不一定能干这个方向。比如学生喜欢体育，可是体育台就不要他，怎么办？我们有新闻播得好的最后干了曲艺了，现在在《鱼龙百戏》干得特别好。

其实这四年关键是打好专业基础。如果让学生专门弄一个方向，就学得窄了，而不是宽了。所以我们播音专业现在是干什么的？是做毛坯的！将来交出去的是基本成型的毛坯，按用人要求稍微加工一下就行了。

　　当然，按节目形式培养的想法也是合理的，但是高校教育现在还不是"订单式培养"。如果能过渡到先就业再培训、"订单式培养"，针对性才变得更为重要。

　　打牢基本功，基本功扎实才容易放散性发展。所以我当时是顶着很大的压力这么坚持的，我就是想让学生"没有特点"，"没有特点"适应性才强。然后特点在哪培养？一是靠兴趣培养。我们有四个专业社团，一个"声线传媒"，专搞广播的；一个"123 配音工作室"；一个电视台；还有一个"朗艺团"。感兴趣的学生都到那去了，有针对性地去追求学习和实践，感觉到差距上课就会比别人更用功。二是靠继续学习、继续教育。根据就业前后岗位需要有目的地去延伸学习。播音员、主持人在工作中越来越成熟，逐渐找到定位，增强能力的事实，已经被业界的实践充分证实。

二、吴洪林访谈实录（节选）

访谈时间：2018 年

访谈形式：电话访谈

　　吴洪林，上海戏剧学院电影电视学院副院长、教授、主持艺术硕士生导师，中国广播电影电视社会组织联合会戏剧影视学术研究基地特邀研究员，中国高教学会播音与主持艺术教育专业委员会常务理事，中国电视艺术家协会主持人专业委员会专家。在上海戏剧学院任教期间，创立了一整套培养节目主持人的专业课程体系。曾获宝钢教育奖、上海市育才奖、上海市教育成果奖、上海文艺人才基金优秀教师奖等。

访问者：

　　上海戏剧学院播音与主持艺术专业在教学理念上有哪些独特之处？比如说培养目标、培养方式上。

吴洪林：

　　我想任何一所大学都是以特色来定位的。1995 年我们开始办学的时候也有个想法，当时北京广播学院是全国老牌的、第一家的、占据老大哥地位的这么一个学校，如果我们也来谈播音，那肯定没法和北京广播学院比。另外，从当时的一线状态来看，我们也考虑自己的定位在哪里？所以在这个时候我们先从招生的称谓上开始思考。当时还没有"主持"这一说，就是目录上没有，我们叫"电视编辑（主持人与采访）"，这也是因为当时找不到合适的称谓。

我一直认为，各个大学的办学要由它的特色来定位，因为万事万物"定位"是首位，所以当时我们就把"主持人与采访"作为定位。另外还有一个很有意思的名字，就是1995年我们招生简章和目录上是这么说的，"电视节目主持人本科班"。这个词语突出了"电视"，突出了"本科"，也体现了当时我们定位的一个方向。

从特色来讲，我们有这么一句话——"电视节目主持人是社会表演家"。在我们探索的前五年当中，教学上是借助了审美表演的方法和手段来训练学生的社会表演，同时借助镜头进行传播学的教授。培养目标就是"沟通达人，传播高手"。

另外，我一直不认为"小课教学"是特色。但凡是艺术学校都是小课教学。大家都是这样的那叫什么特色？上海戏剧学院的各个系都有这个问题。表演系、导演系都是小课教学，我们播音主持专业也有小课教学。这样一来，"小课"就不是特色，而是统一的了。当时我们也很犯难。后来我们总结了几句话：以半文本及无文本节目的即兴主持创作为主干，强调适应多门类与多样态节目的主持能力，培养电视主持艺术的合格人才。这就是我们的特色。

我认为，任何艺术的创作主体，必须要研究它的文本样态。比如说演员的文本样态是剧本、台词。电视节目主持人的文本样态就是：有文本样态的"背稿创作"，半文本样态的"腹稿创作"，无文本样态的"喉稿创作"。于是，我们的教学就抓住了文本样态这个点，并从传播层面把主持人定义为，在节目文本样态的现场演播和现场驾驭中呈现出"传必求通"与"串能激活"的创作者。

访问者：

上海戏剧学院的播音主持教学中有没有遇到过这一专业的"专业性"困惑？

吴洪林：

我曾经在外校讲课时提出过这个问题。就是播音与主持艺术，它的专业是什么。我问过学生们："同学，你说我对音乐感兴趣，我是音乐主持；我对体育感兴趣，我是体育节目主持人；我对经济感兴趣，我是经济节目主持人。那么我说你的体育知识、音乐知识，就是你的专业了？如果这样的话，那播音与主持艺术专业不要上课了。就找音乐老师、体育老师、财经教授讲讲课就得了，讲讲史、讲讲性、讲讲感、讲讲特征就行了。"这样的话我们可就没专业了。于是我对专业提出了"两专意识"，或者说"双专意识"。

任何艺术，它的根本的"源"都是大同小异的。那么我们怎么看待"播音与主持艺术"这一门艺术？要看它是如何创作的。既然任何艺术同出一源，其区别就在于它的表现方法。我提出的"双专意识"的理念，涵盖"专业技能"与"专门知识"，两者缺一不可。而缺一不可的"专业技能"与"专门知识"在节目主持创作中的行为表现就是现场驾驭和现场演播。现场驾驭与现场演播就是主持人的真正专业。

访问者：

您的意思就是现场驾驭和现场演播是两个专业意识，对吧？

吴洪林：

是主持艺术专业的表现方法。我们还有一个观点，就是对主持人而言，谈到社会表演时有八个字，就是"传必求通，串能激活"。就是说传播必须达到沟通的目的，串联必须实现激活的目的。主持人现场演播的最高呈现追求是什么？传必求通，串能激活。也有人问为什么叫演播？"演播"这个词不是我创造的，本来就有，但是我们把它用在"小说演播"上。我这里的定义是关于主持人的。

多年前我和吴郁老师谈过这个问题。"演播"的"演"我们理解错了。不会表演的人、没有研究过表演学的人都以为，一演就夸张，这其实不对。李咏的主持和陈道明的表演哪个夸张？其实真正的演员表演也要真实、也要生活、也要真诚。还有，真正的"演"，对应的是演示过程。《三国演义》中的演史、演变，这些都是个过程。真正的演员是扮演角色生命过程的人。所以我对演播的定义是——主持人面对动态语言系统，有情感、有变化、有发展的当众播讲。"演播"有三个层面：心理情感的运动状态，态势语言的行动状态，现场发挥的能动状态。这三种状态是最佳演播状态。

另外一个就是现场驾驭。如果节目到了主持人手里，表现得四平八稳、平平淡淡、平铺直叙、直来直去，谁看谁听？用现代的话说主持人是最后一棒，也就是传播的终端。再好的节目，再好的组织安排，再好的群众场面，再好的基本形态，再好的讲话内容，主持人到现场，平平淡淡，完全没有驾驭起来，节目也就失去了色彩。主持人真正的核心动作就是串联，把上一档下一档、上一块下一块、上一段下一段串联起来。"串能激活"，把它激活了。任何的稿件和任何的流程都是平面的，到了主持人的手上就立体化了、活起来了。所以说"传必求通，串能激活"是现场驾驭和现场演播的最完美呈现，这也是当今主持人必需的东西。

另外还有一个问题，就是我认为主持人的定位有两个，一个是从传播的角度，一个是从艺术的角度。如果刚才我所讲的是从传播的角度来说的话，那现在我从艺术角度来讲，主持人是以"我"的方式出现在镜头与话筒前，为受众准备并驾驭一档固定节目的"演播主人"。

"演播主人"是一大创造。为什么这么讲？现在好多主持人并不知道自己在节目中的身份是什么。实际上是以"我"的方式，"我"是打引号的，就是"大我""小我"的结合。全"大我"不行，全"小我"不对。现在不少主持人都把"大我""小我"的结合降低到人际传播的原生态。"演播主人"是主持人在节目中的创作身份，在节目中要"面对面、心贴心"，还要"高半个头"。"高半个头"就是主人，主持人把嘉宾和观众请到现场，请到采访厅里面、演播室里面，主持人就是主人的身份。主持人有主人的含义，包括英语的解释也是这样，面对朋友的主人。

访问者：

大多数学校之所以愿意一直沿用北京广播学院当时的体系，主要也是因为这种方式对创办专业之初这个阶段来说比较容易上手。您这种方式很有创新性，但是最初建立起来应该是比较辛苦也比较困难的吧？

吴洪林：

其实任何一个学校的教学理念形成以后，最关键的就是课程建设，尤其是主干课程的建设。上海戏剧学院这种主干课程的建设是1995年开始的。

四学年八个学期，前面的三个学期，就是大一上、大一下和大二上，主要学习语音发声，大二下、大三上和大三下主要学习表现表达。在表现表达当中，我们还紧抓语体的训练。

我们从大一到大四有八门主干课。这在1995年大概全国还没有，我们是比较系统的。大一上的主持艺术原理、节目比较评析；大一下的节目主持评述，包括主评、自评、点评、短评、总评，还有自选节目读解；大二上的演播言语组织；大二下的演播空间处理，就是在镜头前主持人从哪里走、往哪里看，怎么坐、怎么站、怎么走，等等；大三上的主持节目创作（访谈）；大三下的主持节目创作（综艺）。

主干课程的设置有两大线条，一个语言艺术，另一个就是主持艺术，就是现场驾驭、现场演播。

访问者：

从 1995 年开始您大概用了多久把这个体系建立起来的？

吴洪林：

我们有个教授团队，从 1995 年的第一年就已经有了，只是这一年少一个综艺节目，前面的全有了。那个时候，寒假、暑假都在编书、编教材。后来到三年级，我们就把综艺加进去了。

访问者：

我知道上海戏剧学院一直招人很少，每年只招 20 个人。当时除了您还有哪个老师一起上课？

吴洪林：

我们大课 20 人，小课也很简单，10 人一个小组，一共两个组，两个老师。声、台、形、表各两个老师，总共八个。主讲教师是张仲年、吴洪林。张仲年也是创始人。他是资深教授，也是我的老师。张仲年教授负责整个专业建设，而把学科的创建任务交给了我。他聘请了学院最好的教师来配合我，一起走上了这个非常有意义的"长征"道路。陈茂林、糜曾、刘宁、贾幻真、赵兵、赵国斌、唐群等教授以崇高的热情参与了这个工程，厉震林教授还从北京广播学院录制了部分资料，帮助开出了"主持节目赏析"课。然后一个个创意不断产生，最终形成了具有上海戏剧学院特色的主持艺术主干课程。

关于教学，我有个观点。教学应该比实践更远、更高，距离实践要远。不是台里怎么做节目，我们就怎么教。还有就是关于分类教学，我是打问号的。我强调，主持的艺术就要艺术地主持。要掌握主持艺术的共性而呈现主持节目的个性。我更强调主干课程一定要系统化，要有底气。我认为教学必须是动态教学，动态的、立体的、多样的。

访问者：

吴老师，像您刚才说的这八门课，每门课现在都有自编教材了吗？

吴洪林：

是的，应该说是原创了。我那本书就是 60 万字的，第三版的是《主持艺术》。这本书已经第五次印刷了，是白色封皮的，我叫它白皮书，上海三联书店出版的。还有一个蓝色封皮的，书名是《节目主持》，我叫它蓝皮书，大概 30 万字，是中国广播电视出版社出版的。另外三本主持套书《主持艺术原理》《演播言语组织》《演播空间处理》由中国传媒大学出版社主审后问世。

访问者：

吴老师，上海戏剧学院 1995 年开始办专业的时候是本科吗？有过专科教学吗？

吴洪林：

这个没有。上海戏剧学院是以苏俄教学为模式的，就是小班教育，每个班 20 个人。当年不是搞扩招吗？我们商量来商量去扩招到 25 个人。有一年招生的时候我们就招了 18 个人，因为优秀的学生不够。

访问者：

1995 年到 2000 年，上海戏剧学院在高考录取的时候，怎么照顾专业成绩跟文化成绩之间的关系？

吴洪林：

我们的招生有一个原则，叫"三来"。第一"把考生考出来"，第二"让评委看出来"，第三"让上戏主持艺术的教学理念在考场氛围中营造出来"。在具体当中很简单，一试、二试、三试。我们招生有 24 个字的标准：形象形体、嗓音语音、语流语感、敏捷敏锐、文笔文采、多才多艺。

一试分几个考场，就看形象形体、嗓音语音。二试我们就一个考场，就是听听新闻播讲、即兴表达。到了三试，就是主持的团队合作、现场辩论。这就把整个教学理念落实在三试当中。

我认为，学生的成才，五分招、四分教、一分看运道。因为教学不是万能的，特别是艺术教育。现在有些地方招生都看不到人，这就乱了套了。全靠考分不行，艺术培养不能这么做的。先看条件，然后是功力，最后是能力。

访问者：

上海市对上海戏剧学院的高招录取有要求吗？比如说文化课一定要过什

么样的线吗？招生的 20 个名额是全国招还是一定比例必须招上海本地学生？

吴洪林：

过去我们一般都在 420 分以上，达到一本文化分数优先录取。今年有一些变化。我们是全国招生的，从 1995 年开始就是这样。

访问者：

虽然说在 20 世纪 90 年代之前播音主持教学主要是以北京广播学院为主，但是到后期的时候，群雄并起的局面已经形成了，很有代表性的教学理念却还是太少，多样性不够，而实际上您的体系是很有代表性的，自成一家的，实践也已经证明是很成功的。我这里还有一个问题，因为北京广播学院的播音主持教学是基于新闻的，早期都是培养新闻播音员，所以比较关注新闻性、政治性。从上海戏剧学院的视角来讲，如果专注在主持人的打造上，不管是综艺的还是访谈的，在整个教学理念中如何体现新闻性和政治性？

吴洪林：

今天谈的是主干课程建设、特色课程建设。还有相关配置的四条线：新闻学、大众传播、人际传播、公共关系、整体形象设计为一条线；写作基础、电视新闻写作、电视新闻采访、电视节目深度报道为一条线；艺术概论、美学基础、视觉艺术、心理学、社会文化学为一条线；中国古典文学经典、现当代文学经典、中外名剧赏析、音乐名家名曲赏析一条线。四条线的各门课程配置在主持艺术与语言艺术两条主干课程的交织中。

这个问题我是这么讲，主持艺术的根本属性是传播性。这不是说说而已的。教学大纲、教学课程中都是有上下联系的，互有呼应。从本体角度来讲，传播的本质在于沟通，那么传播性质是什么？应该涵盖三大传播，大众传播，人际传播，口语传播。

那么三者的关系在哪里？就是大众传播糅合人际传播表现在口语传播上。所谓的政治新闻传播，前面不是说了吗，让声音在有限时间，有效传播有价值的新闻。这不是最大的政治吗！大众传播是第一位的，它只是糅合了人际传播，表现在口语传播上。必须牢牢记住这一点。比如我曾经分析过黄健翔那段著名的激情解说。作为主持人，他的身份是什么？是球迷，是朋友，还是主持人？我认为他最大的失误，是把大众传播降低到人际传播的原生态。所以要牢牢抓住这三大传播，抓住三大传播的关系，让独特的艺术性为特定的传播性产生特别的沟通性。要让声音在有限时间里有效传播有价值的新闻。三大传播不是最好的指导思想吗？大众传播代表政府、代表团体。没有大众传播，就没有方向；没有人际传播，就没有亲和力；没有口语传播，就没有吸引力，没有沟通性。

在这里我还想讲一个问题，就是在教学当中，艺术教育的可贵就是把你的理念分解成可以训练的元素，我们不缺方向，缺的是方法。要让学生明白，内容为王、形态为大、语智为上。老百姓想得到的，老百姓也能说的，主持人说了，白说；老百姓想得到的，老百姓说不出来的，主持人说了，会说；老百姓想不到的，老百姓最想听的，主持人说了，善说；老百姓想不到的，老百姓最不想听的，主持人说了，瞎说。所以我们要加大传播的意识，加大节目的意识，加大艺术的意识。

三、卢静访谈实录（节选）

访谈时间：2019 年

访谈地点：北京，卢静老师家

卢静，中国传媒大学播音主持艺术学院教授、硕士生导师，国家级普通话水平测试员。1960 年出生于北京。1983 年毕业于北京广播学院新闻系播音专业。2003 年毕业于北京师范大学研究生院心理学专业。1983 年进入中央电视台，曾担任《新闻联播》《经济生活》等节目的播音员、主持人，曾主持1984 年中央电视台春节联欢晚会。

报考北京广播学院的回忆

访问者：

卢老师，您是1979 级播音系的学生，您高考那会儿是什么契机选择学这个专业？

卢静：

实际上对我和我们家来说，那时一点都不了解，也不知道有这个行业。但是我为什么选这个专业呢？先说这个事的过程吧，是我同学在报纸上（我忘了那是什么报纸了）看到了北京广播学院的招生广告。然后说咱俩去试试吧。我说，北京广播学院是什么？是大学吗？没听说过。她就把报纸拿来了。广告是在报纸的夹缝中，很小一块儿，就是学校招生的相关信息。

访问者：

您那时能考上北京广播学院是有什么爱好或特长吗？

卢静：

我能考上广院，现在想想不是偶然的，也是有很多因素决定的。我小时候酷爱听收音机，可以说到了痴迷的程度。每天放学第一件事就是打开收音机听广播，边写作业边听，吃饭睡觉都听，为这事我母亲没少批评我。我现在回想起来，虽然当时我是毫无目的地听，但是播音员们的声音和播讲状态可能已经潜移默化地影响我了吧。

其实，我和电视也算是有渊源的，据说 20 世纪 50、60 年代，全北京有电视机的家庭很少，估计 50 台左右吧，我奶奶家里就有一台苏联生产的电视机，放在我太奶奶的屋子里。"文化大革命"前，我们家四世同堂，我和亲戚们同住在爷爷早年留下的一个大四合院里，我还隐约记得奶奶家电视上播放的苏联芭蕾舞的画面，特别美。还记得电视上有个阿姨在说话，现在知道那可能是沈力老师。可以说，我从刚出生不久就看过电视。这在 60 年代初是一件多么难得的事呀。这也算和电视难得的缘分吧？

另外一个因素就是父母对我的培养，我特别感谢我的父母在人生观、价值观和艺术素养方面对我的教导。记得在我很小的时候，甚至在"文革"期间，我的父母都会偷偷读外国名著给我和妹妹听，还给我们放中外名曲的唱片听，都是进口的质量很好的胶木唱片。比如《蓝色多瑙河》《溜冰圆舞曲》《梁山伯与祝英台》等，都是边听边讲解音乐背后的故事。还有那些世界著名的童话故事，安徒生童话，格林童话，《小红帽》《拇指姑娘》《白雪公主》，等等。我父亲给我们讲故事的时候，绘声绘色，还带着动作和语气变化，特别生动，我们会跟着故事浮想联翩，特别美好。还有《爱的教育》。这些故事让我懂得了什么是真善美。

父母给我们读的那些书都是装帧非常讲究，但却泛了黄的、竖版的繁体字的老书。这些教导现在叫"素质教育"吧，在当今可能不觉得有什么新奇，可在 60 年代，那些书和音乐，我们只能偷偷地看、偷偷地听。每次听我都特别紧张，小心脏怦怦乱跳。现在我想，我父母当时的教导是很有眼光和前瞻性的。

小时候我家一贫如洗，我们的衣服满是补丁，但是母亲宁可节衣缩食，宁可牺牲只有一天的休息时间，也要带我和妹妹去学画画、学乐器、学滑冰、学唱歌……乐器和冰鞋都是从旧货商店买的旧货。

另外，母亲还鼓励我"放下身段，放下面子""不要轻视劳动人民，不能轻视劳动，要发现别人的优点，学习别人的长处"。她鼓励我去工厂、农村劳动，向工农学习，多动手，多吃苦。我上初中时还学过做木工、盖房子、修农机、电焊等，还当过"赤脚医生"。母亲教我扎针灸，还让我在自己和她的身上试针。她常跟我们说遇到苦难不要抱怨，吃苦都是人生的阅历和财富，"艺不压身"。

这些素质教育让我终身受益，也在不知不觉中为我从事播音主持这一行打下了基础。

访问者：

大学考试的情形还记得吗？

卢静：

记得的。考试那天我是穿着一身绿军装去的，背的是帆布军用挎包，梳了两个小辫子。考试那天起了个大早。我家住在五棵松，坐了大概两个小时的车才到。初试的时候考官有李越老师、马尔方老师、张景绪老师、白龙老师。张景绪老师后来是我们班班主任。白龙老师在外边安排我们考试。

考试时老师问了我一些问题，还让我朗诵一首诗。我一想朗诵什么呢，马上想到了收音机里经常播放的毛泽东的诗"红军不怕远征难"。好像是方明老师朗诵的，声音洪亮，很有气势，我很喜欢。我小时候声音条件不错，加上从小喜欢唱歌，还曾受中央乐团的老师指导过。考试的时候我耳边回响起了收音机里头方明老师朗诵的"红军不怕远征难"的声音。现在回想，我当时考试不紧张，很放得开，也没想是不是能考上，结果初试就过了。

复试我记得是在学校一号楼的一层，有个录音间。后来我们上课都在一号楼。我们在录音间里头考试，屋里有一个大玻璃，可以看到老师们坐在外间听，我们进去以后读新闻。因为总听收音机，所以我估计读得还可以吧，声音至少还可以，我也不太紧张。

我当时是瞒着家里去考的。我母亲不太赞同，因为我父母一直希望我学医，准备的是理科。后来接到复试通知才告诉妈妈，她还比较开明，同意了。复试的时候，我记得从录音间出来，李钢老师把我叫过去，让我发"j"这个音。我当时不明白为什么让我念这个，北京孩子可能有点尖音，但是一听我能改过来，就觉得我不严重，而且语感还不错，所以初试、复试就比较顺利地通过了。

我现在想想当时考试没有功利心，比较放松。还有小时候经常演出，经常参加文艺文化活动。加上小时候母亲在艺术修养上面特别注重，让我们学小提琴，学手风琴，拉二胡，唱歌跳舞还有绘画，这些都给我打下了艺术的基础。如果没这个基础，光是声音好，可能也不行。所以我觉得小时候母亲让我参加的所有的这些训练和体验，对我来说都是非常好的积淀。包括我初中的时候在农村待了两年。这些所有的经历，对我的成长，包括看待事物的一些观点和认识都是非常有益的，也使我在大学四年的专业学习中，特别是在语音发声、气息和语感上没有什么大的障碍，领悟得也比较快。

访问者：

您从小参加了很多文艺活动，但是实际上没有做过朗诵方面的事？

卢静：

朗诵还真没有。那时候连报幕好像都没参加过，跳过舞、唱过歌，但就是主持没参加过。

访问者：

这么说的话，播音专业从那会儿开始对所谓的艺术细胞就很在意，或者说这在考试中起码是有帮助的。

卢静：

非常有帮助，特别对一个人的气质、状态、言谈举止都会有影响。

访问者：

当时初、复试都是面试，没有笔试吗？

卢静：

对，都是面试。面试结束后再考文化课。

大学时代的回忆

访问者：

北京广播学院的大学生活给您留下了怎样的印象？

卢静：

那可是一生的印记呀。首先大学四年对我的影响是非常重大的，是我人生的一大转变。我认为大学四年给我打开了通往幸福的一扇门，因为之前从来没有接触过这行，更不知道还有个大学叫北京广播学院。当时没有意识到这一行会发展到今天如此繁荣，那时候很少有人了解播音这一行，电视台的工作是什么也不清楚，所以选择这一行，我现在觉得真是非常幸运。其次，它让我发挥出了我身上的另外一面。其实我从小不是一个善于表达的人，不喜欢在人前讲话。我家里人都是学医的，父母一直希望我学医，希望我学好数理化，从来没有想到我会干上这一行。

高考复习期间，我的母亲是不允许我看课外书的，担心我看课外书分神，影响数理化的成绩。可我还是喜欢看，那时看课外书都是偷偷地藏在被窝里看。

当我到了广院，在老师们的教导下，在同学们的影响下，我逐渐懂得了语言表达的魅力，逐渐学会了怎样运用语言，怎样让稿件"锦上添花"，让受众喜爱和接受。

再有一点就是我在广院度过了非常愉快的四年。我非常幸运地遇到了我的老师和同学。入学以后，我觉得我的同学们，包括1977级、1978级的师哥师姐都是那么优秀，每个人身上都有值得我学习的地方，都是我学习的榜样。还有我们班几位学文科的同学，历史、地理的基础知识学得就比我扎实。那些工作后考上大学的哥哥姐姐们，都是非常有阅历的，他们看的书，他们对社会的认知我都特别佩服。

访问者：

上大学时您是应届生吗？

卢静：

应届的，我们班当时有八个应届的。有吴小杰、黄为群、马红雯、李瑞英、罗京、祁云龙、贾际，还有我。我是排行老三，罗京、李瑞英比我小一岁。我们班的哥哥姐姐还给我们起了个非常可爱的外号叫"八根毛"。我们那时候是新闻系，叫新闻系播音专业。我们上大课，整个新闻系一起上，所以我们同宿舍还有编采专业的，央广的台长赵忠颖当时就是我"睡在上铺的姐妹"。

大学四年同学们相处得特别愉快，我感觉大家对我都很好。我想，善于发现别人的长处和优点，并虚心向人家学习，才能让自己进步，也会感到快乐。这也是母亲从小灌输给我的理念，终身受用，一辈子都能体会到温暖和关爱。

访问者：

您的大学生活中印象最深的是哪些老师？

卢静：

很多老师都给我留下了深刻的印象。毕业后都一直有联系，经常沟通，感觉更像是一辈子的师长和朋友。

上学时接触最多的是小课老师。白龙老师、吴郁老师、陆茜老师曾是我的小课老师。陆茜老师当时是系主任，她对我们要求非常严格，为人很正派，我非常尊敬她。吴郁老师给我专业上的帮助很大，她那时刚从福建前线台调到学校当老师，我们是她教的第一批学生，上课时她活泼开朗的笑声特别感染我，她经常给我们鼓励和启发，所以，上课时的氛围非常轻松愉快，让我们能大胆地创作，没有顾虑。白龙老师是我入学以后专业课遇到的第一位老师，可以说是我专业的启蒙老师。我非常感激他。当时报考广院的时候，白龙老师和蔼可亲的笑容让我一下子就觉得亲切、放松、不紧张了。他让我感觉大学老师真是不一样，因为一直以来，教师给我的印象就是严厉、板着脸、批评人、挑毛病。所以白龙老师给我印象很深，和蔼、热情、幽默，让我一下子就喜欢这个学校了。

访问者：

当时专业课也是上小课吗？

卢静：

有大课也有小课。我们一个班是 30 人，一个小课组也就 5、6 个人。我觉得小课老师的教学理念、方法和人格魅力很重要，对学生的影响很大。那个时候，我们毕业向往的目标是中央人民广播电台。但由于当时是全国统一分配，能留北京就不错了，就非常满意了。后来我和罗京分到了电视台，内心还有点迷茫呢。

访问者：

因为那时候电视还没发展起来？

卢静：

对。另外从我的性格来讲，其实有内向的一面，不太善于表达，不喜欢抛头露面。其实到现在也一样，不像有的人似乎就是为聚光灯而生的。

访问者：

我顺着您说的话来想，这是不是也正是播音专业跟纯艺术专业的一个区别？如果就是为舞台而生，感觉在舞台上光芒万丈，特别享受自己在舞台上的感觉，这是纯艺术，播音这个专业主要的目标不是展示自己，是为了传播，是不是？从这个角度讲，这应该是适合您这种性格的。

卢静：

对，也可以这么说。一方面，电视也好，广播也好，播音员、主持人就是为受众服务的，你不是明星。就是说你表达的目的不是为了表现自己，你是传达者，是桥梁，是服务，更是一种责任。另一方面，我们那时是新闻系，老师一再强调我们是新闻工作者，不是演员、明星，要按新闻工作者的要求来约束自己。时间的考验也证明了，那种急功近利，极力表现自己的播音员、主持人会出问题。所以要把握好分寸，把握好位置。

访问者：

大学四年的学习中课程丰富吗？

卢静：

我觉得挺丰富的。当然从小课来讲，我们的小课那时的设备条件和现在没法比，特别简陋。内容也没有像现在又是电视又是综艺又是演讲什么的。我们那时专业学习形式很单一，只有广播。但是好处是，广播能让我们静下心来思考创作，我们每天晚上都会自觉到小教室录音，一篇稿件反复练习，反复琢磨，一遍遍录音、打磨，语言功底非常扎实。其他课程，比如大课基本上是和编采、导演、摄影、文编等专业的同学一起上的，只有专业小课单独上。我们的课外活动也很丰富多彩，集体活动也多。我们经常会全班一起去郊游、看戏、听讲座。

访问者：

大学四年上完之后，面对电视这个大学里完全没有学过的工作，您会遗憾学校里没有教这些吗？

卢静：

不会。那时条件有限。但我们也因此打下了比较扎实的专业基础。我觉得电视比较能综合地反映出一个播音员或主持人的素养和状态，如果心理素质或状态不好，电视很容易暴露出来。

学校的专业课就是给我们打基础的。很多东西需要靠自己在实践中不断去学习、去体会、去观察、去悟的。现在有的学生会说，学校学的东西工作中用不上，我不这样认为，那一定是你自己的问题。我总跟我的学生说，世上没有"无用"的东西。也就是说无论你学什么、经历什么，以后都会在不经意间用到。比如，你去咖啡馆或走在大街上，坐在地铁里，都要"眼观六路耳听八方"，用心观察和思考，你所用心看到的人和事儿都是积累和收获。所以我们所学的理念也好，方法也好，总有一天会帮助到你的，它是积累的过程，是一种思维方式的形成。现在不少学生的想法比较功利，总希望老师教的东西是总结归纳好的，能拿来就用。这是我到学校当老师之后才感觉到的事情。因为我们从小上课，老师都帮你总结归纳了，第一条、第二条、第三条，提炼好了，总结好了告诉学生，然后让学生死记硬背，学生们误认为这叫学东西。如果老师不帮助归纳，让学生自己去思考，去找答案，学生就会认为没学到东西。我觉得这与整个社会风气、教育理念和教学方式有关。

播音主持工作岗位上的回忆

访问者：

1983 年毕业进台之后多久开始播新闻的？

卢静：

很快，一开始录节目预告，后来我和罗京先是播《午间新闻》，不久就播《新闻联播》了。刚开始每次播音都会和前辈老师搭档，由老师们带着我们播。刚上《新闻联播》时，赵忠祥老师经常和我一起搭档。我至今都非常怀念和感激在中央电视台的那段工作经历，感激台领导对我们的包容和爱护，感激曾经和我合作过的每一位同事，他们对我的帮助都非常大，让我很快成长进步。

访问者：

那会儿播新闻的压力大吗？

卢静：

嗯，有压力。我们那个时候新闻虽然是录播，但也可以说是准直播，特别是时政新闻，稿子来得比较晚，口播也多，稿件长，时间紧，不容出错。那时的稿件不像现在都是电脑打字，规整清晰。我们那个时候很多稿件都是编辑记者手写的，什么字体都有，五花八门。领导在上面的修改也是非常"任性"，不容易分辨。所以，那时我们练就了"火眼金睛"，识读能力极强。对我来说，我对自己的要求是按直播对待，即使是录播，也希望自己一遍过，我还会适当地修改稿件，这也是我的一个业务习惯，对自己要求是比较严格的。那时候大稿子一遍过都是常事儿。没有人要求你一遍过，只是我对自己的要求。但是我在形象上、灯光上很少提要求。坐在主播台上就想内容，想怎么跟观众交流，很少想我自己的表情怎么样？化妆怎么样？这些都是杂念会分神，分神就容易出错。

访问者：

也就是说播出时不要太关注自己，对吧？

卢静：

没错。不管什么节目，包括春晚的主持，都不要太自我，杂念少了就不会特别紧张，也就不容易出错。

访问者：

我印象中曾经看到过这样一个报道，就是说当时您是新闻播音员里面第一个微笑播音的？

卢静：

嗯，其实，改革开放后的20世纪80年代初，我们这几个从广院毕业的大学生，比如杜宪、薛飞、张宏民、罗京、李瑞英，当时都在尝试不同的播音风格和表达方式，都希望用自然亲切的方式面对观众。可以说每个人都有自己不同的风格和特点。对于我来说，这也许是我的性格特点决定的吧。了解我的人都知道，生活中我就是一个爱笑的人，很少板着脸。这也是我为人处世的理念养成的习惯。因为我喜欢有亲和力的人，我也希望自己成为这样的人，我希望与人相处是轻松、愉快、和睦的。这种微笑是我发自内心的，是表里如一的，是真诚的，一点都没有造作的因素。上学时，老师教导我们播音要有"真情实感"，要有"对象感"，所以我特别重视每次播音开始时的问候语，每次我都会想象坐在电视前的某个人并且真诚地向他（她）问好。我觉得播音一定要言为心声。

虽然在学校的时候我们没学过电视播音，但是我知道电视和广播一样就是要用心真诚地跟观众说话，真心和观众交流。在1984年、1985年的时候，我跟随国家领导人出国访问，第一次看到了国外同行们是如何工作的，镜头前是如何对观众说话的，感觉很亲切，很受启发。于是我就特别重视新闻的每一次开头的问候语，语气、语速、语调都会认真处理，从不敷衍或一带而过。每次我都会想想我今天告诉观众什么？怎么说更易于接受？说给谁听？

这个方法有几个好处，一是能让自己放松，二是定准基调，三是比较自然。比如有时候我和张宏民对播，我可能会和他商量说"今天咱们前面怎么说"。尽管编辑已经写好了开头语，但我们都会适当修改。当时台里的领导们给我们发挥的余地也很大，让我们没有后顾之忧。

记得我还曾经主持过一个叫《经济生活》的栏目，央视二套的，实际上这是如今经济频道的前身。开创的时候组里大多是年轻人，很有干劲。在领导的带领下大家齐心协力摸索着干，领导给大家创造了宽松的氛围，让我们这些年轻人大胆创新，大胆尝试，不怕出错，我们的主持风格也非常轻松活泼。我们还编辑、采访、播音一起干，还和编辑一起学习制作特效，让节目更有艺术性、可看性。这在 20 世纪 80 年代初可以说是创新吧，制作出了不少好节目。

访问者：

那可以算是央视首批经济节目主持人了吧？

卢静：

嗯，可以这么说。可以说我和张宏民是央视首批经济节目主持人。那段经历也是让我特别难忘和怀念的。我们经常参与前期的采访和编辑，稿件也经常自己写，所以我们的语言就会非常灵活。自己参与前期的制作心里就比较有底，也会非常有感觉。

我记得有一期节目叫《首届地坛庙会》，我参与采访并且出镜主持的，还用带北京味儿的语言配音。这在当时都算是创新吧。

访问者：

您工作一年之后就主持了 1984 年的春晚，那时候是直播吗？

卢静：

是直播。这也是我入台以后第一次主持这么大型的直播晚会，那年我刚分到电视台半年多，还不到 24 岁。

1984 年的春晚主持人共有 7 个人，港台内地影视界各有代表。这届春晚之所以被称为"革新之作"，是因为它有很多个"第一次"：第一次出现了港台主持人；第一次出现"固定结束曲"《难忘今宵》，这首歌的前奏响起来的时候，先由我和赵忠祥老师现场朗诵这首歌的歌词，然后李谷一老师演唱。还有一个"第一次"是黄一鹤导演说的，第一次让台里的播音员担任主持人。所以黄导说那一届是"里程碑式"的春晚。

访问者：

您刚入台不久就担任春晚主持人，是不是觉得很意外？

卢静：

是的，没想到。为什么选我呢？也许是因为当时我是组里最年轻的女播音员吧。黄一鹤导演能选我，是我的幸运，更是台领导的信任，我特别感激他们。

访问者：

1984 年春晚的 7 个主持人每个人都有不同的代表性吗？

卢静：

是的，我和赵忠祥代表电视台，还有一个电影演员叫姜黎黎，中国台湾的黄阿原，中国香港的陈思思，还有姜昆和马季。这也是当时的一个突破，两岸三地的主持人同台贺新春，既有政治意义，又体现了国家文化艺术的变化和繁荣，是一场特别符合当时国情的晚会，意义非凡。

筹备晚会的过程也是令人难忘的。节目组组建以后，所有的创作人员都集中到了宾馆一起商量讨论晚会的每一个环节。我也很早就进到节目组了，和导演组的老师们一起商量节目内容流程、主持词和设计谜语，等等。正式直播之前有无数次的修改和彩排，主持词直到直播开始的前几分钟还在修改。现在大家在网上看到的晚会录像都是剪辑版的，实际上现场还有很多内容，比如我还负责读观众来信、猜谜环节，等等。我还和姜昆老师用幽默的对话来宣读谜语，公布谜底。虽然我们是新闻播音员，平时播音正襟危坐，但在这台晚会上，我和赵忠祥老师也尽量用平实的口语化语言来主持，尽量做到生动活泼，体现出过年的轻松喜庆气氛。

访问者：

主持的时候心里的感受是什么？

卢静：

参加这届春晚我的心情可以用一个词来形容，那就是"真情实感"。20世纪 80 年代初，是我国改革开放初期，整个中国都充满着一种积极向上的活力。文艺界也是欣欣向荣，蒸蒸日上，充满朝气。我和大家一样，是满腔热情。"两岸三地同台"更让我心潮澎湃。这种心情其实也和我本人的生活经历有关。"文化大革命"时期我家因"海外关系"而备受屈辱，亲人离散不能团聚。改革开放，两岸三地同台，我也是格外激动的。这话听起来好像是空话，可当时就是我的真实想法，我就觉得终于可以团聚在一起过春节了，有"海外关系"的人终于可以不受歧视了，我的姥姥如果活到今天，就能见到自己日思夜想的儿女了。当时心里是百感交集。

当晚会上张明敏演唱《我的中国心》的时候，我流泪了，对于我来说歌词真是字字入心。正是因为我的这些经历和情感，使我在晚会上说的每一句话都是发自内心的，充满感情的，更是全身心投入的，忘我的。虽然我当时还年轻，没有什么主持大型晚会和直播的经验，但凭着这份真情和投入，我没有出错，圆满地完成了直播任务。

当天晚上，这台晚会的每一位参与者、每一位演员、每一个环节都是有条不紊，环环相扣的，非常成功，台上和台下融为一体。晚会进行到最后的时候，当《难忘今宵》的前奏响起来的时候，我的心更加激动，那是发自肺腑的朗诵，每一句话都充满了真情，我真的是为我们国家的变化而高兴，为这台晚会的成功而高兴，为几个月来大家的辛勤付出而高兴。所以我和赵老师朗诵的《难忘今宵》每一个重音的强调都是有不同感受和意义的，是发自内心的。

1984 年春晚播出的时候真是"万人空巷"。所以我觉得，一个晚会的成功必须要与受众的情感、心理、情绪状态同步，与观众有共鸣。1984 年的这台晚会就做到了。后来这台晚会还获得了广电部的特等奖。

访问者：

您当时有没有考虑过，和主持很相似的一个工作叫报幕，就说"下面请欣赏谁谁带来的什么节目"。您觉得主持春晚的时候，当时的工作更接近于报幕，还是接近于后来我们经常说的发挥组织功能、驾驭节目进程的"主持"？您觉得这两者之间有什么样的联系吗？

卢静：

当然有。报幕也好，主持也好，把握好了都不容易，这要根据节目的需要来定。比如1984 年的春晚，这一台晚会中主持人的话有多有少，有的是为下一个节目做铺垫，有的需要介绍节目背景和演员，有的就简单报一下歌曲的名字和演员的名字。主持人该说什么，说多长时间，基本都是事先节目组商量好的，特别是直播，分秒都要把控好，主持人要心里有数。当然在直播过程中主持人可以有发挥的余地，但也是有限制的，不能信口开河。其他节目也一样。我们有时候总是想证明自己有多重要，多有价值，其实这样不好。前面说到了，主持人切忌"自我表现"。这本身就是一份工作，你的目的是让观众看节目，而不是看你的表演。争论你多说一句我少说一句，是他写的还是谁写的，没有必要，这都是集体的结晶，特别是电视，都是集体的，功劳不可能归一个人。所以咱们主观上认为的所谓的"功能强大"的主持人，我认为在我国做不到。

访问者：

就是咱们从自己专业的角度想象的功能无限放大、角色无限重要的那种主持人，其实根本就不存在？

卢静：

可以说，不存在。我觉得应该都是集体的智慧和结晶，是幕后所有人的配合和支持。主持人最好能参与其中，比如说前期的策划，做到心中有数，再结合自己的积累和了解的信息把集体的结晶表现得准确、清楚、易于接受，做到锦上添花更好，而不能自己随心所欲，随意表达。我觉得这是综艺节目主持人的一个作用。

我曾经主持过很多大赛和晚会，有简单报幕，也有需要临场发挥的时候。其中印象比较深刻的是中央电视台第一届青年歌手大奖赛、第一届青年舞蹈大赛等大型比赛和晚会。这个舞蹈大赛我印象特别深，中间因为要给评委留出打分的时间，需要我采访演员。所以，事先我要了解每个节目的内容、参赛的演员背景或编排幕后的故事，需要主持人把时间用满，这是主持还是报幕？这时就是节目需要我多说话。参加这个青年舞蹈大赛的选手都是从基层上来的，有会计，有小学老师，有机关干部，都是业余演员，幕后有很多故事。我印象特别深的有一个叫《担鲜藕》的作品获得了一等奖，是一个非常优秀的节目，小姑娘们穿着荷叶样式的服装表现藕的生长，活灵活现，非常可爱。那么这个舞蹈呈现的是什么？演员都是什么人？场上就需要我采访演员，让观众知道她们是怎么创作的，介绍内幕和细节。而有些节目本身不用过多介绍，一个接一个，不允许主持人发挥，不想听主持人啰唆，这就可以用报幕的形式简单介绍。所以主持也好，报幕也好，它的功能是什么，我觉得是因节目而定，因需要而定的。主持人要服从节目的需要。

访问者：

也就是说，主持人的功能发挥是根据节目需要而定的。现在咱们的担忧和怯忑，往往更多是因为对自己太过于看重？

卢静：

你说得对！没有把自己的位置找准。我总跟学生说，主持人就如同珍珠项链里的那根线，虽然不是珍珠，可是起到了贯穿的作用。就是节目和观众之间的桥梁，目的是帮助观众顺利到达"彼岸"，欣赏节目，不能喧宾夺主。

教师岗位上的心得

访问者：

您当老师是什么时候？回到学校当老师跟您想象的有什么不一样吗？

卢静：

我是 1998 年回到学校当老师的。刚回学校的时候真是适应了一段时间，一是，刚回国对国内很多想法和做法都需要重新认识、调整；二是，虽然专业实践经历不少，但如何传递给学生需要学习；三是，上班路太远，经常下课回家坐在车上就睡着坐过站了。从理念到方法、到作息等都调整适应了一段时间。为了更好地教学，后来我还去北京师范大学在职学了三年的教育心理学，很有帮助。

教学中，我把老师们教我的东西、自己的实践体会以及国外的所见所闻所学都结合起来，传授给学生，很多教学理念和教学的方式、方法都做了创新和尝试，学院的领导也非常信任和支持我。特别感谢！我认为，教师的教学理念和语言表达非常重要，如果教师表达方式把握不好，教学内容再好也会大打折扣。还有就是教师的修养和日常的言谈举止都该注意，要给学生树立榜样，学生只有尊其师，才能信其道。当然有的老师认为教师就该严厉，我认为严格不等于严厉，严厉也要分等级，底线是尊重。教师要注重语言修养，要择词而说，更何况我们是教语言表达的，更要起到引领和标杆作用。有些学生会因为老师太严厉而变得过于谨慎小心，不敢大胆说话甚至封闭自己，特别是那些缺乏自信心的孩子。这对于学播音主持的学生来说很关键。

　　说到教学理念，我觉得教师的格局和胸怀很重要，和学生要平等，不端架子，教学相长，要了解学生的想法，懂得学生的心理，懂得如何引导学生，做到因材施教。如果老师不懂得如何和学生打交道，不能让学生信服，那是做不好老师的。

　　做老师还需要换位思考。因为老师的对象是学生，就要琢磨学生怎么样才能接受你，你会给他们带来什么影响？这一定是双向的。教师不能换位思考，不懂得沟通，是干不好这份工作的。我们的传媒行业也是这样，对象感很重要，我们现在缺的就是对象感。任何一个行业如果没有对象感都很难成功。我记得《大长今》里有个情节给我启发很大，就是韩尚宫对大长今说的一段话，大意是，你做饭的时候要怀着喜悦和感恩的心情，要想到吃饭人的样子。这不就是要有对象感吗？播音也一样，播的时候，心里要有观众或听众，感受要具体。对象感不是说说而已，谁真正做到了，谁就是赢家。其实就是为他人服务的意识，服务要周到，要细致，要体贴，要全面。

访问者：

您觉得咱们这个专业的老师，如何与学生一起成长，甚至是一起实现人的全面发展？

卢静：

作为教师，首先要做个正直善良的人，要有正确的价值观和人生观。再有就是见识和格局，心胸要开阔，能容得下和自己不一样的观点，不主观，不较劲，不教条。还有就是要善于引导学生，因材施教，语言不偏激，表达有分寸。在专业素养上教师要有品位，有比较高的鉴赏力，有是非观，不能人云亦云。业务能力上要多参加实践，多体会，多揣摩。教学上，要善于发现学生的特点和长处，想办法挖掘学生的潜质，把学生的优点放大。还有就是培养学生的自觉性，充分调动学生的主观能动性。老师的教学要讲艺术，任何行业都离不开艺术，要艺术地表达，艺术地处理事情。什么叫艺术？就是要有美感，有策略，要让人心悦诚服。教师都希望学生尊重自己，但尊重不是强迫来的，是用自己的真诚和关爱，自己的言行换来的。

　　学生能客观地认识自己，我觉得这也是很重要的。我给学生上第一次课的时候会告诉同学们，我的话不是真理，你们随时可以反驳。我教学的目的之一是要帮助你们客观地认识自己。你永远不是最好的，但是你也绝不是最差的，就看你如何看待自己，看待世界。希望学生们能在我的帮助下在学校扬长补短，在社会扬长避短。帮助学生提高自我判断能力，客观地自我评价，今后走向社会才不会被荣誉和赞美冲昏头脑，也不会因一时的失意而消沉堕落。

访问者：

也就是说我们要培养学生让他建立自己的评价体系？

卢静：

对，让他自己判断。首先他自己能够判断了，离开老师之后，到社会上和工作岗位上才能够客观地评价自己。另外，学生播的时候还没到结尾，马上就看老师，这说明什么？说明学生根本没进入稿件，脑子里想的就是老师怎么评价。我小时候我妈老坐在旁边看我写作业，因为那时候比较贪玩。那我写作业的时候，脑子根本没在这个题上，而是在我妈身上。我妈是不是满意？我妈满意了那我就糊弄过去了。所以老师表扬学生再好管什么用？只是一个老师的说法。别人怎么评价？学生可能永远得不到答案，而且永远不会自己找水喝。

访问者：

也就是说，教育的目的应该是为了让受教育者获得学习的意识、愿望和能力？

卢静：

对，就是这个意思。一味灌输是不行的，必须培养自觉性。培养独立思考、独立学习的习惯，做事不能太功利。如果目的性太强，一旦达不到就会承受不住。比如有的学生想进电视台，一旦进不去就失去目标了。当主持人就是想出名，出不了名怎么办？就觉得对不起家长，对不起老师，或者怪学校，怪老师没教好。这样的想法不好，做人要有担当。

每个人都是不同的，家庭背景，生长环境，性格气质，甚至人体的构造都是不同的，不可能一个章盖所有的戳，这是不行的。教师一定要用心分析学生，挖掘学生的特点，引导、帮助他们客观地认识自己，认识社会，拥有健康积极的心态，将来走向社会，能勇敢、坚强、乐观地面对生活中的各种挫折，能适应多变的环境，能够身心健康，自食其力。这是教师值得欣慰的事情。

四、张景绪访谈实录（节选）

访谈时间：2019 年

访谈形式：电话访谈

张景绪，1937 年出生于河北省邯郸魏县。1954 年毕业于邯郸一中。毕业后进入中国人民解放军中央军委机要学校学习。1955 年转业到中央广播事业局技术人员训练班学习。此后留在北京广播专科学校（1959 年成为北京广播学院）工作。历任北京广播学院播音系办公室主任、党总支书记等职。1992 年退休。

访问者：

张老师讲讲您的经历吧，尤其是和北京广播学院的渊源。

张景绪：

要是说北京广播学院的历史，1992 年之前整个这个学校的建设，我确实是哪个阶段都亲身经历了。咱们播音的历史我也经历过，但是比较细的细节，比如说教学理论、队伍建设这方面就不是特别详细了，大致有一些了解。

我老家是河北邯郸的，邯郸魏县。我是 1937 年出生，1954 年在邯郸一中毕业。毕业后进入了中国人民解放军中央军委机要学校学习。我是 1954 年去参军的，作为学员去学习，1955 年转业到了当时中央广播事业局技术人员训练班学习。所以从原来的训练班、专科学校，到北京广播学院，我都在。

学校还是技术人员训练班的时候，主要是培养初级无线电技术方面的人才，培养值班员之类的。我们那时候年龄还比较小，学习完了以后是 1956 年。1955 年转业的时候是中央广播事业局集体调来的一大批转业的人（156 个人），之后又学习了一年。那时候大部分人都是学习了一年至两年，也有学几个月的，学习时限上不那么规范。1956 年学习结束以后，我就留在训练班工作了。

留下来之后我做助教，就是帮助辅导教学，还有做班主任，另外那个时候在训练班做团总支书记，训练班政治办公室的干事，等等。在 1958 年和

1959 年的时候，协助当时组建新闻系的临时领导，筹建新闻专业和外语专业，做一些文秘方面的工作。1962 年到 1979 年，我曾经离开了北京广播学院的教学和政工工作，去做了后勤工作。在院务处还有无线电系做了一些后勤管理工作。这是我自己的简历。

1979 年落实政策，我回到了播音专业。当时学校领导问我，是回教学单位还是做后勤工作，我还是希望回到教学单位。因为脱离这方面的工作，脱离教学单位很长时间，我去以后做了系办公室主任，然后做过党总支书记、班主任，等等。后来咱们一届一届的同学毕业，我也协助系里的领导参与了多届的毕业生实习，还有分配等方面的工作。一直到 1992 年在播音系总支书记的岗位上退休的。

访问者：

您说 1962 年到 1979 年调去负责学校后勤工作，没有离开学校是吧？

张景绪：

对，没有离开，都在广院里。后来广播事业的发展需要，中央领导也对咱们广播教育事业挺关心的，广播教育事业随之也就发展起来了。技术人员训练班原来是在良乡 12 号，后来成立了北京广播专科学校。现在的职工之家对面的广播电视资料馆，就是最初北京广播专科学校和北京广播学院的校址。

北京广播专科学校成立之后就是大专了，招的学生就是高中毕业生了，不像原来技术人员训练班都是初中毕业。那时候由于中央对广播事业方面的发展比较重视，刚刚成立的专科学校招生时就来了很多高中毕业生，还有已经在大学里上了一年的、两年的，也有来的。

像原来的副院长周铜山就是咱们这个专科学校毕业的。他们学两年，也是全国各地来的。也有大学上了两年之后来咱们专科学校上学的。但是那个时候还没有文科，只有广播无线电技术专业。

访问者：

说明当时最缺的其实是技术人员是吧？

张景绪：

对，这些我是都经历过的。

访问者：

开办播音专业在当时有没有过探讨？

张景绪：

在我们的印象中，播音在广播事业里应该说一直都是比较受重视的。就是在咱们行业里——广播电视这里，对播音和编辑是比较重视的。因为这些岗位被重视，当然培养这方面工作人员也是比较重视的。但是为什么没有这个专业，而只是技术人员训练？那个时候应该说无线电技术人员训练，我自己认为这是比较容易一些的。初中毕业之后来学无线电技术，数学、三角、电工、电子管再学一学，知道了这些普通的知识，再到岗位上去值班就能够基本应对工作了。

而且那时候训练班有些地方不是那么太正规的，比如学生来源、学习年限有时候就比较随意。哪个地方电台建好了需要人了，就从训练班抽调。所以咱们就是"上得快"，培养了学生需要的话就调走，没有学制——学一年或者学两年的限制，没有特别严格。

我们那时候在训练班毕业以后留校，就听说中央广播事业局要来我们这儿办播音训练班。那时候是 20 世纪 50 年代，还是在良乡 12 号的时候，我们就知道要办播音员训练班了，办三个月，就跟技术人员训练班在一起。来培训的老师就是在岗位上的中央台老一辈播音员。学生就是到中学里去找，或者是报名来的。当时是中央人民广播电台播音部的人还有人事部的人到学校去招。中学快毕业了就去选，当然先选业务条件。就是听听录音，觉得普通话说得比较标准、比较好就招来了。招来之后就在岗位上，老同志带，一边干一边学，培训三个月，就是这样慢慢来的。像中央台的铁城，就是单个招来的，还有毕征，也是这么招来的。毕征老师是比较早就进中央人民广播电台去播音了，后来因为工作需要还到莫斯科去学习并工作了几年。

播音的学生就是这样，有单个来的，也有培训的。而且播音这方面还不像技术人员培训班，只要有一定文化程度然后培训基本就能去值班。播音这个工作还有一个特殊条件，就是专业条件。比如说方明同志，他是技术人员训练班毕业的，到中央台播音部去做传音和录音工作。后来齐越同志发现方明声音不错，就让他播一播。我们也都知道崔明德（方明的本名）是技术人员训练班的，是齐越老师发现了他的声音不错。虽然他原来进广播部门学历不高，因为我们那时候招第五期训练班是初中毕业，但是他特别刻苦地学习，还上了电大（北京电视大学），自己看了很多书，有了很多积累。他自己通过努力，你看现在他在咱们播音界，不说顶天也是差不多。我是第三期技术人员训练班的，方明是第五期的。他是学无线电技术的，后来转了播音这一行了，像这样的情况是少数的。也有老师发现了然后推荐，做得也非常好的，人家自己很努力的。

再后来到 60 年代了，差不多 1960 年，就觉得播音也应该自己独立成为一个专业，比较严格、规范一些的，不像原来培训班那种，而是正规的、制度化的专业。原来我说咱们就有无线电专业，那是训练班时候；只有无线电专业的技术人员，那是专科学校的时候。没有新闻，播音就更没有了。

到 1959 年，北京广播学院成立了，变成大学了。那时候设立了新闻系。最初王璐老师也是训练班的，原来技术人员训练班的，跟方明是一届的。但是后来她因为是北京的，普通话说得好，声音也好，于是她在学校训练班时就变了专业。学校训练班的领导就说她普通话说得好就让她做播音吧。北京广播学院成立之后，新闻系只有我和她，还有一个领导。筹建新闻系和外语系，都是 1959 年的事儿，我们是做一些具体的文秘、外调这些工作。比如那时候我记得去找北京大学西语系要他们的教学计划，就是培养外语人才的。1959 年，中央广播事业局广播业务研究室康荫带着一拨人来了，这算新闻系的班底。然后 1959 年暑期，大批的教师队伍就来了，新闻的、外语的都来了。1960 年的时候，新闻系先成立，还没有播音专业，就是新闻的几个教研室，后来这些教研室逐渐也变成系了，比如说播音、电视摄影这些专业。人是逐渐增加的，逐渐抽调来的。播音专业是 1963 年成立的，1964 年开始招生。

开始的时候对播音专业的认识不太统一，主要围绕"要不要学那么多年"有些讨论。新闻学四年，播音搞个专科学两年好像就可以了，这可能是根据他们原来的工作经验就这样认为了。教师队伍也逐渐拉来了，一个是中央台出了不少人来教课，另外还从外地地方台调人。徐恒老师就是从天津人民广播电台调来的。

访问者：

当时在教育理论方面有哪些来源？

张景绪：

在教育理论方面，我的印象里或者是我从别的老师那了解到的，因为咱们的教师都是播音多年的，在岗位上从事播音工作或者是在播音这方面搞管理的，做管理工作、政工工作的，他们也从事播音，应该说在岗位上也是很多年了，都有自己的总结和体会。

而且那时一年一年的办训练班也积累了一些理论。另外还有比较好的一点，我不知道现在中央台还有没有，当时有听众联系部。那时候非常重视第一线的反馈，就是听众的反馈。中央台播了一个稿子，播了一个内容，影响非常大。哪个播得怎么样，这些反馈中都能总结出来一些东西，甚至是理论。这些宝贵的经验应该说都可以作为咱们教育理论的基础。

尤其让我印象比较深的是听众来信，一天一麻袋、两麻袋的听众来信。当时中央台听众来信组有挺多的人就做这个工作，那就是从第一线来的经验，很宝贵的。这实际上也给咱们播音教育增加了很多很宝贵的内容。所以这两个，一个是理论建设，另一个是师资队伍，这俩不可分的。教师去补充教育理论，教育理论又对教师队伍的成长、对培养人才给予实际当中的支持。谁也离不了谁，它是相互的、相长的。

我印象里比如说那时候齐越、夏青、葛兰、林田他们都播得很好。他们的听众来信，听众来信组看了以后都要写总结，写完都往播音部、总编室送的。比如说齐越老师那时候播的《谁是最可爱的人》《县委书记好榜样焦裕禄》，都有很多听众来信。这些应该说通过总结丰富和提高了培训这方面专业人才的理论。教材方面他们也总结，他们也讨论，包括训练材料。

访问者：

您做过班主任和总支书记这样的领导与管理工作，对播音专业的管理工作有哪些深刻的印象？

张景绪：

有体会。我在去播音专业之前也在学校里听到有一些反映，就是说播音专业的学生不那么踏实，比较浮躁，比较爱玩。我跟咱们学校文编系的田晶老师一起过去的，就是1979年的时候。他是当领导的，我做办公室主任。他对咱们播音教学、师资队伍建设这些方面做了不少贡献。后来他走了我就接任了总支书记，他还要回文编系当老师，他离开时推荐我去做，领导也同意了，但是我心里没底。当时系里有不少老教师，比如齐越、李越、张颂、毕征。我当时在大家的支持和帮助下就慢慢地做了，学生工作也做，教师工作也做。因为其他老师，教研室主任也好，教师也好，他们都有教学任务。他们没有工夫管的事我来做，同志们都挺支持的。

因此我在播音系从 1980 年做到 1992 年，送走了好几届同学。毕业实习、毕业分配，不像现在可能还没毕业就已经自己找到工作了，那时候都要按政策、按规定慢慢去做。反正我觉得我尽我的力了。依靠大家，依靠组织，这个工作做得有不足，但是也还可以。

访问者：

您当时做了这十几年管理工作，您觉得咱们专业的学生有什么比较突出的特点吗？

张景绪：

是有。刚才说的那些外单位、外系反映的咱们学生身上存在的问题，也跟咱们的学生考来要参考的专业条件有关。普通话、形象、声音等，当然也有文化分数。但毕竟是特殊专业，分数不太高。还有咱们的学生有时候上课不那么太严格。我记得我当班主任的时候，我尽可能地尽自己的责任。我会在学生上课时到教室看一看，我一看有空位子好几个，我就会到学生宿舍去找。确实有同学就不上课，找一些理由，我也不怕得罪他们，我就说不行，必须得上课。

我退休之后，同学们再聚会的时候告诉我说，同学们把我叫"马列老太太"。就是可能有一些不太适合当时年轻人的想法吧，但是我自己感觉做的是对的，所以还是坚持地去做了。教育学生啊，当然方法可以不像我们这些老教师那时候的方式，但是如果这些全都扔了，可是不行。因为学生很可能在话筒前主持节目时说的是一套，然后个人的形式是另外一套。实际上就是政治觉悟或者说是思想品德不过关。

访问者：

也就是说咱们的专业教育除了教专业以外，思想、意识、观念的培养也很重要。

张景绪：

咱们的学生对专业课还是可以的，因为他知道以后要靠这个，所以还不太松懈。我们这个专业被称为播音主持艺术，有播音，有主持，还有艺术。播音也不是念报纸那么简单的，还有各种题材的。咱们的招生跟其他专业也不一样，因为被列到艺术类。所以这就像原来咱们那些老播音员同志说的，播音有一个再创作的问题。创作牵扯到挺多方面的，没有足够的知识，广泛的学习和储备，那是不行的。还有怎么把受众当成好朋友，让人喜欢，又要给人家东西，但是也不能一味地迎合，还要有高的品位。所以这些方面都需要在这几年的学习中好好掌握和学习才行。

访问者：

您觉得从教学管理的角度来讲，播音专业的招生是不是应该对文化课有更高的要求？

张景绪：

播音的招生，按照要求是可以放宽分数限制的。咱们的招生我也参与一些。我们怎么衡量业务水平、文化课以及人的全面发展，这些怎么取舍？无论用什么方式，我是觉得如果学生就是不太爱学习，也就是没有学习习惯是不行的。不管考来时成绩好坏，只要大学里肯努力，就比只是爱玩不学的强。

五、马桂芬访谈实录（节选）

访谈时间：2019 年

访谈地点：北京，马桂芬老师家

马桂芬，中国传媒大学播音主持艺术学院副教授。1954 年出生于北京。1974 年进入北京广播学院新闻系播音专业学习。1976 年毕业，1978 年回母校任教。历任中国传媒大学播音主持艺术学院党总支副书记、书记等职。主要从事播音创作基础理论的教学研究和学院的行政管理工作，先后参与《播音学简明教程》《中国播音大全》《中国播音学》《实用播音教程（第二册）》等的写作与录制。

大学时代的回忆

访问者：

马老师，您讲讲您和广院播音专业的渊源吧。

马桂芬：

我是 1974 级播音班的，那会儿叫北京广播学院，新闻系播音专业，也就是北京广播学院恢复招生以后的第一批学生。

访问者：

当时叫"工农兵学员"是吧？

马桂芬：

对，"工农兵学员"，挺有特点的，最大的 30 岁，最小的 20 岁。大的全都是从播音一线招过来的，而且招生之前由张颂老师、李越老师、徐恒老师、于璐老师他们先给我们办的培训班。

培训班在区县，北京市设了两个点，一个是大兴，一个是通州，我就属于通州的。培训了一个星期，然后在通县广播站播音。他们那会心中就有苗子了。等到招生的时候是夏青老师过来的，提着盒式的录音机，我们看着都特别高级，那会儿都把这种录音机叫"砖头"。

我们入学时北京广播学院就从广播大厦那边搬到定福庄了。我们这个班入学以后先开辟操场，挖树根，然后平整出了球场。当时学校里还有葡萄园，游泳池在它的东南角，也就是现在综合楼的位置。教学楼只有一号楼，一共三层。

访问者：

当时的学习环境是怎样的？

马桂芬：

那会儿全校的学生新闻系 80 个人，无线电系 80 个人，一共 160 人。我们播音班 30 个学生，差不多来自全国各地。教师是中央人民广播电台来的前辈，李越老师、徐恒老师、张颂老师。1975 年，陆茜老师和齐越老师也过来了。当时没有教材，上课也是由齐越老师他们给我们讲。

很多理论都是从苏联带过来的，因为那会毕征老师、陆茜老师、齐越老师都到苏联学习过。这些理论都没有书，也有停连、重音之类的内容。教学的材料都是老师们把中央台这些播音员播好的那些稿件拿过来。

"工农兵学员"必须要学工、学农、学军。学工就去精棉一厂跟着一块儿纺纱，还有染料车间的工作。学农就在我的老家跟他们一块儿挖河泥。那会儿特别讲究深入生活，播音也比较讲究激情。那会儿的学生特别爱学习，早起来练声，真是摸着黑儿到生产队的队部里边，在一个屋子里练声。

练声那会儿我记得特别清楚，学习也是上小课，一个小课组 6 个学生，特别细致，老师讲得也非常好。

我们的同学中有从一线下来的播音员，他们有实践，然后再回到课堂上学理论的时候，我们这种没有实践经验的听他们播就感觉特别棒。然后老师给布置练声材料，比如说我的小课老师是张颂老师。张老师说我的阳平拐弯，然后让我找 30~40 个两字词，其中第二个字是阳平的，比如"昂扬""帮忙"，让我别拐弯，"三五调"我记得特别清楚。之后就是一个由量变到质变的过程，我体会特别深。开始我觉得每个单独念的时候都对，为什么一到稿子里就不对，其实就是语言功力不够，训练量不够。后来练得多了突然感觉到我这个问题改了，这就是收获。

当时那个年代在学习的时候还有一个问题：老师不敢深教。这和当时的环境有关。刚在老乡的炕头上，我们一个小组的同学学习学得特带劲，就有人提出来了说这是"课堂搬家""学农就该好好学农，怎么又来到炕头上学习了"。当时也挺不理解的，就觉得刚刚学得带劲儿又要去下田劳动了。其实也不是说不想去劳动，因为我们本身工人、农民、兵团、乡村、工厂的就都有，我们要去"接受贫下中农再教育"。

学军也是特别认真，学一个月。学军去的河北清风店，天天练兵瞄准，紧急集合，跟现在学生军训一样。就这样，学军一个月，学工一个月，学农一个月。

访问者：

加在一起差不多一个学期了。

马桂芬：

对，挺长时间。那会儿理论课请文编系的老师来讲八个"样板戏"。实际上艺术都是相通的，从演员的角度来讲我们的课也是有帮助的。但是当时认识不了那么深刻，更多是回过头来想帮助也挺大的。因为演员演谁就是谁，咱们播音是一种转述，事实的真实，人家是本质的真实。

访问者：

1974 年上学的时候您多大？

马桂芬：

我是在北京出生的，1974 年我 20 整，当时就在乡广播站播音。刚才说的招生前的培训班，我们全通县的各个公社的广播员都到那去学习，一人提着一个录音机坐着公共汽车就去了，就是这样去学的。

那会儿的老师跟学生联系特别紧密，比如说教文学的老师、政法的老师、逻辑的老师，所有的都和我们一块儿"上山下乡"，一块儿学农，住在一起，还有教政治的老师，在老乡的大炕上一边聊天一边学习。那种对思想的锻炼、体验生活的锻炼都很深刻。

我记得有一篇老师给的学习稿件叫《燕山雏鹰》。那会儿学习条件也好，学生去哪都是大客车拉着。当时就去延庆了，体会人家"燕山雏鹰"在田里劳动怎么不容易，人家女强人怎么艰苦，在艰苦当中怎么带领大家干好社会主义。那会儿就是这样的，到那真的跟着去干。

我记得有一篇文章是关于技术革新的，首钢大烟囱由冒黑烟变成冒白烟，体会中间的转换说"冒出了滚滚白烟"，改革成功了那种兴奋的心情，老师带着我们体验，让工人也说给我们听，特别有意思，现在很少有了。特殊的年代，让师傅听我们读得怎么样，我们还给他们朗诵。

访问者：

我在整理史料的时候看到，1974级"工农兵学员"集体创作了一本叫作《为革命播音》的书。

马桂芬：

对，我们班编的。《为革命播音——献给基层广播站播音员》。当时好像因为排版坏了之类的原因，最终没有出版。这本小册子包括稿件的准备、话筒前播出、播音的表达方法（停顿、重音、语气、节奏），几种常用文体的播音（新闻、通讯、小评论、对话），嗓子的锻炼和保护等不少内容。

我们当时编这本书的时候，分了两个小组，一块儿讨论，分配谁执笔，然后大家各抒己见。这就是专门给县级广播站写的，有点像那种论文似的。也有些简单的小理论。我们那会儿积极性也特别高，大家分成小组天天在一块儿讨论，讨论出大纲，然后围绕着大纲进行写作。

访问者：

最后印了小册子，1976年7月。这个书后来也没有再印，一共也没有几本。

马桂芬：

对，当时我们也就人手一本，可能一共也就印了这么多，富余了几本。我记得当时全班都参与了，一块儿讨论，谁的文笔好就谁最后执笔。主要也是那时候没有理论，我们也是根据老师教的内容汇总的。

我们那会儿老师的上课方式跟现在一样，分小组教学。每个班有一个专门的教室，一号楼三层东南角就是我们班的教室。录音专门有电教科，电教科那会儿也就有两间房，老师在外边待着，专门有人录音，里边的学生播。老师在外边带着学生指导，跟现在一样，只不过那会学生少，一个组就 6 个学生。

访问者：

相当于现在研究生的小课规模。

马桂芬：

是，特别细致。授课方式是一样的，大课请社会各方面的老师来，比如说孙敬修爷爷也给我们上过课。他讲对象感，我记得特别深，他说："交流就是把文字语言转化成有声语言，而播音呢，就像把幻灯片变成动画片让它动起来、活起来。"我们体会特别深。

老师们授课也是各尽所能，张颂老师挺有办法的，从理论到实践都很形象地传授。我记得我那会儿学习中最大的问题就是用声虚，始终也改不了，后来到了北京台去实习，在云南台播音才慢慢改的。

访问者：

1974 级播音班上了几年？

马桂芬：

两年，两年就毕业，专科。毕业后先去北京台播了一年，那会儿是毕业以后必须到一线去实践一到两年。

我是 1976 年毕业，1977 年在北京台播了一年。1978 年跟着齐越先生学了一年，那会儿是在学校学三个月，然后去吉林台和黑龙江台播了三个月，年底的时候去了云南台又播了三个月。等于毕业两年以后才开始任教的。

访问者：

那时候去哪个台都是分配的吗？

马桂芬：

不是自己选的，也不是分配的，是跟着齐越老师一块儿，他去哪个台我们就去哪个台。他跟我们一块儿练声，一块儿跑步，也住在一块儿。他对自己要求特别严格，不住高级宾馆。每天都叫我们起早。

教书育人的三十多年

马桂芬：

回到学校以后还不能正式上课，我就跟着张颂老师听，听1978级本科生的课。听了一年之后，偶尔他不在的时候，就开始让我讲课了。

访问者：

您正式开始教课是从哪一级？

马桂芬：

1979级。我带小课，李瑞英在我这个组。那会儿的老师还有高文鑫、卢振纲，后来就是张慧、李钢、高蕴英。张慧老师是从武汉台来的，李钢、高蕴英是从新疆过来的。老教师是李越、徐恒、王璐、祁芃。祁芃那会儿跟我们班大的学生差不多年龄，我们开始都以为她是学生。

访问者：

您觉得那会儿播音专业整个教育过程中最大的优点和缺点分别是什么？

马桂芬：

优点就是实践特丰富，包括我们毕业以后也是特别注重实践。其实内容挺丰富的，我们毕业以后还请中央戏剧学院的老师教我们台词，还学表演，教我们朗诵，教我们做小品。徐恒老师还带着我们去中央音乐学院的老师家，让我们练嗓子，体会言为心声。那会儿都容易"声足情欠"。学习完了以后还给全体老师汇报演出，要求可严格了，老师们特别认真，我们也收获挺大。

访问者：

当时有没有一种师生共同摸索教学方法的感觉？

马桂芬：

就是这样。那会儿没有具体的理论，都是教了一段以后由张颂老师和徐恒老师归纳总结，写《播音发声学》《播音创作基础》。张老师特别严格，我们每周都集体备课，每一篇都我们先播，然后我们遇到难点再问他。

访问者：

那最大的缺憾就是理论欠缺？

马桂芬：

因为没有一本像样的教材。后来慢慢才有了"蓝皮训练教材"（自己印刷、蓝色封面、没有出版的训练材料合集），用了很多年，只是有简单的例稿，由小段到新闻，还有散文，我们就管它叫教材。

访问者：

您在教学中体会最深的是什么？或者说您有怎样的教学理念？

马桂芬：

我觉得教给学生理论，首先要保证学生必须掌握，掌握了理论以后，在小课上才能够落实。我们一直在强调"以人为本"，学生确实有个性，每个人特长不一样。像那会儿学生入学以后，有的学生专业条件好，有的学生条件差一点，但是基础理论大家学的都是一样的。可是个性确实得把握，有的孩子可能侧重体育，那就让他多练练体育解说；有的孩子可能侧重文艺，唱得挺好的，那就在这方面多联系有声语言学习。所以后来才有了分方向，新闻方向、综艺方向，等等。

访问者：

您觉得小课教学有没有不好的地方？

马桂芬：

不好的地方就是惰性，千万不要给学生惰性。比如说学习，老师给学生指导得特别细的话，学生可能就不动脑筋了。后来我就想，虽然有理论了，但是上课的时候不能只围绕着理论，有时候需要抽象出来。我体会特别深，比如气息，真是看不见、摸不着，如果就是"摸什么肚子胀了、鼓了"之类的，那就太死板了。虽然老师们这些理论方法都熟记于心，但是给学生的时候应该把这些东西抽象出来，让学生在声音使用或者表达当中气息通了、挺舒服的就行了。只是简单地指导一下，不要很死板地非让他记住。否则学生就容易学得很死板。

访问者：

您的意思是说小课教学有时候因为老师把事情讲得太具体了，反而会导致学生学得死板，甚至说他也有可能因为这个就变得更懒惰了是吧？

马桂芬：

因为学生会认为照着做就可以了。其实远远不止这些，咱们把文字转化成声音，转化的这个过程就是我们要学的东西，这里面有无穷的奥秘，越学越觉得味道足和浓。一定是感觉到学习难才是进步。要是总觉得挺容易，没什么可学的，老师的教学就失败了。要让学生感觉有学不完的知识才对。所以有的时候我会在教学过程当中拓展训练，让学生借鉴一些表演技能，怎么放松，怎么体验。看到一个场景，怎么通过语言还有形体把它说出来，也就是怎么再现。

访问者：

您是从什么时候开始担任学院党总支书记的？

马桂芬：

我一共做了 14 年，由副书记到书记。

访问者：

在管理工作上，您对学生的培养和发展有什么体会？

马桂芬：

是这样，咱们的理论特别是基础理论，还有新闻，应该是从新闻人的角度去教育、培养学生。学生在日常学习生活中，各种思想问题我们也要帮助解决。比如说有的学生特别怪，就是以自我为中心，也确实有真的不懂事儿的学生。因为学生小，又是独生子女多，遇到问题和困难特别幼稚。学生宿舍闹矛盾了，打架了，不上课，挂科，包括心情不好等各种问题。所以从管理上来说真是方方面面都得管，总要抓着班主任开会布置工作。

访问者：

以前访谈听其他老师说，播音教学中曾经就小课是一个老师带全程还是分阶段不同老师来带，有过争论和反复是吗？

马桂芬：

有这么一个过程。我印象特别深，而且反复了两次。"一条龙"的方式我教过，就是各个阶段都要教。为什么会有争议？因为老师的教学确实每个人有每个人的特点，也有每个人的缺点。如果遇到有能力教全程的老师，学生就特别认可，"一条龙"学生也还挺高兴。但是老师如果不具备这种全程教学的能力，或者说年轻老师刚参加工作，肯定没有教了好多年的老师那么成熟，也让他"一条龙"教学，这就太不现实了。

所以换换老师，每个老师的教学方法都让学生接触一下，这样也挺好的。后来一直坚持没用"一条龙"的方法，因为这个方式确实存在弊病。经过实践证明还是现在这样好。

另外，对年轻教师来说，工作之后马上就上课真不是特别好。我就有体会，我们那会儿都是工作两年以后才让教学，也有好多问题。你的学识，你掌握的知识跟老教师比起来差得太多。但是从我教学这几十年的经验来讲，我觉得教学一年就有一年的收获，教学的时候又积累了很多经验，就是每一年都不一样。所以说教学就是应该由浅入深，慢慢地积累，可不是说把理论都背下来就能教了，也不是说会播了就会教了。但是年轻老师如果不尽快上手，教师就不够，根本忙不过来，所以这是个矛盾。

访问者：

您整个从教经历中有过教学理念、观念上的改变吗？

马桂芬：

有。我一开始的时候因为没有经验，就是侧重于理论。但是在教学的过程当中慢慢地体会到只有理论不行，只有实践也不行，必须理论和实践结合起来。我开始做年轻教师的时候，觉得要记老师说的东西，要记学生出现的各种类型的问题，比如"用声虚""牙关紧""气不通"等，我都记过，还有解决的办法也记过，以为将来可以套用。后来随着教学实践经验的丰富，发现根本不可能直接套用，而是把方法和方向熟记于心了，就是在这些问题和方法中抽象出规律来了，就会感觉到在教学过程当中省力了。我有过这么一个大的转变。

六、廖炎访谈实录（节选）

访谈时间：2019 年

访谈形式：电话访谈

廖炎，1962 年出生于江西南昌。1984 年毕业于北京广播学院播音系，同年就职于江西电视台。2001 年调入浙江广播电视高等专科学校（2004 年升格为浙江传媒学院）任教。

访问者：

廖老师，您讲讲和北京广播学院播音专业的渊源吧。

廖炎：

我是 1962 年生人，出生地是江西南昌，也是从江西南昌考上北京广播学院的，毕业后又回到生源地江西卫视从事新闻主持工作。2001 年调入浙江传媒学院当老师。应该说整个的工作经历中在两个地方时间最长，一个是江西卫视，另一个就是现在的浙江传媒学院。

我是 1984 年毕业的，1980 年考上北京广播学院。跟陈晓鸥、马谛一个班，还有广告学院的刘灵，这都是我的同班同学。

我和有声语言艺术的渊源可以说是从我 14 岁多一点开始的。我是生长在歌舞剧院的环境中，父母特别是母亲早年从事话剧表演工作，后来又唱歌剧。我生长的这个大院是一个非常大的院子，包括了歌舞剧院、话剧院和京剧院。这个院子里充满了各种各样的艺术气息。我是大概 14 岁多不到 15 岁的时候开始学话剧台词和表演的。我的老师叫黄小立，一个非常著名的演员，他 19 岁就演了 70 多岁的齐白石，而且演得非常棒。他的儿子比他更出名，就是黄磊。

我和播音结缘是极其偶然的。北京广播学院最早的招生模式叫"委托招生"。这种专业招生就是交给各地方广播电视厅组织招生，各个省的招生都是这么完成的。经过几千人的考试，最后就只有大概 6 个人的录音带（那个时候还没有录像带）可以送到北京，长相外形都是由文字来描述的，和一张照片一起来描述你长什么样。这些录音带送到广院之后，由广院的一个审核组进行比较审核。有的时候就全军覆没了，送来 6 个人一个指标都没有，也有某个省相对好一点，可能占 2 个指标进入复试。复试是广院自己组织的。这种模式一直持续到 20 世纪 80 年代末，广院就全都自己组织考试了，之前都是用"委托招生"这种模式进行专业初试的。

浙传最开始只是播音中专的时候，也是这样的"委托招生"方式，持续到 20 世纪 90 年代初才开始有自己的校考的概念。

我很幸运在"委托招生"的年代，江西的考生应该说质量很高，获得了两个指标就进入广院的复试了。那个时候坐绿皮火车 36 个小时才到达北京。当时考试只是录音，还没有录像，但是在这个时候已经见到考官了，同时考官也可以看到学生本人了。

我觉得现在的改革很像过去那会儿了，就是专业复试通过了就去考文化课。文化课是由学校单独出试卷，和高考几乎没关系。语文就是考专业需要的文化常识，很近似现在的大综合试卷。外语是不计成绩只作参考。政治是单列的。一共三大项，政治、语文（大综合）、外语。因为外语只作参考不计成绩，所以我们外语成绩都比较低，10 分、5 分的大量存在，甚至还有 0分的。这要说一个历史背景，因为除了一些大城市中学是有英语课的，绝大多数的城市或者说教育体系中在1980年都没有什么英语课。所以从我们那会儿之后英语开始多多少少算一点，比例非常低，5%或者10%，也就不再是简单地作为参照不计入成绩了。

那个时候虽然外语不计成绩，但是专业考试从某种意义上来说，大综合卷子是非常难的。难到什么程度？如果不关心广播电视，不关心媒体，很多题是根本不可能答上来的。比如说某个外国的领导人是谁？这会让考生觉得太偏了。这些考题几乎都围绕着国内和国外广播电视方方面面而设计，还大量存在国际关系的问题，包括各国的首都、人文地理风貌、物产文化，等等。所以这张卷子从某种意义上来说，一个高中应届毕业生如果不听广播的话是很难考到高分的，但是如果有一定从业经验就能轻松些了。当年有很多在一线工作的人考进来了。那个时候的招生不拘一格，强调的是专业素质，也就是媒体行业的素质。

访问者：

当时的文化课考试都是在学校里面进行的？

廖炎：

对，都是校考。这就是为什么提到它的卷子我会说得这么细，因为它凸显了专业素质放到第一位的思路。而专业素质里头还有一个我刚刚特别强调的国际关系，这个现在越来越少了。考这些也是要让我们成为能够真正担负起媒体传播责任的人，我们的判断力是要建立在掌握这样一些基本信息的基础上的。这一点和现在的招生差距特别大，那个时候确确实实这一块儿特别强调。

访问者：

直到您毕业的时候，也就是1984年，考试的形式有变化吗？

廖炎：

一直都是这样。我们上学之后也会在随后几年的考试考场中做服务工作，所以对这个有印象，我们后来也都是这样考试。就是20世纪80年代末、90年代初才改为参加高考了。这种改变对后来的生源有利有弊，有利的是知识结构通过高考的这张卷子更完善，但是相对也削弱了专业性和职业理想。

另外，1980年入学的时候已经升为本科了，在这之前的1977、1978、1979三级都是专科，但他们毕业时候算本科了。还有就是，原来的播音专业是属于新闻系的，也是 1980 年，播音专业从新闻系中脱离出来成立了播音系。也就是说播音系的组织结构、管理模式，1980 年是个分水岭。

访问者：

广院的四年学习生活，从教育角度来说有什么印象深刻的？

廖炎：

从教育的角度来说，给我印象最深刻的就是专业性这一块儿，广院从 1977 级开始，我印象中大概一直持续到 1986 级，一直都开有国际关系这样一门课。这门课后面也不知道是否还有，但是至少浙江传媒学院是从来没有的。

访问者：

李易的父亲李寿源老师就是教这门课的。

廖炎：

对的，他还是我们的班主任。所以我和李易的关系特别好，因为我是看着他在广院里长大、考学、成腕儿的。我们的国际关系课就是李寿源老师上的。这门课上得非常好，应该说至今有效，就是保持了每个人对国际关系的认识。换一句话说，就是从世界角度看中国这样的专业性眼光。我现在经常批评学生不关心政治，他们觉得远，觉得和自己实际的工作联系不那么密切、不那么深。其实这是错误的，不从世界的角度和视野来看中国，那么在选题特别是重大选题中可以比较的坐标就没有完全建立。

另外，广院的专业课我一直认为还是比较好地保留了原有的教学基本方式。就是小课人数，因为浙江传媒学院在这个问题上走了很大一段弯路。早年间我们的小课都是一个组 6 个人，后来增加到 8 个人，当然现在增加到了 12 个人。艺术类教学，人数的多寡是致命的，我们那个年代的小课组 6 个人是可以很充分地教学和训练的，现在几乎是讲完了就没有训练的时间，重复一遍的时间都没有。这可能是广院和浙传都碰到的问题，浙江传媒学院更严重。因为我们这边教学最多的时候一个组可以是 28 或者 29 个人！可能人名都还没来得及记住，可能刚刚也就讲了一遍，不要说让学生训练去修正了，几乎没有时间。这是导致成才率越来越低的一个直接原因。浙江传媒学院经过将近 10 年才改回来，现在一个教学小课组变成 16 个或者 17 个人，比原来好多了，虽然还是非常累，但是不管怎么说，比原来要好得多了。

访问者：

当年在广院读书时有哪些老师？

廖炎：

当年广院的师资，说名字就会发现全是大腕儿级的。我们入学的时候，齐越老师还给本科生上课，还带小课的。直到我们快要毕业的时候，他才开始主带研究生，本科最多讲大课，不再带小课了。另外就是张颂老师，小课和大课都讲。还有王璐老师，讲基础语音发声的。我比较过其他教这门课的老师，她的教学是极富特点的，尤其是在语言的技能性和丰富性上。王璐老师自身掌握很多戏剧和戏曲的吐字发声规律的研究，她把这些融入了播音的吐字发声教学中。如我们那个时候唱大鼓词儿，等等。后来我们会发现她建立的是什么？是我们的声音使用与我们民族在传播中习惯于接受的那些方式之间的直接关系。形成这样一种联系在我们的血液之中，或者说在专业素养之中。其他老师也会一点，只是没有王璐老师会得那么多。这些丰富的方法、经验，是王璐老师的教学特色。而且王璐老师对我的影响非常大，也算是入学之后的启蒙老师，因为语音发声课和我特别热爱的艺术语言发声基础是紧密相关的。

那个年代这些老师教课，可以说手段方式真是八仙过海，各显神通，各有各的专长。所以20世纪80年代的这些老师，他们形成的那样一种教学团队的集体力量和在语言艺术上的丰富性，给当时的学生打了一个很好的基础。还有当年的这些老师在学业学术上的严谨态度，身体力行的能力，也就是说演示的能力是超强的，而且不单调，不是只会朗诵什么的这样一门，而是很丰富。

后来，广院还有各个台委托培养的学生，时间很短，一般都是一年或两年，也有一个学期的。这个应该说广院是"善莫大焉"。为一线的骨干力量进行专业培训，这是一个了不起的成果，使整体广播电视从业人员的素质得以提高。这是当年的一个了不起的举措。

当时1984级大专班及时为一线充实了很多专业力量，因为那个时候说实在的，平均每一个省能够得到一个广院播音专业本科毕业生都是一种奢望。在20世纪80年代，就拿我毕业来说，整个江西广播电视台，在我前面有一个1977级的蔡伟，是专门从事广播的。我毕业的时候到了江西，如果广播那边人手不够就会把我拉去播新闻。一般来说都是广播的人到电视去客串，很少有电视的人能够客串到广播的，因为广播的语言要求比较高。能够跨这两个的，就是广播和电视都能干的，确实不多。也就是说，广院培养出来的人有他的全面性和适应性，或者说对媒介本身的这种工作规律的把握能力还是不错的。

访问者：

您在广院读书或者台里播音的时候有想过从事教育工作吗？

廖炎：

从来没有想过。这个也是非常有意思的。我的同班同学陈求是，在我们读书的时候他就反复说我是一个好老师。可能和他的经历背景有点关系，他的父母都是中学老师，他认为我身上就充满了这种老师的气质。比如说有同学因为什么原因没来上某一堂课，就会来找我，我可以把这个课完全从头到尾给他复述一遍，然后把要点提出来讲给他听。给他讲完了以后，他就认定我是一个好老师。最后也是陈求是一手促成我当老师的。当我决定离开江西时，他就说你应该来当老师，然后他把我推荐给了浙江传媒学院。

访问者：

教育、教学、教材上您有什么记忆吗？

廖炎：

我们当年上课只有那种油印的两到三页纸，这就是一门课的教材了。所有的教学过程几乎都是师生讨论的结果，大家一边用教材学，一边在实践中提出很多的问题来丰富教材。这个还要谈到毕业论文。那个时候毕业论文的选题，都是给一个大致的范围在这里面来选题，不是现在这样海阔天空的。这些选题都和教材建设、教育课型建设直接相关。比如说可以选择播音心理方面的，里面有题目，新闻方面也有一块，还有通讯、评论，等等。这些论文也成了后面形成教材的很重要的一个思想源泉。所以说现在在这些教材里头有很多痕迹都是可以在早年的论文题目和论述中找到的。按老师们的说法是共同成长，共同在完善这门课。每一门课的老师也非常努力，别看就那两三页纸，不断修订和补充，到最后也形成了完整的教材。这里面应该说做出巨大贡献的是张颂老师，他的总结归纳很重要，还有就是李钢老师和徐恒老师。

访问者：

后来您到了浙传之后，浙传在这方面的情况如何？

廖炎：

浙传大概在 2010 年之前，基本上是完全沿用了中传的教材。当时认可的一本教材就是杜晓红老师写的关于语音发声的书《普通话语音与发声》。其他的教材都没有被广泛地认可。当然后面再有的这些教材，我认为是更大范围内的一种拼盘，没有真正在某一个领域从自己的生源或者说教育教学对象和一线的节目结合而形成的教材。这种编著的教材虽然五花八门，但是从教学理念和质量水平来说还是差强人意的。

这里面有一个渊源是必须说的，因为浙江传媒学院在血脉上其实就是中传的，绝大多数，可能 80% 甚至 90% 的师资都是有过广院或中传（2004 年北京广播学院更名为中国传媒大学）的学习经历，所以理念上基本就是中传的一个翻版。

2001 年我来到浙传的时候，和当时的系主任张玉良老师谈了一个发展方向的问题。就是中传的"播"这一块我们可能永远跟不上，从生源的竞争到教学的竞争都没有办法和中传抗衡。我当时的建议是往主持口语方面发展，所以最后的结果是我们打造出来的主持人越来越多，而播音员相对比较少。

我们的口语教学这一块儿应该说起步是比较早的，是要早于中传的。但遗憾的是我们既没有形成自己的教材，也没有形成组织管理和研究的部门。反倒是中传已经把口语传播形成一个系的建制了。中传比我们起步晚，但是在理论总结、教育教学管理和专业方向的培养发展上，比我们思考得深，走得更快。这也不得不说是浙传的一个遗憾。

访问者：

您对未来播音专业的发展有没有畅想，如果有的话是一个什么样子？

廖炎：

我认为未来可能会两极分化，因为播音的岗位急剧萎缩，现在基本上就是处在一个新闻岗，配音都可以散见于市场了，可能都不会再单独设岗了。虽然说播音的培养模式是最完整、最成熟的，但是它相对来说市场是在萎缩的。虽然这一块培养出来的人别人还无法替代，但是这个工作已经明确告诉我们，它是在萎缩的。那么下一个目标也就自然出来了，其实就是主持。主持没有像播音那样规范的、统一的标准。主持是基于口语，工作方式又基于主持人的资源、思考、学识、专长、话语等方面。未来恐怕主持的研究方向是要有所调整的，研究内容也是有所扩大的，因为它完完全全是用人单位也就是具体的岗位决定的。如果不给我们这个岗位，就没有办法成为主持人，因为主持人叫节目主持人，而给节目的权力在用人单位。所以这导致的结果就是在学校布局主持人专业，我认为只能是"化整为零"才是未来的出路。也就是说要把主持人的语态、工作模式分解成小课教学的一个个训练的单项，这很像积木理论。每一块不同形状的积木是学校帮学生学习的，但最后搭建成什么样子，是在工作岗位上完成的。之后，主持人的成才模式会非常复杂和多样。

参考文献

专著

1. 张颂. 中国播音学 [M]. 北京: 中国传媒大学出版社, 2003.

2. 张颂. 语言和谐艺术论 [M]. 北京: 中国传媒大学出版社, 2009.

3. 张颂. 播音语言通论——危机与对策: 第一版 [M]. 北京: 北京广播学院出版社, 1994.

4. 张颂. 播音语言通论——危机与对策: 第三版 [M]. 北京: 中国传媒大学出版社, 2012.

5. 张颂. 朗读学: 第一版 [M]. 长沙: 湖南教育出版社, 1983.

6. 张颂. 朗读学: 第二版 [M]. 北京: 北京广播学院出版社, 1999.

7. 张颂. 朗读学: 第三版 [M]. 北京: 中国传媒大学出版社, 2010.

8. 张颂. 朗读美学: 第一版 [M]. 北京: 北京广播学院出版社, 2002.

9. 张颂. 朗读美学: 修订版 [M]. 北京: 中国传媒大学出版社, 2010.

10. 张颂. 播音基础 [M]. 北京: 北京广播学院出版社, 1985.

11. 张颂. 播音创作基础: 第三版 [M]. 北京: 中国传媒大学出版社, 2011.

12. 张颂. 播音主持艺术论 [M]. 北京: 中国传媒大学出版社, 2009.

13. 张颂, 乔实. 论播音艺术 [M]. 北京: 北京广播学院出版社, 1990.

14. 张颂. 语言传播文论 [M]. 北京: 北京广播学院出版社, 1999.

15. 徐恒. 播音发声学: 第一版 [M]. 北京: 北京广播学院出版社, 1985.

16. 齐越, 峻岭. 苏联功勋播音员 [M]. 北京广播学院出版社, 1988.

17. 齐越. 寄语青年播音员［M］. 北京：北京广播学院出版社，1986.

18. 齐越，崔玉陵. 朗诵艺术［M］. 北京：广播出版社，1984.

19. 齐越. 献给祖国的声音［M］. 北京：中国广播电视出版社，1991.

20. 齐越奖励基金办公室. 永不消逝的声音［M］. 北京：北京广播学院出版社，1997.

21. 杨沙林. 用生命播音的人——忆齐越［M］. 北京：中国广播电视出版社，1999.

22. 播音主持艺术学院. 永不消逝的声音：缅怀齐越教授专辑（二）［M］. 北京：北京广播学院出版社，2004.

23. 吴郁. 播音学简明教程［M］. 北京：北京广播学院出版社，1988.

24. 吴郁. 主持人的语言艺术［M］. 北京：北京广播学院出版社，1999.

25. 吴郁. 节目主持艺术探［M］. 北京：北京广播学院出版社，1997.

26. 吴郁. 主持人语言表达技巧［M］. 北京：中国广播电视出版社，2011.

27. 吴郁，曾志华. 播音主持专业人才培养研究［M］. 北京：中国传媒大学出版社，2009.

28. 曾志华. 中国电视节目主持人文化影响力研究［M］. 北京：北京大学出版社，2009.

29. 曾志华，阎亮，孔亮. 播博汇文论：第一卷［M］. 北京：光明日报出版社，2019.

30. 王璐. 播音员主持人训练手册——语音发声：第一版［M］. 北京：北京广播学院出版社，1998.

31. 王璐，吴洁茹. 新编播音员主持人训练手册——语音发声：第三版［M］. 北京：中国传媒大学出版社，2014.

32. 王璐，白龙. 语言艺术发声概论［M］. 哈尔滨：哈尔滨工业大学出版社，1990.

33. 姚喜双. 播音风格探［M］. 北京：中国文联出版公司，1992.

34. 姚喜双. 播音学概论［M］. 北京：北京广播学院出版社，1998.

35. 姚喜双. 播音主持概论［M］. 北京：高等教育出版社，2012.

36. 陈京生. 电视播音与主持［M］. 北京：北京广播学院出版

社，2000.

37. 鲁景超 . 广播电视即兴口语表达［M］. 北京：北京广播学院出版社，2000.

38. 付程 . 播音主持教学法十二讲［M］. 北京：中国传媒大学出版社，2005.

39. 付程 . 播音创作观念论［M］. 北京：北京广播学院出版社，2000.

40. 马玉坤，高国庆 . 张颂学术年谱［M］. 北京：九州出版社，2018.

41. 高国庆 . 中国播音学史研究［M］. 北京：九州出版社，2016.

42. 喻梅 . 新中国播音创作简史［M］. 北京：中国传媒大学出版社，2016.

43. 周殿福 . 艺术语言发声基础［M］. 北京：中国社会科学出版社，1980.

44. 徐德仁，施天权 . 时代明星——漫谈节目主持人［M］. 上海：复旦大学出版社，1990.

45. 陆锡初 . 节目主持人概论［M］. 北京：北京广播学院出版社，1991.

46. 陆锡初 . 节目主持人与新闻［M］. 北京：北京广播学院出版社，1991.

47. 陆锡初 . 主持人节目学教程［M］. 北京：中国广播电视出版社，1995.

48. 陆锡初 . 节目主持艺术通论［M］. 北京：中国广播电视出版社，1998.

49. 壮春雨 . 论节目主持人［M］. 北京：北京广播学院出版社，1991.

50. 应天常 . CCTV 节目主持人的艺术和风采［M］. 广州：广东教育出版社，1995.

51. 应天常 . 节目主持艺术论［M］. 北京：北京广播学院出版社，1999.

52. 应天常 . 节目主持语用学［M］. 北京：北京广播学院出版社，2001.

53. 曹可凡，王群 . 节目主持人语言艺术［M］. 上海：上海人民出版社，1997.

54. 敬一丹. 话筒前 [M]. 北京：现代出版社，1999.

55. 赵玉明. 中国广播电视通史 [M]. 北京：中国广播影视出版社，2014.

56. 哈艳秋. 当代中国广播电视史 [M]. 北京：中国国际广播出版社，2018.

57. 卜希霆. 五十年五十人 [M]. 北京：北京广播学院出版社，2004.

58. 校史编辑委员会. 北京广播学院五十年 [M]. 北京：中国传媒大学出版社，2005.

59. 北京广播学院新闻传播学院. 历史的足音 [M]. 银川：宁夏人民出版社，1999.

60. 靳健. 中国语文教育发展史论 [M]. 北京：高等教育出版社，2014.

61. 王力. 汉语语音史 [M]. 北京：中华书局，2014.

62. 刘华初. 历史规律探究 [M]. 北京：人民出版社，2013.

63. 伯特兰·罗素. 哲学简史 [M]. 北京：台海出版社，2017.

64. 人民教育出版社历史室. 中国近代现代史 [M]. 北京：人民教育出版社，1995.

65. 吕思勉，蒋廷黻. 中国大历史 [M]. 北京：北京理工大学出版社，2016.

66. 徐继素，陈君慧. 中国通史 [M]. 北京：中国戏剧出版社，2008.

67. 王炳照，郭齐家，刘德华，等. 简明中国教育史 [M]. 北京：北京师范大学出版社，2008.

68. 李剑萍. 中国现代教育问题史论 [M]. 北京：人民出版社，2005.

69. 涂又光. 中国高等教育史论 [M]. 武汉：华中科技大学出版社，2014.

70. 陈学飞. 中国高等教育研究 50 年 [M]. 北京：教育科学出版社，1999.

71. 林杰. 问责与改进：中国比较教育研究 50 年 [M]. 济南：山东教育出版社，2015.

72. 易连云，谢长法，彭泽平. 中国教育史 [M]. 重庆：西南师范大学出版社，2012.

73. 赵厚勰，陈竞蓉. 中国教育史教程［M］. 武汉：华中科技大学出版社，2018.

74. 曲铁华，李娟. 中国近代科学教育史［M］. 北京：人民教育出版社，2010.

75. 尹文. 东南大学艺术教育史［M］. 南京：东南大学出版社，1999.

76. 秦菊英. 二十世纪中国艺术设计教育史［M］. 杭州：浙江大学出版社，2013.

77. 费尔南·布罗代尔. 文明史［M］. 北京：中信出版社，2014.

78. 王建民. 社会学入门［M］. 北京：人民邮电出版社，2016.

79. 赵雅沁，石翼平. 对社会主义意识形态建设的经济学思考［M］. 北京：中国广播影视出版社，2016.

80. 李志英. 近代中国资本主义经济形态的多重考察［M］. 北京：商务印书馆，2008.

81. 艾尔·巴比. 社会研究方法：第十一版［M］. 北京：华夏出版社，2009.

82. 谭光鼎，王丽云. 教育社会学：人物与思想［M］. 上海：华东师范大学出版社，2009.

83. 董建波. 历史社会学研究方法［M］. 上海：华东师范大学出版社，2017.

84. 翟学伟. 中国人行动的逻辑［M］. 北京：生活·读书·新知三联书店，2017.

85. 袁方. 社会研究方法教程［M］. 北京：北京大学出版社，1997.

86. C. 赖特·米尔斯. 社会学的想象力［M］. 北京：北京师范大学出版社，2017.

87. 中共中央马克思恩格斯列宁斯大林著作编译局. 马克思恩格斯选集［M］. 北京：人民出版社，2012.

88. 恩格斯. 家庭、私有制和国家的起源［M］. 北京：人民出版社，2018.

89. 恩格斯. 自然辩证法［M］. 北京：人民出版社，2018.

90. 路易斯·亨利·摩尔根. 古代社会［M］. 北京：商务印书馆，1997.

91. 李义天，田毅松. 马克思《路易斯·亨·摩尔根〈古代社会〉一书摘要》研究读本［M］. 北京：中央编译出版社，2013.

92. 马克思. 哥达纲领批判［M］. 北京：人民出版社，2018.

93. 亚里士多德. 政治学［M］. 北京：商务印书馆，1965.

94. 海德格尔. 在通向语言的途中［M］. 北京：商务印书馆，1997.

95. 萧功秦. 超越左右激进主义——走出中国转型的困境［M］. 杭州：浙江大学出版社，2012.

96. 王伯恭. 中国百科大辞典［M］. 北京：中国大百科全书出版社，2000.

97. 沈家宏. 原生家庭：影响人一生的心理动力［M］. 北京：中国人民大学出版社，2018.

98. 苏珊·福沃德. 原生家庭：如何修补自己的性格缺陷［M］. 北京：北京时代华文书局，2018.

99. 陈琦，刘儒德. 当代教育心理学：第二版［M］. 北京：北京师范大学出版社，2007.

100. 祁芃. 播音主持心理学［M］. 北京：北京广播学院出版社，1999.

101. 马玉坤. 播音主持心理学教程［M］. 北京：北京大学出版社，2008.

102. 蒋勋. 写给大家的中国美术史［M］. 北京：生活·读书·新知三联书店，2015.

103. 罗伯特·西奥迪尼. 影响力［M］. 沈阳：北方联合出版传媒（集团）股份有限公司，2010.

104. 贡布里希. 艺术的故事［M］. 南宁：广西美术出版社，2014.

105. 赫伯特·施皮格伯格. 现象学运动［M］. 北京：商务印书馆，2011.

106. 高本汉. 汉语的本质和历史［M］. 北京：商务印书馆，2011.

107. J. G. 赫尔德. 论语言的起源［M］. 北京：商务印书馆，2011.

108. 布龙菲尔德. 语言论［M］. 北京：商务印书馆，2011.

109. 威廉·冯·洪堡特. 论人类语言结构的差异及其对人类精神发展的影响［M］. 北京：商务印书馆，2011.

110. 约瑟夫·房德里耶斯. 语言［M］. 北京：商务印书馆，2011.

111. 金岳霖．知识论［M］．北京：商务印书馆，2011.

112. 韩路，畅悠．四书五经：珍藏版［M］．天津：天津古籍出版社，2007.

113. 戴维·波普诺．社会学［M］．北京：中国人民大学出版社，2007.

114.《社会学概论》编写组．社会学概论［M］．北京：人民出版社，2011.

115. 安东尼·吉登斯，菲利普·萨顿．社会学基本概念［M］．北京：北京大学出版社，2019.

116. 中国社会科学院语言研究所词典编辑室．现代汉语词典：第六版［M］．北京：商务印书馆，2015.

117. 郑杭生．社会学概论新修：第五版［M］．北京：中国人民大学出版社，2019.

118. 许俊达，任暗，王志红，等．中国社会主义社会形态论［M］．北京：学习出版社，2006.

119. 赵玉明．风范长存——左荧纪念文集［M］．北京：中国传媒大学出版社，2005.

120. 李越．播音导论［M］．北京：北京广播学院出版社，1992.

121. 陆茜．新闻播音理论与实践［M］．北京：北京广播学院出版社，1987.

122. 关山，高蕴英，蔡乃雅．播音主持语言训练教程［M］．天津：天津人民出版社，2001.

123. 贾宁，农必全．播音创作实用基础［M］．北京：高等教育出版社，2018.

124. 中国广播电视协会播音主持委员会．陈醇播音文集［M］．北京：中国广播电视出版社，2007.

125. 广播电视部政策研究室，《当代中国的广播电视》编辑部．梅益谈广播电视［M］．北京：中国广播电视出版社，1987.

126. 郝时远，杨兆麟．梅益百年纪念文集［M］．北京：社会科学文献出版社，2014.

127. 鲁迅．鲁迅全集［M］．北京：同心出版社，2014.

128. 喻国明，丁汉青，支庭荣，等．传媒经济学教程：第二版［M］.

北京：中国人民大学出版社，2019.

129.《上海戏剧学院资料汇编 1945—2010》编纂委员会. 上海戏剧学院资料汇编 1945—2010［M］. 上海：上海社会科学院出版社，2017.

130.《上海戏剧学院资料汇编 1945—2010（增补本）》编纂委员会. 上海戏剧学院资料汇编 1945—2010（增补本）［M］. 上海：上海社会科学院出版社，2018.

131. 肖东发，杨虎. 中国出版史［M］. 北京：北京大学出版社，2017.

论文

1. 张颂. 中国播音学发展简史［J］. 媒介研究，2007（2）：56 – 63.

2. 张颂. 朗读与播音［J］. 渤海学刊，1993（4）：68 – 71.

3. 曾志华. 新世纪的新挑战［J］. 现代传播，2001（2）：55 – 59.

4. 曾志华. 主持人节目口语化问题刍议［J］. 渤海学刊，1993（4）：108 – 112.

5. 曾志华. 试论主持人口语表达的媒体角色意识——兼谈直播节目中口语净化问题［J］. 声屏世界，1996（10）：27 – 29.

6. 姚喜双. 大气磅礴 一泻千里——论齐越的播音整体创作观［J］. 现代传播，1993（6）：51 – 61.

7. 李洪岩. 多维传播语境中播音主持的功能与拓展［J］. 现代传播，2013（8）：87 – 90.

8. 金涛. 节目主持人与播音员的异同［J］. 新闻战线，1992（6）：36 – 37.

9. 陈杰. 试谈播音员向主持人的转化［J］. 视听界，1995（3）：32 – 33.

10. 肖晓琳. 我与《观察思考》［J］. 中国记者，1992（6）：51.

11. 吴郁. 优势与挑战［J］. 中国广播电视学刊，1992（2）：50 – 53.

12. 吴郁. 21 世纪主持人的新标高［J］. 现代传播，2001（1）：77 – 81.

13. 郑伟. 张颂谈播音学术发展源流［J］. 现代传播，2013（2）：137 – 138.

14. 付程. 21 世纪对播音主持艺术专业教育的要求［J］. 现代传播，

2001（1）：115-120.

15. 李东. 走出"魔圈"——主持人与播音员语言特征辨析，兼与张颂教授商榷［J］. 中国广播电视学刊，1993（2）：47-52.

16. 郑伟. 中国播音学学术发展研究［J］. 语言文字应用，2013（3）：143.

17. 顾晓枫. 从改变自我到改变角色——浅谈播音员如何转为节目主持人［J］. 视听界，1993（6）：56-57.

18. 王蓓蓓. 建国以来我国社会主义意识形态建设的历史嬗变［J］. 南昌教育学院学报，2010（6）：1-2.

19. 伍志燕. 建国以来我国意识形态建设的历史经验及其启示［J］. 理论学刊，2017（3）：54-60.

20. 张光辉，王红卫. 建国以来意识形态建设的演变及启示［J］. 中共云南省委党校学报，2008（5）：59-62.

21. 关山. 努力提高广播电视播音员和节目主持人的素质［J］. 浙江广播电视高等专科学校学报，1996（Z1）：16-19.

22. 鲁连显，陈少波. 走出误区 把握将来——访著名播音艺术家陈醇［J］. 浙江广播电视高等专科学校学报，1996（Z1）：11-15.

23. 李德付. 对播音教学法的思考［J］. 浙江广播电视高等专科学校学报，1995（1）：43-47.

24. 陈醇. 我与浙广的情结［J］. 浙江广播电视高等专科学校学报，1996（Z1）：9-10.

25. 陈耕. 浅谈我校的教材建设［J］. 浙江广播电视高等专科学校学报，1999（2）：74-75.

26. 叶文玲. 我们的广专［J］. 浙江广播电视高等专科学校学报，1996（Z1）：8，10.

27. 沈鹏飞. 关于提高我国播音队伍素质的若干思考［J］. 浙江广播电视高等专科学校学报，1994（3）：30-33.

28. 赵琳琳，寇洪亮. 用爱和生命拓荒——左荧同志与广播电视教育［J］. 现代传播，2001（1）：121-127.

29. 王炳照. 传承与创新——从新民主主义教育方针到社会主义教育方针［J］. 北京大学教育评论，2009（1）：75-82.

30. 秦宣. 新中国成立60年来高校思想政治理论课沿革及其启示 [J]. 思想理论教育导刊, 2009 (10): 23 - 32.

31. 新会县广播站. 实行采编播合一 提高广播宣传质量 [J]. 现代传播, 1984 (1): 99 - 101.

32. 沈林. 新方法、新形式、新视野、新答案: 关于第二届国际戏剧展演的断想 [J]. 戏剧, 2000 (4): 36 - 42.

33. 张仲年, 孙祖平. 赋予自己的观念以自己的形式——首届电视节目主持人本科班办班放谈 [J]. 戏剧艺术, 1999 (6): 30 - 37.

资料

1. 中国传媒大学播音主持艺术学院对十二位专家的访谈 (张颂、马尔方、徐恒、王璐、陆茜、蔡乃雅、毕征、祁芃、李钢、吴郁、吴弘毅、高蕴英), 2010.

2. 北京广播学院艺术类课程大纲. 北京广播学院教务处, 1999.

3. 北京广播学院博士、硕士学位研究生培养方案. 北京广播学院研究生部, 1999.

4. 北京广播学院新闻系播音专业74级"工农兵学员". 为革命播音——献给基层广播站播音员. 北京广播学院, 1976.

5. 关山播音艺术研讨会专稿. 天津广播电视, 1993 (6, 7).

6. 关山播音艺术文论集 (1981年至1991年). 天津市广播电视学会, 1993.

后 记

今天是 2020 年 4 月 12 日，距离我 2005 年硕士毕业留校任教已经十五年了，距离我 1998 年考入北京广播学院上大学，已经二十二年了。在广院的日子，不折不扣地成为了我目前人生中最长的也是最为丰富的一段岁月。除了可以光荣地贴上"广院制造"的标签以外，这段岁月的苦辣酸甜、哀乐喜怒、离合悲欢，也给了我生活的历练、专业的成长，更让我懂得感恩与珍惜。

2002 年之前，我还是个地地道道的工科生，学的是电子工程——广播电视数字化专业。一个偶然的机会让我走进了中国播音学的殿堂。那是大三上学期的一个晚上，同宿舍同学唐玉亭告诉我，播音系的辅修班正在招生并鼓励我去试试。随后另一位好友徐智鹏陪我连夜找到校园中海报栏上的招生通知。没想到这一试，竟改变了我的命运。可能是年龄越大越喜欢回忆的缘故，每每回想这一刻，往事仍然历历在目，清晰一如当初。

感谢我的博士生导师曾志华教授。她严谨的治学态度、坚定的学术追求、刻苦的钻研精神、谦逊的为人做派、包容的气度胸怀、优雅的风度仪态，总让人印象深刻。一直记得，刚刚考上博士的时候，曾老师送给我的"博士的突破"，让我明白也许攻读博士的过程正是为中国播音学的发展贡献小小突破的开始。博士在读期间，她带领我们奔赴各地开展专业调研、学术研讨，以亲身树榜样，以躬行作表率。四年时光，让我感受到了一个德高望重又蔼然可亲、胸有丘壑又虚怀若谷的曾老师。师恩似海，没齿不忘。

感谢我成长过程中的老师们：张颂、吴为章、于根元、曾志华、付程、陈雅丽、鲁景超、张慧、陈京生、吴郁、李钢、吴弘毅、魏聿珠、马桂芬、罗莉、卢静、唐朝、陈晓鸥、李洪岩、赵俐、任悦、赵小钦、王群、王明军、李卫星、张秀清、董荣、张景滨、谢国芬、姚晓鸥、倪世兰、王翱、王

236

晖、李栋、孙靖、张启锋、骆新全。

感谢中国播音教育的前辈们：徐恒、马尔方、齐越、张颂、王璐、李越、张景绪、陆茜、蔡乃雅、毕征、李钢、吴郁、祁芃、高蕴英、吴弘毅、王克瑞、陈醇、关山、张仲年、吴洪林、宋怀强、贾宁等。正是他们的含辛茹苦、身体力行、殚精竭虑、呕心沥血，才建立了中国播音学的学科阵地，开创了中国播音主持高等教育事业，让我等后辈得以安身立命、养家糊口，甚至获得九转功成的机会。

感谢接受访谈的诸位专家：张景绪、李越、王克瑞、付程、马桂芬、卢静、吴洪林、贾宁、陈雅丽、陈晓鸥、廖炎、王明军。

感谢我的诸位挚友：李易、徐智鹏、唐玉亭。

此外，还有很多老师、前辈、同事、同学、朋友，对本书的撰写工作给予了热情的帮助和有益的启发，特在此一并表示深深的谢意。

最后，感谢一直以来关爱我、体谅我，给我生命、帮我成长的父母。十八岁，正值青春年华的妈妈，怀揣不舍的求学心与高考梦，远离家乡、远离亲人奔赴黑龙江二龙山生产建设兵团。一代人的十年光阴，一代人的青春梦想，挥洒在那片黑土地上。十年后开往天津的火车上，她怀着肚子里的我，在家人的劝说下，终于还是放弃了等待十载的高考。也许，她的大学梦，她的求知欲，最终是由我在持续二十三年的学习中得以践行。感谢我的妈妈，从来没有把她未能实现的理想强行赋予我的生活；感谢我的父母，在家庭困难、经济拮据的情况下，依然支持我一直读书的愿望。从很小的时候开始，无数的事实让我坚信，唯有读书才能拒绝平庸、丰满理想，也唯有读书，才能充盈自我、践行目标，甚至改变命运。

阎亮

2020 年 4 月 12 日